edition suhrkamp

Redaktion: Günther Busch

W0461455

Eric J. Hobsbawm, geboren 1917 in Alexandria, lehrt Soziologie am Birkbeck College der Londoner Universität. Er ist durch Veröffentlichungen zur europäischen Sozialgeschichte und mit einem Buch über Sozialbewegungen im 19. und 20. Jahrhundert (*Sozialrebellen*, deutsch 1962) hervorgetreten.

Eric J. Hobsbawms Studie zur britischen Sozial- und Wirtschaftsgeschichte genießt in der angelsächsischen Welt den Ruf unübertroffener Sachdarstellung. Der Autor gibt eine Übersicht über die Entwicklung der englischen Wirtschaft und die Geschichte des britischen Empire vom 18. Jahrhundert bis zur Gegenwart. Er untersucht die mit der Industrialisierung einsetzende Expansionspolitik, die Rolle der Kolonien bei der Stabilisierung der sozialen Verhältnisse im Mutterland, die Einflüsse des Handels, der aufstrebenden Gewerbe, der Banken und der kontinentaleuropäischen Wirtschaftsstrategie auf die einheimische Gesellschaft. Er beschreibt die Folgen der Wettbewerbskämpfe auf dem Weltmarkt für das Empire und den sozialen Status seiner Arbeiter und Mittelschichten, den langsamen Verfall der britischen Machtposition in zwei Weltkriegen und dessen Rückwirkungen auf die Innenpolitik, den ökonomischen Besitzstand und die Sozialstruktur des Landes. In einem ausführlichen Anhang werden Statistiken und Quellenmaterial mitgeteilt.

Eric J. Hobsbawm
Industrie und Empire 1
Britische Wirtschaftsgeschichte seit 1750

Suhrkamp Verlag

Titel der Originalausgabe *Industry and Empire. An Economic History of Britain since 1750*
Aus dem Englischen übersetzt von Ursula Margetts

edition suhrkamp 315
10. Auflage, 37.-39. Tausend 1982
© 1968 by E. J. Hobsbawm. © der deutschen Ausgabe: Suhrkamp Verlag, Frankfurt am Main 1969. Deutsche Erstausgabe. Printed in Germany. Alle Rechte vorbehalten, insbesondere das des öffentlichen Vortrags sowie der Übertragung durch Rundfunk und Fernsehen, auch einzelner Teile. Satz, in Linotype Garamond, Druck und Bindung bei Georg Wagner, Nördlingen.
Gesamtausstattung Willy Fleckhaus.

Industrie und Empire I

Vorwort

Dieses Buch wird sicherlich auch von denen gelesen werden, die die eine oder andere Prüfung in Wirtschafts- und Sozialgeschichte bestehen wollen, und ich hoffe natürlich, daß es ihnen nützen wird. Dennoch ist es nicht nur als Lehrbuch und Nachschlagewerk gedacht. Vielmehr wird darin der Versuch unternommen, Großbritanniens Aufstieg zur ersten Industriemacht, seinen Niedergang nach der vorübergehenden Vorrangstellung in der Industrie, die besondere Art seines Verhältnisses zur Welt und einige ihrer Auswirkungen auf das Leben der Menschen in Großbritannien zu beschreiben und zu erläutern. All das sollte jeden intelligenten Bürger interessieren; deshalb habe ich mich bemüht, so untechnisch wie möglich zu schreiben und keine sozialwissenschaftlichen Fachkenntnisse vorauszusetzen. Das bedeutet freilich nicht, daß die Fragen, die hier gestellt (und, wie ich hoffe, beantwortet) sind, nicht in der fachwissenschaftlichen Terminologie der einzelnen Disziplinen neu formuliert werden könnten. Allerdings habe ich einige grundlegende Kenntnisse der britischen Geschichte seit 1750 vorausgesetzt. Es wäre nützlich, wenn Leser, die zufällig nichts über die Napoleonischen Kriege oder Namen wie Peel und Gladstone wissen, dem selbst nachzugehen bereit wären.

Da weder über die Fragen noch über die Antworten der britischen Wirtschafts- und Sozialgeschichte allgemeine Übereinstimmung herrscht, bin ich nicht in der Lage zu behaupten, daß dieses Buch die Meinung aller Gelehrten wiedergibt. Wäre das Studium der Industriellen Revolution und ihrer Folgen vor 1950 nicht für die Dauer einer Generation so sehr vernachlässigt worden, so könnte man heute vielleicht mit mehr Gewißheit Stellung beziehen. Gegenwärtig sind jedoch die Auseinandersetzungen alles andere als beigelegt. In ihnen geht es nicht nur um allgemeine Probleme wie das Wesen der wirtschaftlichen Entwicklung und die sozialen Aspekte der Industrialisierung, sondern auch um besondere Probleme wie die Ursprünge der Industriellen Revolution, um das, was in der britischen Wirtschaft im letzten Drittel des 19. Jahrhunderts schief gelaufen ist (wenn etwas in ihr schief gelaufen ist), um die

Entstehung der Arbeiterklasse, die Auswirkungen der Depression der Zwischenkriegszeit, den Charakter des »Imperialismus« und andere Dinge mehr.
Es ist erfreulich, daß über die britische Wirtschafts- und Sozialgeschichte der letzten zweihundert Jahre jetzt intensiv geforscht und lebhaft, manchmal sogar leidenschaftlich diskutiert wird. Aber natürlich erschwert das dem Historiker, der eine allgemeine Interpretation der gesamten Periode geben will, die Arbeit. Ob die in diesem Buch gegebenen Antworten sich als richtig erweisen werden, ist ungewiß; ob sie einleuchten und ein zusammenhängendes Ganzes ergeben, muß der Leser selbst entscheiden.
Ein Buch wie dieses ist selbstverständlich das Produkt seiner Zeit. Es spiegelt nicht nur den gegenwärtigen Stand des Wissens wider, sondern auch Interessen, die nicht immer mit denen der Vergangenheit oder gar der Zukunft übereinstimmen. Beispielsweise hätten sich die Wirtschaftshistoriker vor zwanzig Jahren bestimmt eingehend mit den Schwankungen der britischen Wirtschaft befaßt, da sowohl sie als auch die Wirtschaftswissenschaftler unter dem Eindruck der Zwischenkriegsdepressionen standen. Heute beschäftigen sie sich eher mit den Problemen der Wirtschaftsentwicklung und Industrialisierung sowie – unter dem Eindruck der großen Bewegungen zur politischen Entkolonialisierung – mit der scharfen, zunehmenden Spaltung zwischen der »entwickelten« und der »unterentwickelten« Welt. Es wird dem Leser auffallen, daß ich einige Hauptthemen der fünfziger und sechziger Jahre aufgreife, während ich andere, manchmal vorsätzlich, vernachlässige.
Dieses Buch ist weit mehr eine Synthese als ein Ergebnis ursprünglicher Forschung; es beruht auf zahlreichen Arbeiten anderer Autoren. Selbst die darin enthaltenen Beurteilungen stammen oft von anderen. Um mich für alle meine Verpflichtungen erkenntlich zu zeigen, wäre ein detaillierter, umfangreicher Apparat mit Hinweisen notwendig, der, obschon eine Geste der Höflichkeit gegenüber meinen Kollegen, für den gewöhnlichen Leser wenig Wert besäße. Ich habe meine Hinweise deshalb auf Quellen beschränkt, denen direkte Zitate entnommen sind und gelegentlich auch Fakten, die sich auf ziemlich schwer erreichbare Quellen stützen. Auch habe ich nicht versucht, die Hinweise vollständig anzuführen, wo ich

mich, wie in einigen Teilen des Buchs, auf Primärquellen und nicht auf Sekundärwerke stütze. In den Hinweisen auf weitere Literatur und in den bibliographischen Anmerkungen am Anfang der Kapitel sind einige der von mir benutzten Werke genannt. Diese Literaturhinweise sind keine richtige Bibliographie. Werke, die gute Bibliographien enthalten, sind mit (B) gekennzeichnet.

Zum Schluß eine Warnung. Wirtschaftsgeschichte ist im wesentlichen quantitativ und besteht deshalb zu einem großen Teil aus Statistiken. Doch Zahlen haben ihre Grenzen, die von Laien oft nicht erkannt und von Fachleuten bisweilen mißachtet werden. Es gibt keine Statistik, ohne daß jemand zuvor die Zählarbeit geleistet hätte. In der Geschichte hat das bis vor ganz kurzer Zeit so gut wie niemand getan. (Z. B. gibt es keine Zahlen über die Kohlenförderung vor 1854 und keine adäquaten Zahlen über Arbeitslosigkeit bis 1921.) In solchen Fällen besitzen wir nur Schätzungen oder mehr oder weniger subjektive Vermutungen. Das Beste, was wir erwarten können, sind Größenordnungen. Wir sind nicht immer fähig, aus solchen Zahlen mehr herauszuholen, wie wünschenswert das auch wäre. Niemand kann aus ein paar vermoderten Brettern eine Brücke bauen, die schwere Lastautos trägt. Für bestimmte Zwecke zusammengestellte Statistiken haben einen Unsicherheitskoeffizienten, und je älter sie sind, desto unzuverlässiger sind sie. Alle Statistiken sind Antworten auf spezifische, äußerst begrenzte Fragen, und wenn sie zur Beantwortung anderer Fragen benutzt werden, ob im Rohzustand oder nach mehr oder weniger ausgeklügelter Bearbeitung, so sollte man sie mit größter Vorsicht gebrauchen. Mit anderen Worten: die Leser müssen sich vor der scheinhaften Solidität und Stichhaltigkeit von Tabellen in historischen Statistiken in acht nehmen lernen, besonders dann, wenn diese nackt, ohne die Hülle aus Beschreibung und Erklärung präsentiert werden, mit denen der geschickte Statistiker sie umgibt. Statistiken sind unerläßlich. Sie ermöglichen es uns, gewisse Dinge prägnant und (für einige von uns) lebendig auszudrücken. Aber sie sind nicht unbedingt zuverlässiger als die Näherungswerte der Sprache. Die von mir benutzten Statistiken entstammen weitgehend dem großartigen Kompendium *Abstract of British Historical Statistics* von Mitchell und Deane.

Dank schulde ich Kenneth Berrill, der einen großen Teil dieses Buchs im Manuskript las, jedoch nicht für die Fehler verantwortlich ist, obwohl er einige beseitigt hat.

E. J. H.

Einleitung

Die Industrielle Revolution ist die gründlichste Umwälzung menschlicher Existenz in der Weltgeschichte, die jemals in schriftlichen Dokumenten festgehalten wurde. Für kurze Zeit fiel sie mit der Geschichte eines einzigen Landes, Großbritanniens, zusammen. Großbritannien war die Basis und das Zentrum einer ganzen Weltwirtschaft; dadurch gelangte es vorübergehend zu so viel Einfluß und Macht, wie kein Staat seiner Größenordnung sie weder zuvor noch seitdem ereicht hat, noch aller Wahrscheinlichkeit nach in absehbarer Zukunft erreichen wird. Es gab einen Zeitpunkt in der Geschichte, zu dem Großbritannien, wenn wir es nicht allzu genau nehmen, als die »Werkstatt der Welt« bezeichnet werden konnte, als ihr großer Importeur und Exporteur, ihre einzige Reederei, ihr alleiniger Kolonialherr, ja fast als der alleinige Investor; und aus diesem Grund auch als die einzige Seemacht, ja Macht überhaupt, die wirklich Weltpolitik betrieb. Diese Monopolstellung war großenteils eine Folgeerscheinung des britischen Vorsprungs. Der Pionier beherrscht das Gebiet, das er entdeckt hat, da er ohne Konkurrenz ist. Als andere Länder industrialisiert wurden, erlosch dieses Monopol automatisch, obwohl das Transfersystem der Weltwirtschaft so, wie es von Großbritannien seinen eigenen Bedingungen entsprechend aufgebaut worden war, für die übrige Welt noch eine Zeitlang gültig blieb. Dennoch war die »britische« Ära der Industrialisierung für den größten Teil der Welt nur eine Phase – die Anfangs- oder eine Frühphase – in der Geschichte der Neuzeit. Für Großbritannien bedeutete sie ganz offensichtlich mehr als nur das. Seine Bewohner wurden tief von der Erfahrung ihres wirtschaftlichen und gesellschaftlichen Pionierdaseins geprägt und sind es bis heute geblieben. Diese einzigartige historische Situation ist Gegenstand dieses Buches.

Wirtschaftswissenschaftler und -historiker haben Eigenarten, Vor- und Nachteile, wie sie die Pionierrolle in der industriellen Entwicklung mit sich bringt, ausführlich diskutiert und dabei unterschiedliche Schlußfolgerungen gezogen, je nachdem, ob sie zu erklären suchten, weshalb Länder mit einer unentwickelten Wirtschaft mit entwickelten nicht Schritt zu halten vermögen, oder aus welchen Gründen diejenigen, die das industrielle Wettrennen früh begonnen haben – insbesondere Großbritannien – sich von den später Gestarteten haben überholen lassen. Die Chancen für eine Industrielle Revolution waren im 18. und frühen 19. Jahrhundert groß; über einige von ihnen werden wir noch sprechen. Die Schwierigkeiten – beispielsweise eine archaische Technologie und Wirtschaftsstruktur – treten erst in einem späteren Stadium in Erscheinung, in Großbritannien zwischen den sechziger Jahren und dem Ende des 19. Jahrhunderts.

Die Ansicht, die in diesem Buch vertreten wird, ist im großen und ganzen die, daß der relative Niedergang Großbritanniens auf seinen frühen und lang andauernden Vorsprung als Industriemacht zurückzuführen ist. Trotzdem sollte dieser Faktor nicht isoliert betrachtet werden. Ebenso bedeutsam ist die besondere, ja einzigartige Stellung des Landes in der Weltwirtschaft, die teilweise die Ursache seines frühen Erfolges war und die durch ihn weiter gefestigt wurde. Großbritannien war bzw. wurde in zunehmendem Maße die Agentur der wirtschaftlichen Wechselbeziehungen zwischen den fortgeschrittenen und den zurückgebliebenen, den verarbeitenden und den Grundstoffe produzierenden, den kolonialisierenden und den kolonialen oder halbkolonialen Gebieten der Welt. Vielleicht weil dieses Land sein Zentrum bildete, entwickelte sich der weltwirtschaftliche Kapitalismus des 19. Jahrhunderts zu einem frei beweglichen System, in dem internationale Transfers von Kapital und Gütern weitgehend britische Hände und Einrichtungen passierten, auf britischen Schiffen zwischen den Kontinenten befördert und in Pfund Sterling berechnet wurden. Und da Großbritannien für die unterentwickelten Gebiete genauso unentbehrlich war (entweder weil sie es brauchten oder weil ihre Handlungsfreiheit von ihm abhing) wie für die Handels- und Zahlungssysteme der entwickelten Länder, verfügte es, wenn die Herausforderung durch die Wirtschaft anderer Länder zu belastend wurde, über verläßliche Rückzugswege. Es konnte sich zurückziehen auf sein Empire, seinen Freihandel, seine Monopolstellung bei den bislang unentwickelten Gebieten und auf seine Funktionen als Weltzentrum von Handel, Schiffahrt und Bankwesen. Es brauchte am Wettbewerb nicht teilzunehmen,

sondern konnte ihm ausweichen. Und indem es auswich, verewigte es die archaische und zusehends veraltende Wirtschafts- und Gesellschaftsstruktur des Pionierzeitalters.
Die liberale Weltwirtschaft, die sich theoretisch selbst regulierte, in der Praxis jedoch von Großbritannien als ihrem halbautomatischen Schaltbrett abhing, brach zwischen den Kriegen zusammen. Das ihr entsprechende politische System, in dem eine begrenzte Anzahl kapitalistischer westlicher Staaten das industrielle, militärische und politische Monopol in der unentwickelten Welt innehatte, zerfiel nach der Russischen Revolution von 1917 und dem Zweiten Weltkrieg. Andere Industriemächte hatten es leichter, sich diesem Prozeß anzupassen, da die liberale Wirtschaft des 19. Jahrhunderts lediglich eine Episode in ihrer Entwicklung gewesen war. Großbritannien war weit mehr davon betroffen; seine Vorrangstellung geriet ins Wanken, ihre objektiven Bedingungen waren erloschen. Welche neue Basis für seine Wirtschaft konnte geschaffen werden?
Das Land paßte sich an, unsystematisch und eher zufällig, indem es rasch von einer ungewöhnlich offenen und unkontrollierten zu einer ungewöhnlich monopolistischen und vom Staat kontrollierten Wirtschaft überwechselte, wichtige Industrien, die auf Export angewiesen waren, auf den inländischen Markt umstellte und, zögernder, von älteren Formen der Technik und industriellen Organisation zu neueren überging. Dennoch blieb die Frage unbeantwortet, ob diese Anpassung eine ausreichende Grundlage für die relativ entfaltete Wirtschaft eines Landes schaffen könnte, das noch im Jahre 1960 die drittgrößte Wirtschaftsmacht der Welt war.
Sozialhistoriker haben seltener als Wirtschaftswissenschaftler die Besonderheiten Großbritanniens, die auf seine Pionierrolle zurückgehen, erörtert. Diese Merkmale sind äußerst markant. Denn Großbritannien vereint, wie jeder weiß, zwei auf den ersten Blick inkommensurable und antagonistische Phänomene. Seine gesellschaftlichen und politischen Institutionen und Bräuche zeigen eine beachtliche, wenn auch oberflächliche Kontinuität; deren ebenso attraktive wie obsolete Symbole sind die Königin und die Lords, die Zeremonielle längst überholter Einrichtungen und so fort. Gleichzeitig ist Großbritannien das Land, das in vieler Hinsicht radikal mit der Vergangenheit gebrochen hat: den traditionellen Bauernstand gibt es nicht

mehr, der Anteil der Männer und Frauen, die ihren Lebensunterhalt von Löhnen oder Gehältern bestreiten, ist höher als irgendwo sonst, die Verstädterung setzte früher und wahrscheinlich intensiver ein als anderswo. Aus diesem Grunde waren hier die Klassenunterschiede klarer und die regionalen Trennungen bis vor kurzem minder kraß als in anderen Ländern. Trotz der recht breiten Streuung von Einkommen, Status und Snobismus sind die meisten Leute der Meinung, daß es nur zwei Klassen gibt, die zählen, nämlich die Arbeiterklasse (»working class«) und die Mittelklasse (»middle class«). Das britische Zweiparteiensystem hat dieser Meinung Ausdruck gegeben; daß es nicht die politischen Folgen gezeitigt hat, die die frühen Sozialisten im Auge hatten, steht auf einem anderen Blatt.

Beide Phänomene stehen offenbar in Zusammenhang mit Großbritanniens wirtschaftlichem Aufstieg, obwohl einige ihrer Wurzeln in ältere historische Schichten reichen als die in diesem Buch beschriebenen. Wie drastisch die formalen politischen und gesellschaftlichen Institutionen eines Landes verändert werden, wenn es in einen industriellen und kapitalistischen Staat umgewandelt wird, hängt von drei Faktoren ab: von der Flexibilität, Anpassungsfähigkeit oder Widerstandskraft seiner Institutionen, von der Dringlichkeit einer tatsächlichen Umwandlung und von den Risiken großer Revolutionen, welche die normalen Mittel sind, solche Veränderungen herbeizuführen. In Großbritannien war der Widerstand gegen die kapitalistische Entwicklung seit dem Ende des 17. Jahrhunderts nicht mehr wirksam. Die Aristokratie war, am kontinental-europäischen Maßstab gemessen, fast eine Art »Bourgeoisie«; zwei Revolutionen hatten die Monarchie gelehrt, sich anzupassen. Die technischen Probleme der Industrialisierung erwiesen sich als ungewöhnlich einfach, und die Extrakosten und Unzulänglichkeiten, die entstanden, weil man dabei auf einen veralteten institutionellen Apparat (besonders ein völlig veraltetes Rechtssystem) angewiesen war, blieben durchaus erträglich. Zu der Zeit, da der Mechanismus der friedlichen Anpassung am schlechtesten funktionierte und die Notwendigkeit einer radikalen Umwandlung unbestreitbar schien – in der ersten Hälfte des 19. Jahrhunderts –, war auch die Gefahr einer Revolution am größten: wenn die Kontrolle verloren ging, würde die neue Arbeiterklasse revoltieren. Keine britische Regierung konnte, wie die französischen, deutschen und amerikanischen Regierungen des 19. Jahrhunderts, in einer solchen Situation die politischen Kräfte der Bauern, kleinen Ladenbesitzer und Kleinbürger gegen die Proletarier mobilisieren, denn im ersten Industriestaat der Welt war die Klasse der Arbeiter zahlenmäßig die stärkste. Soziale Spannungen klein und Meinungsverschiedenheiten zwischen den herrschenden Klassen unter Kontrolle zu halten, schien nicht nur ratsam, sondern unerläßlich.

Auf diese Weise entwickelte Großbritannien jene charakteristische Verbindung einer revolutionären Gesellschaftsbasis und – wenigstens für eine kurze Zeit, nämlich die Periode des militanten Wirtschaftsliberalismus – einer doktrinären Ideologie mit einem traditionalistischen und sich nur langsam verändernden institutionellen Überbau. Die Mauer von Macht und Profit, die im 19. Jahrhundert errichtet worden war, schützte das Land vor politischen und wirtschaftlichen Erschütterungen, die möglicherweise radikale Änderungen erzwungen hätten. Großbritannien wurde niemals im Krieg besiegt, geschweige denn vernichtet; und sogar die Auswirkungen des größten nichtpolitischen Umsturzes des 20. Jahrhunderts, der Wirtschaftskrise von 1929 bis 1933, waren hier glimpflicher, minder schroff und allgemein als in anderen Ländern, die USA eingeschlossen. Der Status quo blieb gewahrt; es kam zu Verschleißerscheinungen, aber nicht zu einem Zusammenbruch. Wann immer eine Krise außer Kontrolle zu geraten drohte, waren die Folgen davon den Regierenden stets gegenwärtig. Es hat kaum einen Augenblick gegeben, in dem sie das entscheidende politische Faktum vergessen hätten, daß dieses Land unter platter Mißachtung seiner Arbeitermehrheit weder regiert werden konnte noch kann, und daß es die geringen Kosten nicht scheuen durfte, die einflußreichen Gruppen dieser Mehrheit zu beschwichtigen. Am Maßstab anderer führender Industrieländer gemessen ist in Großbritannien (im Unterschied zu den Kolonien oder abhängigen Gebieten) seit mehr als einem Jahrhundert zur Verteidigung des politischen und wirtschaftlichen Systems so gut wie kein Blut vergossen worden.[1] Zwischen briti-

1 Die wenigen Ausnahmen – Trafalgar Square 1887, Featherstone 1893, Tonypandy 1911 – sind dramatische Höhepunkte der britischen Arbeitergeschichte.

schen Arbeitgebern und Arbeitern, britischen Regierenden und Regierten hat es nie einen Gegensatz gegeben, wie er in der Pariser Kommune, dem Homestead-Streik, den Freikorps oder der SS zum Ausdruck kam.

Daß drastische Auseinandersetzungen nicht stattgefunden haben, bedeutet freilich nicht, zu Veränderungen sei es erst gar nicht gekommen. Sowohl in der Sozialstruktur als auch in den politischen Institutionen hat es seit 1750 tiefgreifende, bisweilen rapide und aufsehenerregende Wandlungen gegeben; sie sind nur verschleiert worden – einerseits durch die Neigung gemäßigter Reformer, geringfügige Neuerungen als »friedliche« oder »stille« Revolutionen[2] anzupreisen, was der achtenswerten Überzeugung entspricht, größere Veränderungen seien lediglich Ergänzungen oder Zusätze zum Bestehenden, anderseits durch den forcierten Traditionalismus und Konservativismus vieler britischer Institutionen. Dieser Traditionalismus ist real, doch der Begriff selbst steht für zwei getrennte Phänomene.

Das erste Phänomen ist die Vorliebe für die Aufrechterhaltung der *Formen* alter Institutionen bei völlig verändertem Inhalt; das bedeutet in Wirklichkeit in vielen Fällen Pseudotradition und gewohnheitsmäßige Legitimierung auch völlig neuer Institutionen. Die Funktionen der Monarchie heute haben nur wenig mit denen der Monarchie im Jahr 1750 gemein; »Public Schools«, wie wir sie heute kennen, hat es vor der Mitte des 19. Jahrhunderts so gut wie nicht gegeben; die Verhärtung ihrer Tradition ist das Werk der viktorianischen Epoche. Das zweite Phänomen ist die Tendenz einstmals revolutionärer Neuerungen, sich selbst kraft und aufgrund ihrer Tradition eine Patina zu verleihen. Da Großbritannien das erste kapitalistische Industrieland war und überdies lange Zeit eines, in dem sich Umwandlungen verhältnismäßig träge vollzogen, hat es an Gelegenheiten, daß solcher Traditionalismus entstehen und Fuß fassen konnte, nicht gefehlt. Was als britischer Konservativismus gilt, ist ideologisch der *laissez-faire*-Liberalismus, der zwi-

2 So wurden beispielsweise die Errungenschaften der Labourregierungen von 1945–51, welche, wenn überhaupt etwas, den Rückzug von der effektiv sozialistischen Kriegswirtschaft Großbritanniens kennzeichneten, eine Zeitlang für so etwas wie »Revolution« ausgegeben; das gleiche geschah mit dem Fortschritt im Bildungswesen in Großbritannien während der ersten Hälfte des 20. Jahrhunderts, der dem unvoreingenommenen Beobachter seines extrem langsamen Tempos wegen auffällt.

schen 1820 und 1850 seine Glanzzeit hatte; und genau darin besteht auch die Substanz des uralten und auf Gewohnheit beruhenden Common Law, auf alle Fälle im Eigentums- und Vertragsrecht: der Inhalt ihrer Entscheidungen verlangte eigentlich, daß die meisten britischen Richter Zylinderhüte und Backenbärte statt Allongeperücken trügen. Die Lebensweise der britischen Mittelklassen – das wird deutlich an ihrem Status-Symbol: Haus und Garten in einem Vorort – wurzelt in der ersten Phase der Industrialisierung; damals zogen ihre Vorfahren aus dem Rauch und Nebel der verschmutzten Stadtzentren in die Hügel und das Grüne dahinter. Was heute als die »traditionelle« Lebensweise der Arbeiterklasse gilt, ist vor den achtziger Jahren des 19. Jahrhunderts so gut wie unbekannt gewesen. Und die »traditionelle« Lebensform der Intelligenz – Gartenvorort, Cottage auf dem Land, intellektuelle Wochenzeitung und so weiter – ist noch jüngeren Datums, denn als selbstbewußte soziale Gruppe hat es sie vor der Zeit Eduards VII. kaum gegeben. »Tradition« dieser Art stellt kein wirkliches Hindernis für Änderungen dar. Oft ist sie nicht mehr als eine spezifisch britische Neigung, einigermaßen dauerhafte Tatbestände zu etikettieren, besonders in Zeiten, wo diese Tatbestände selbst sich zu verändern beginnen. Spätestens nach einer Generation werden sie dann ihrerseits samt der Veränderung »traditionell« genannt.
Ich will nicht die retardierende Kraft eingeschliffener und erstarrter Institutionen und Bräuche leugnen. Es gibt diese Kraft, doch wirkt ihr, zumindest potentiell, jene andere britische »Tradition« entgegen, unwiderstehlichen Veränderungen niemals zu widerstehen, sondern sie so rasch und still wie möglich zu absorbieren. Die Macht des »Konservativismus« oder »Traditionalismus« dagegen ist etwas anderes: die Macht altverwurzelter Interessengruppen und Mangel an Gegendruck. Großbritannien ist nicht mehr der Tradition verhaftet als andere Länder; weniger z. B. in seinen gesellschaftlichen Bräuchen als die Franzosen, weit weniger in der offiziellen Tabuierung veralteter Institutionen (z. B. einer Verfassung aus dem 18. Jahrhundert) als die USA. Es war konservativ, weil die Gruppen mit althergebrachten Interessen in der Vergangenheit ungewöhnlich mächtig waren, selbstzufrieden, da geschützt; vielleicht war es allzu unentschlossen, neue Wege in seiner Wirt-

schaft zu gehen, da keiner der neuen Wege auch nur halb so verheißungsvoll schien wie die alten, die heute tatsächlich unbegehbar sein mögen; aber auch andere sind nicht eben gut zu begehen.

Dieses Buch behandelt die Geschichte Großbritanniens. Wie die letzten Seiten gezeigt haben, wäre jedoch eine bloße Darstellung der Geschichte der britischen Inseln völlig unzureichend. Großbritannien entwickelte sich erst, als es zu einem wesentlichen Bestandteil der Weltwirtschaft, mehr noch: zum Zentrum jenes riesigen offiziellen oder offiziösen »Empire« wurde, auf dem sein Reichtum weitgehend beruhte. Über dieses Land zu schreiben, ohne zugleich etwas über Westindien und Indien, über Argentinien und Australien zu sagen, ginge an der Wirklichkeit vorbei. Aber da ich hier weder die Geschichte der Weltwirtschaft noch der Wirtschaft des britischen Empire untersuche, kann ich diese Zusammenhänge nur am Rande berücksichtigen. In späteren Kapiteln soll gezeigt werden, welcher Art Großbritanniens Beziehungen zur Welt waren, inwieweit es von Veränderungen in ihr betroffen wurde, und hin und wieder, wenn auch nur in einigen kurzen Sätzen, wie die Abhängigkeit sich in denjenigen Gebieten auswirkte, die unmittelbar zum britischen Satelliten- oder Kolonialsystem gehörten; beispielsweise wie die Industrialisierung von Lancashire die Sklaverei in Amerika verlängerte und zuspitzte oder wie Lasten einer britischen Wirtschaftskrise auf die Rohstoff produzierenden Länder abgewälzt wurden, für deren Exporte Großbritannien oder auch andere Industrieländer der einzige Absatzmarkt waren. Der Zweck solcher Bemerkungen ist der, den Leser dauernd an die Wechselbeziehungen zwischen Großbritannien und der übrigen Welt zu erinnern, ohne die seine Geschichte nicht verstanden werden kann; mehr ist damit nicht beabsichtigt.

Noch aus einem anderen Grund scheint mir die internationale Perspektive wesentlich. Die Geschichte der britischen Industriegesellschaft ist ein Sonderfall – der erste und zeitweilig der wichtigste – innerhalb des Gesamtphänomens der Industrialisierung unter dem Kapitalismus, ja innerhalb des Gesamtphänomens jeder Industrialisierung überhaupt. Daher liegt die Frage nahe, ob das britische Beispiel typisch sei; oder, praktisch ausgedrückt – denn es gibt heute sehr viele Staaten, die versuchen, sich rasch zu industrialisieren –, welche anderen Länder aus der britischen Erfahrung lernen könnten. Die Antwort darauf ist, daß sie prinzipiell einiges, aber für ihre wirkliche Praxis nur wenig daraus lernen können. Da Großbritannien das erste Land war, das sich industrialisierte, ist es in vieler Hinsicht einzigartig und ohne Parallele. Kein anderes Land mußte seine Industrielle Revolution faktisch allein durchführen, ohne die Möglichkeit, aus einem bereits etablierten Sektor der Weltwirtschaft Nutzen zu ziehen und dessen Reichtum an Erfahrung, Fachkenntnis oder Kapital in Anspruch zu nehmen. Die britische Gesellschaftsgeschichte trägt die Male solcher Entwicklung (z. B. die Abschaffung des Bauerntums und der Kleingewerbe), und die besondere Struktur britischer Handelsbeziehungen mit der unterentwickelten Welt hat nicht zuletzt darin ihren Grund. Umgekehrt hat die Tatsache, daß Großbritannien seine Industrielle Revolution im 18. Jahrhundert durchführte und auch ziemlich gut auf sie vorbereitet war, gewisse Probleme verringert, wie sie in Ländern auftraten, die sich später industrialisierten oder die am Anfang einen größeren Abstand zwischen Rückständigkeit und wirtschaftlichem Fortschritt zu überwinden hatten. Die Technologie, mit der Entwicklungsländer heutzutage umgehen müssen, ist viel komplexer und kostspieliger als die, mit der Großbritannien seine Industrialisierung betrieb. Die Formen der wirtschaftlichen Organisation sind andere: die betroffenen Länder sind heute nicht ausschließlich auf das privatwirtschaftliche oder kapitalistische Modell angewiesen, sie können ein sozialistisches wählen. Auch der politische Rahmen ist ein anderer. Länder, die jetzt in der Entwicklung ihrer Wirtschaft begriffen sind, können auf die Aufmerksamkeit starker Arbeiterbewegungen und der sozialistischen Staaten zählen; eine Industrialisierung ohne Sozialgesetzgebung und ohne die Bildung von Gewerkschaften ist heute so gut wie ausgeschlossen.

Die Geschichte Großbritanniens ist daher kein Muster für die wirtschaftliche Entwicklung der Welt von heute. Warum also sich mit ihr beschäftigen, abgesehen von dem selbstverständlichen Interesse, welches die Vergangenheit, insbesondere vergangene Größe, für viele Menschen besitzt? Wohl hauptsächlich aus zwei Gründen. Großbritanniens Vergangenheit seit der Industriellen Revolution lastet immer noch schwer auf seiner Gegenwart. Die praktische Lösung der aktuellen Probleme seiner Wirtschaft und Gesellschaft setzt eine gewisse Kenntnis der Geschichte voraus. Notwendigerweise wirft eine Beschreibung der frühesten und am längsten bestehenden Industrie- und Kapitalmacht einiges Licht auch auf die Geschichte der Industrialisierung als welthistorisches Phänomen. Für den Planer, den Sozialwissenschaftler, den Wirtschaftspraktiker (soweit er seine Aufmerksamkeit nicht auf die britischen Probleme konzentriert) ist dieses Land nur ein Einzelfall, und für die Zwecke des 20. Jahrhunderts nicht einmal der interessanteste oder wichtigste. Für den Historiker des Fortschritts der Menschheit von der Steinzeit zum Atomzeitalter und der Epoche der Erforschung des Weltraums ist es von einzigartiger Bedeutung. Keine Veränderung im Leben der Menschen seit der Erfindung des Ackerbaus, der Entdeckung der Metalle und seit den Siedlungen im Neolithicum ist so fundamental gewesen wie die Industrialisierung. Sie trat – zwangsläufig und vorübergehend – in Gestalt der kapitalistischen Wirtschaft und Gesellschaft auf; wahrscheinlich war es ebenso zwangsläufig, daß sie eine einheitliche »liberale« Weltwirtschaft stipulierte, die für eine Weile von einem einzigen führenden Land abhing: von Großbritannien, dessen Rolle in der Geschichte in dieser Hinsicht ohne Vergleich ist.

1. Großbritannien im Jahre 1750[1]

Der zeitgenössische Beobachter hat nicht notwendigerweise recht, aber dem Historiker hat er gleichwohl Wichtiges zu sagen. Großbritannien – genauer: England – war im 18. Jahrhundert ein vielbeachtetes Land, und wenn wir begreifen wollen, was mit ihm seit der Industriellen Revolution geschehen ist, dann sollten wir versuchen, es mit den Augen seiner zahlreichen ausländischen Besucher zu sehen, dieser aufmerksamen und im allgemeinen auch bewundernden Studienreisenden, die sorgfältig ihre Erfahrungen notierten. Der Reisende, der um das Jahr 1750 nach einer Kanalüberfahrt (sie dauerte etwas mehr als 30 Stunden von Holland aus) in Dover oder Harwich an Land ging, war gut beraten, die Nacht in einem der zwar teuren, aber bemerkenswert behaglichen Gasthäuser zu verbringen. Vielleicht reiste er am folgenden Tag fünfzig Meilen mit der Kutsche und erreichte nach einer weiteren Nachtruhe in Rochester oder Chelmsford um die Mitte des nächsten Tages London. Reisen bei solcher Geschwindigkeit erforderte Muße. Die Alternative für den armen Mann – zu Fuß zu gehen oder mit einem Küstenschiff zu fahren – war billiger und zeitraubender, oder vielmehr billiger, aber unsicher. Wenige Jahre später sollten ihn die neuen schnellen Postkutschen zwischen Morgen- und Abenddämmerung von London nach Portsmouth oder in zweiundsechzig Stunden von London nach Edinburgh bringen; im Jahre 1750 jedoch benötigte man für die letztere Strecke noch zehn bis zwölf Tage.

Der Besucher war überrascht von dem Grün, der Sauberkeit und dem augenscheinlichen Wohlstand des Landes und von der offensichtlichen Zufriedenheit der »Bauernschaft«. »Dieses ganze Land«, so schrieb der hannoveranische Graf Kielmannsegg im Jahr 1761 über Essex, »ist einem gepflegten Garten nicht unähnlich«[2]; und die meisten Reisenden teilten wohl seine Mei-

1 Siehe die Werke von Cole und Postgate, Ashton, Wilson, Deane und Cole, die in der Weiteren Literatur (Band 2, S. 177 ff.) unter 2 und 3 aufgeführt werden. Siehe auch die Tabellen im Anhang von Band 2.

2 Graf Friedrich Kielmannsegg, *Diary of a Journey to England 1761–2*, London 1902, S. 18.

nung. Da sich die Reise in fast allen Fällen auf die südlichen und mittleren Teile des Landes beschränkte, war dieser Eindruck nicht ganz stichhaltig, obschon der Gegensatz zu vielen Gebieten des Kontinents durchaus auffallen mußte. Nicht minder beeindruckt zeigten sich die Besucher von der ungeheuren Größe Londons, und das mit Recht, denn mit etwa einer dreiviertel Million Einwohnern war es bei weitem die größte Stadt der Christenheit, rund zweimal so groß wie sein Rivale Paris, wenngleich gewiß nicht schön: vielen Ausländern mißfiel seine Düsterheit. »Wenn man Italien gesehen hat«, bemängelte der Abbé Le Blanc im Jahr 1747, »wird man die Gebäude Londons ohne Freude betrachten. Die Stadt ist wirklich außergewöhnlich nur wegen ihrer Größe.« (Aber er war, wie alle anderen, »hingerissen von der Schönheit des Landes, der Sorgfalt, mit der die Böden verbessert werden, der Saftigkeit der Weiden, den zahlreichen Schafherden auf ihnen und der Atmosphäre von Reichtum und Sauberkeit, die in den kleinsten Dörfern herrscht«.[3])
Das London jener Tage war weder eine saubere noch eine gut beleuchtete Stadt, obschon freundlicher und aufgeräumter als Industriezentren wie Birmingham, wo »die Leute so vollständig von ihren Geschäften innerhalb der Häuser in Anspruch genommen zu sein scheinen, daß sie sich nur wenig darum kümmern, wie es draußen aussieht. Die Straßen sind weder gepflastert noch beleuchtet«.[4]
London war die Ausnahme und mit anderen englischen Städten damals nicht vergleichbar, obwohl die Häfen sowie die Handels- und Manufakturzentren der Provinz anders als noch im 17. Jahrhundert sich rasch ausdehnten und sichtbar gediehen. Doch keine von ihnen zählte 50 000 Einwohner, und kaum eine dieser Städte hätte aus anderen als kommerziellen Gründen einen Besuch gelohnt. Allerdings hätte dem Besucher, wäre er 1750 nach Liverpool gekommen (wohin die Londoner Postkutsche noch nicht fuhr), die lärmende Geschäftigkeit dieses Hafens zweifellos imponiert, die wie in Bristol und Glasgow vor allem vom Handel mit Sklaven und Kolonialprodukten wie Zucker, Tee, Tabak und Baumwolle herrührte. Die Hafen-

3 L'Abbé Le Blanc, *Letters on the English and French Nations*, London 1747, Bd. I, S. 177.

4 *A Tour through England, Wales and part of Ireland made during the summer of 1791*, London 1793, S. 373.

städte des 18. Jahrhunderts waren stolz auf ihre stabilen neuen Hafenanlagen und auf die provinzielle Eleganz ihrer öffentlichen Gebäude, die das boten, was der Besucher vermutlich anerkennend »eine erfreuliche Nachbildung der Hauptstadt«[5] genannt haben würde. Ihre minder eleganten Einwohner mochten wohl mehr von der Brutalität der Hafenviertel sehen, die übersät waren mit Kneipen, Prostituierten und Seeleuten; es kam auch vor, daß sie für einen Arbeitsvertrag schanghait oder von einer königlichen Patrouille für die Marine gepreßt wurden. Schiffahrt und Überseehandel waren, wie jeder wußte, das Lebenszentrum Großbritanniens und die Flotte dessen mächtigste Waffe. Um die Mitte des 18. Jahrhunderts besaß das Land nahezu 6000 Handelsschiffe mit insgesamt etwa einer halben Million Tonnen Schiffsraum, ein Mehrfaches der Tonnage der französischen Handelsmarine. Im Jahr 1700 ging rund ein Zehntel aller festen Kapitalinvestitionen (den Besitz an Grund und Boden nicht gerechnet) in den Schiffbau und in die Schiffahrt; die 100 000 Seeleute stellten fast die größte Gruppe der außerhalb der Landwirtschaft beschäftigten Arbeiter.

In der Mitte des 18. Jahrhunderts schenkte der ausländische Besucher den Fabriken und Bergwerken wenig Aufmerksamkeit, obwohl ihn die Qualität (wenn auch nicht der Stil) britischer Arbeit überzeugen mochte und er die Erfindungsgabe wahrnahm, die hier Plackerei und Fleiß ergänzte. Die Briten waren bereits für Maschinen berühmt, »die«, wie Abbé Le Blanc schrieb, »wirklich Menschen unterstützen, indem sie ihre Arbeit vermindern [...]. So kann in den Kohlebergwerken von Newcastle eine einzige Person mittels einer gleichermaßen überraschenden und einfachen Maschine fünfhundert Tonnen Wasser in eine Höhe von hundertachtzig Fuß heben.«[6] Es gab also schon die, wenngleich noch primitive, Dampfmaschine. Ob die britische Gabe, Erfindungen nutzbar zu machen, ihrem eigenen Talent zu verdanken war oder ihrer Fähigkeit, die Einfälle anderer für sich zu gebrauchen, darüber gingen die Meinungen auseinander. Der scharfsinnige Wendeborn aus Berlin, der das Land in den 1780er Jahren bereiste, als die Industrie längst Gegenstand allgemeinen Interesses geworden war, bestritt die

5 Ebenda, S. 354.
6 Le Blanc, a. a. O., Bd. I, S. 48.

Originalität der Engländer. Das Wort »Manufaktur« erinnerte ihn, wie die meisten Touristen, hauptsächlich an Städte wie Birmingham mit seiner Metallwarenproduktion, an Sheffield mit seinen bewundernswerten Bestecken, an die Keramik von Staffordshire und die Wollindustrie, die über ganz East Anglia, den Südwesten Englands und Yorkshire verbreitet war, in größeren Städten (außer in dem niedergehenden Norwich) jedoch nicht vorkam. Die Manufaktur war immer noch der grundlegende und traditionelle Gewerbezweig in Großbritannien.

Denn wenn Landwirtschaft und Manufakturwesen auch prosperierten, so kam ihnen doch in den Augen von Ausländern eindeutig eine geringere Bedeutung zu als dem Handel. England war schließlich das »Krämerland« und der Kaufmann viel eher als der Industrielle sein typischer Bürger. »Man muß zugeben«, schrieb Abbé Le Blanc, »daß die natürlichen Erzeugnisse des Landes im Höchstfall nicht mehr als ein Viertel seines Reichtums ausmachen: den Rest verdankt es seinen Kolonien und dem Fleiß seiner Bewohner, die durch die Beförderung und den Austausch der Reichtümer anderer Länder fortwährend ihre eigenen vermehren.«[7] Der Handel der Briten war für die Verhältnisse des 18. Jahrhunderts in der Tat ein bemerkenswertes Phänomen. Er trug sowohl geschäftsmäßige als auch kriegerische Züge, wie Voltaire nach 1720 feststellte, als seine Briefe aus England die Mode der bewundernden ausländischen Reportage begründeten. Darüber hinaus war der Handel eng verbunden mit dem einzigartigen politischen System Großbritanniens, in dem die Könige dem Parlament untergeordnet waren. Britische Historiker erinnern uns mit Recht daran, daß dieses Parlament weit mehr von einer Oligarchie landbesitzender Aristokraten beherrscht wurde als von denen, die man später die Mittelklassen nannte. Dennoch, nach kontinentalen Maßstäben, was für unaristokratische Adlige! Wie merkwürdig – wie lächerlich, dachte Abbé Le Blanc – geneigt, ihre Untergebenen nachzuäffen: »In London ziehen sich Herren an wie Diener, und Herzoginnen imitieren Kammermädchen.« Wie entfernt im Geist von dem aristokratischen Gebaren wahrhaft adliger Gesellschaften: »Die Engländer prunken weder in ihren

7 Ebenda, Bd. II, S. 345.

Kleidern noch in ihren Equipagen, ihre Möbel sind so einfach, wie Luxusgesetze sie vorschreiben könnten [...], und wenn die Mahlzeiten der Engländer nicht frugal sind, so sind sie doch außergewöhnlich schlicht.«[8] Das gesamte britische System beruhte, anders als das weniger fortschrittlicher und sicherlich das weniger wohlhabender Länder, auf einer Regierung, die für die Interessen derjenigen eintrat, welche Abbé Coyer »die ehrliche Mittelklasse, jenen wertvollen Teil der Nationen«[9] nannte. »Der Handel«, schrieb Voltaire, »der die Bürger Englands reich gemacht hat, hat dazu beigetragen, sie frei zu machen, und diese Freiheit hat ihrerseits den Handel erweitert. Darin besteht die Grundlage der Größe des Staates.«[10] Unzweifelhaft beeindruckte Großbritannien den ausländischen Besucher mit seinem Reichtum – als ein Land, das reich war vor allem durch seinen Handel und Unternehmungsgeist; als ein mächtiger und kriegslustiger Staat, dessen Macht in der Hauptsache auf seiner am stärksten handelsbezogenen Waffe, der Flotte, beruhte; als ein Staat mit ungewöhnlich viel Freiheit und Toleranz – die ihrerseits wiederum mit dem Handel und der Mittelklasse eng verflochten waren. Obgleich es dort vielleicht bisweilen an aristokratischen Lebensgenüssen, an Geist und an *joie de vivre* mangelte, und obgleich man dort religiösen und anderen fixen Ideen nachhing, besaß England fraglos die blühendste und fortgeschrittenste Wirtschaft; es war ein Land, das seine Stellung in Wissenschaft und Literatur, ganz zu schweigen von der Technologie, mehr als nur behauptete. Das gemeine Volk, insular, eingebildet, tüchtig, brutal und aufrührerisch, schien gut genährt und wohlhabend nach dem bescheidenen Maßstab, der damals für arme Leute galt. Die Institutionen erwiesen sich als stabil – trotz der offenkundigen Schwäche des Apparates zur Aufrechterhaltung der öffentlichen Ordnung und zur Planung und Verwaltung der wirtschaftlichen Angelegenheiten des Landes. Für diejenigen, die ihre eigenen Länder auf den Weg des wirtschaftlichen Fortschritts bringen wollten, enthielt dieser sichtbare Erfolg, der im wesentlichen auf der Privatwirtschaft fußte, eine deutliche Lehre. »Denkt darüber nach«, rief Abbé Coyer im Jahr 1779 aus, »ihr, die ihr immer noch an einem System von

8 Ebenda, Bd. I, S. 18; Bd. II, S. 90.
9 Abbé Coyer, *Nouvelles Observations sur l'Angleterre*, 1779, S. 15.
10 Voltaire, *Lettres Philosophiques*, Brief 10.

Vorschriften und Privilegien festhaltet«[11], als er sah, wie das Profitstreben den Straßen- und Kanalbau begünstigte.[12]

Wirtschaftlicher und technischer Fortschritt, Privatwirtschaft und das, was man heute Liberalismus nennen würde: all dies gab es also. Dennoch glaubte niemand an eine Umformung des Landes durch eine Industrielle Revolution, nicht einmal Reisende, die Großbritannien zu Beginn der achtziger Jahre besuchten, als sie, wie wir wissen, bereits begonnen hatte. Wenige nur rechneten mit der Bevölkerungsexplosion, die die Bevölkerung von England und Wales von rund sechseinhalb Millionen im Jahr 1750 auf über neun Millionen im Jahr 1801 und auf sechzehn Millionen im Jahr 1841 ansteigen lassen sollte. In der Mitte des 18. Jahrhunderts und sogar noch einige Jahrzehnte später stritten sich die Leute immer noch darum, ob die Bevölkerungszahl im Wachsen begriffen sei oder stillstehe; gegen Ende des Jahrhunderts hielt Malthus es bereits für ausgemacht, daß sie viel zu schnell anwachse.

Wenn wir heute auf das Jahr 1750 zurückblicken, dann fällt uns manches auf, was die Zeitgenossen übersehen haben, weil es ihnen nicht deutlich war (oder auch im Gegenteil so deutlich, daß es keiner Erwähnung bedurfte); aber im großen und ganzen müssen wir ihnen beipflichten. England (Wales und große Teile von Schottland bildeten nach wie vor in gewissen Punkten eine Ausnahme – vgl. das 15. Kapitel) verfügte bereits über eine nationale Geld- und Marktwirtschaft. Ein »Krämervolk« ist notwendigerweise ein Volk von Produzenten für den Verkauf auf dem Markt und natürlich ein Volk von Kunden. In den Städten war dies selbstverständlich, da eine autarke Wirtschaft in Städten oberhalb einer gewissen Größe unmöglich ist und Großbritannien, wirtschaftlich gesehen, das Glück hatte, die größte aller westlichen Städte (und infolgedessen den größten aller konzentrierten Warenmärkte) zu besitzen, nämlich London, das um die Jahrhundertmitte etwa fünfzehn Prozent

11 Abbé Coyer, a. a. O., S. 27.

12 Nicht alle waren dieser Meinung, besonders wenn man ihnen, wie der »berühmten Madame Du Bocage«, erklärte, daß London deshalb so schmutzig war, weil die »Bürger in einem freien Volk so viel pflastern, wie sie für richtig halten, jeder vor seiner eigenen Tür«. »Die Freiheit«, meinte Abbé Le Blanc, »ist, wie es scheint, jene Segnung, die sowohl ein gutes Straßenpflaster wie auch eine gute Politik in London unmöglich macht.«

der englischen Bevölkerung beherbergte und dessen unersättlicher Bedarf an Nahrungsmitteln und Brennstoff den Ackerbau im gesamten Süden und Osten bestimmte; das regelmäßig zu Lande und zu Wasser aus den entfernteren Gegenden von Wales und dem Norden beliefert wurde und die Kohlenbergwerke von Newcastle in Anspruch nahm. Regionale Preisunterschiede waren bei elementaren und leicht transportablen Nahrungsmitteln wie Käse ziemlich gering. Noch wichtiger ist, daß England eine autarke örtliche und regionale Wirtschaft nicht mehr mit der schwersten Strafe, der Hungersnot, bezahlen mußte. Hungersnot, gang und gäbe auf dem Kontinent, kaum in Vergessenheit geraten im schottischen Tiefland, war in England kein wirkliches Problem mehr, obwohl schlechte Ernten immer wieder zu beträchtlichen Preissteigerungen und in der Folge zu Aufständen führten, wie in den Jahren 1740/41, 1757 und 1767.

Auf dem Land gab es keine Bauernschaft im kontinentaleuropäischen Sinne. Das lag nicht allein daran, daß die Marktwirtschaft die örtliche und regionale Autarkie bereits unterminiert und das Dorf in ihr Barzahlungssystem einbezogen hatte. Der zunehmende Verbrauch von importierten Artikeln wie Tee, Zucker und Tabak weist nicht nur auf die Ausweitung des Überseehandels, sondern auch auf die Kommerzialisierung des Lebens auf dem Land. Um die Jahrhundertmitte betrug der offizielle Import von Tee rund 0,6 Pfund Tee pro Kopf der Bevölkerung; hinzu kam eine beträchtliche Menge, die eingeschmuggelt wurde. Es war ziemlich offenkundig, daß Tee als Getränk sich auf dem flachen Lande einbürgerte, auch bei den Arbeitern (genauer: bei ihren Frauen und Töchtern); die Briten, meinte Wendeborn, verbrauchten dreimal so viel Tee wie das ganze übrige Europa zusammen. Zur gleichen Zeit ging die Zahl der selbständigen kleinen Landwirte, die im wesentlichen von dem von ihrer Familie bewirtschafteten Besitz lebten, deutlicher als in anderen Ländern zurück (wenn man von dem abgelegenen keltischen Randgebiet und einigen anderen Gegenden, insbesondere im Norden und Westen, einmal absieht). In dem Jahrhundert seit der Restauration von 1660 hatte eine beträchtliche Konzentration des Landbesitzes in den Händen einer begrenzten Gruppe von Grundbesitzern stattgefunden, und zwar auf Kosten des niederen Landadels und der Bauern.

Wir haben dazu keine verläßlichen Angaben, doch ließ sich um das Jahr 1750 die dem englischen Landbesitz eigentümliche Struktur bereits erkennen: wenige tausend Grundbesitzer verpachteten ihre Ländereien an einige zehntausend Pächter, die diese ihrerseits bewirtschafteten mit der Arbeitsleistung einiger hunderttausend Landarbeiter, Knechte oder Kleinstbauern, die sich auf Zeit verdingten. Dieser Tatbestand förderte das Barzahlungssystem.

Es kommt hinzu, daß sich ein recht großer – vielleicht sogar der größte – Teil der Industrien und Manufakturen in Großbritannien auf dem Land befand; der typische Arbeiter war eine Art Dorfhandwerker oder Kleinbauer, der sich in seiner Hütte mehr und mehr auf die Herstellung eines besonderen Produktes spezialisierte – hauptsächlich auf Tuche, Strumpfherstellung und eine Anzahl Metallwaren –, und der so allmählich zur Lohnarbeit überging. Immer mehr Dörfer, in denen die Männer in ihrer freien Zeit webten, strickten oder Metall oder Kohle verarbeiteten oder gruben, wurden zu Industriesiedlungen, in denen sie als Weber, Strumpfwirker oder Bergarbeiter tätig waren, oder gar zu Industriestädten. Auch kleine Marktzentren, von denen aus die Großhändler die Dorferzeugnisse aufkauften oder Rohmaterial ausgaben (»put out«) und Webmaschinen oder -stühle an die Heimarbeiter vermieteten, entwickelten sich zu Städten, voll von Werkstätten oder primitiven Fabriken zur Vorbereitung und Fertigstellung von Material und Waren, die an die überall verstreuten Heimarbeiter zur Bearbeitung ausgeteilt wurden. Es lag in der Natur eines solchen ländlichen Verlagssystems, daß es sich rasch ausdehnte und die Maschen im Gewebe des Bargeldverkehrs, das sich darüber breitete, immer enger zog. Denn jedes Dorf, das sich auf Manufakturproduktion spezialisierte, jedes ländliche Gebiet, in dem sich Industriedörfer bildeten (wie das Black Country, die Bergwerkgegenden und die meisten Textilgegenden), mußte die Nahrungsmittel, die es nicht mehr selbst herstellte, kaufen; das setzte voraus, daß sich andere Gebiete auf die Produktion von Lebensmitteln spezialisierten. Auf diese Weise verteilten sich die Industrien über das ganze Land. Das hatte zwei miteinander verbundene, wichtige Folgen. Die politisch ausschlaggebenden Gruppen von Großgrundbesitzern nahmen ein unmittelbares Interesse an den Gruben, die sich zufällig unter ihrem Grund und Boden befanden (und aus denen, im Gegensatz zum Kontinent, sie selbst und nicht der Herrscher Gewinne zogen), und an den Manufakturen in ihren Dörfern. Das starke Interesse des örtlichen Adels an Investitionen (Kanalbau und Mautstraßen) hatte seinen Grund nicht allein in dem Wunsch, den Markt für die Erzeugnisse der Landwirtschaft zu erweitern, sondern auch in der Hoffnung auf einen Nutzen besserer und billigerer Transportmöglichkeiten für Bergwerke und Manufakturen.[13] Im Jahre 1750 steckten die Verbesserungen des inländischen Transportwesens noch in den Anfängen: es wurden weniger als zehn »Mautvereine« pro Jahr gegründet (zwischen 1750 und 1770 waren es über vierzig pro Jahr), den Bau von Kanälen hat man erst nach 1760 in Angriff genommen.

Die zweite Folge war, daß die Interessen der Fabrikanten die *Regierungspolitik bestimmen* konnten (im Unterschied zu Holland, dem anderen großen handeltreibenden Land, wo die Interessen des Großkaufmanns den obersten Platz einnahmen), obwohl deren Reichtum und Einfluß noch durchaus bescheiden waren. So wurde beispielsweise geschätzt, daß die ärmste Gruppe der »Kaufleute« im Jahr 1760 soviel verdiente wie die reichste Gruppe der »master-manufacturers« (»Meistermanufakturisten«) – die reichste verdiente im Durchschnitt dreimal soviel –, und daß die oberste Schicht der »Händler« (»tradesmen«) doppelt soviel verdiente wie die gleichrangige Schicht der »master manufacturers«. Diese Angaben beruhen auf Vermutungen; sie zeigen gleichwohl den relativen Standort von Handel und Industrie in der Meinung der Zeitgenossen an.[13a] In jeder Beziehung schien der Handel, insbesondere der Überseehandel, gewinnbringender, gewichtiger, angesehener als die

13 Kanäle und Mautvereine deckten meist nur ihre eigenen Kosten, selten warfen sie einen bescheidenen Kapitalgewinn ab.

13a Die Zahlen (in Pfund Sterling pro Jahr) gelten für die Zeit um 1760:

Beruf	*Zahl der Familien*	*Einkommen*
Kaufleute (merchants)	1 000	600
	2 000	400
	10 000	200
Händler (tradesmen)	2 500	400
	5 000	200
	10 000	100
	20 000	70
	125 000	40

Manufakturen. Wenn es aber galt, zwischen den Interessen des Handels (die in der Freiheit zu importieren, zu exportieren und zu re-exportieren lagen) und denen der Industrie zu wählen (die in diesem Stadium darin bestanden, den britischen Inlandmarkt gegen den ausländischen zu schützen und den Exportmarkt für britische Erzeugnisse zu erobern), so hatte der einheimische Produzent den Vorrang, da der Großkaufmann lediglich London und ein paar Hafenstädte für seine Intentionen ins Feld führen konnte, der Fabrikant hingegen die politischen Interessen weiter Teile des Landes und der herrschenden Schicht. Entschieden wurde das gegen Ende des 17. Jahrhunderts, als die Textilhersteller im Vertrauen auf die traditionelle Bedeutung der Wolltuche für die britischen Regierungsfinanzen das Verbot ausländischen »Kattuns« (»calico«) durchsetzten. Im großen und ganzen wuchs die britische Industrie in einem durch Schutzzölle abgesicherten Inlandmarkt heran, bis sie stark genug war, freien Zugang zu den Märkten anderer, d. h. »Freihandel«, zu verlangen.

Trotzdem hätten weder Industrie noch Handel gedeihen können, wenn die politischen Verhältnisse, welche mit Grund die Ausländer beeindruckten, ihnen nicht günstig gewesen wären. England war, genau genommen, kein »bürgerlicher« Staat, sondern eine Oligarchie grundbesitzender Adliger, geführt von einer kleinen, sich selbst stetig ergänzenden Gruppe von etwa zweihundert Lords, die ein Netz mächtiger und reicher Verwandtschaftsbeziehungen unter der Ägide der herzoglichen Häupter der großen Whig-Familien miteinander verknüpfte – Russell, Cavendish, Fitzwilliam, Pelham und so fort. Wer konnte sich mit ihnen an Reichtum messen? (Joseph Massie schätzte im Jahr 1760 die Einkommen von zehn adligen Familien auf 20000 Pfund pro Jahr, von zwanzig auf 10000 Pfund, und von weiteren 120 auf 6 bis 8000 Pfund oder mehr als zehnmal soviel, wie die reichsten Großkaufleute vermutlich

Master manufacturers	2 500	200
	5 000	100
	10 000	70
	62 500	40

Im Vergleich dazu wurde das durchschnittliche Einkommen von Juristen und Gastwirten auf 100 Pfund geschätzt, das der reichsten Landwirte auf 150 Pfund, und das des Bauern und des Landarbeiters auf fünf oder sechs Schilling pro Woche.

verdienten.) Wer konnte sich mit ihnen an Einfluß messen in einem politischen System, das jedem Herzog oder Grafen, der darin tätig werden wollte, fast automatisch ein hohes Amt und darüber hinaus eine geschlossene Gruppe von Verwandten, Schützlingen und Anhängern in beiden Häusern des Parlaments bereitstellte, und das die Ausübung der geringsten politischen Rechte von Grundbesitz abhängig machte, den zu erwerben immer schwieriger wurde für diejenigen, die noch keine eigenen Güter besaßen? Dennoch waren, wie die Ausländer vielleicht viel klarer erkannten als die Briten, die Granden von Großbritannien kein Adel, der den feudalen und absolutistischen Hierarchien des Kontinents vergleichbar war, sondern eine postrevolutionäre Elite, die Erben der »Rundköpfe«. Ehre, Kühnheit, Eleganz und Freigebigkeit, die Tugenden des Feudal- und Hofadels, galten ihnen nicht mehr viel; ein deutscher Junker verfügte über ein größeres Gefolge von Dienern und häuslichen Vasallen als der Herzog von Bedford. Ihre Parlamente und Regierungen machten Krieg und Frieden um der Gewinne, Kolonien und Märkte willen und zum Zweck der Ausschaltung von Handelskonkurrenten. Als Charles Edward Stuart, der »Young Pretender«, 1745 mit seiner Armee von loyalen, aber am Kommerz wenig interessierten schottischen Hochländern in England einfiel, wurde der Abstand zwischen dem England der Whigs, wie aristokratisch es auch sein mochte, und archaischeren Gesellschaftsformen deutlich sichtbar. Die Whig Granden (nicht so sehr die bescheideneren Tory Landjunker) wußten sehr genau, daß die Macht des Landes (und ihre eigene) von der Entschlossenheit abhing, durch Krieg und Handel Geld zu machen. Um 1750 waren die Profite, welche die Industrie abwarf, noch gering; als die Situation sich änderte, paßten sich die Granden ihr an.

Dennoch, wenn wir uns in das Großbritannien von 1750 versetzen, hätten wir die bevorstehende Industrielle Revolution voraussagen können? Wahrscheinlich nicht. Wir wären, wie die ausländischen Besucher, von der im wesentlichen »bürgerlich«-kommerziellen Struktur des Landes überrascht gewesen. Wir hätten seine wirtschaftliche Dynamik und Fortschrittlichkeit, vielleicht auch seine aggressive Expansionspolitik bewundert, und wir wären beeindruckt gewesen von den Erfolgen seiner kaum kontrollierten Privatunternehmer. Wir hätten dem Land zunehmende Wohlhabenheit und Macht vorausgesagt. Aber hätten wir seine Umformung für möglich erachtet, gar die darauf folgende Umformung der Welt? Hätten wir erwartet, daß in weniger als einem Jahrhundert der Sohn eines »Master Manufacturers« – noch dazu eines, der 1750 gerade erst das Land seiner bäuerlichen Vorfahren verlassen hatte, um sich in einer kleinen Stadt in Lancashire anzusiedeln – Premierminister von Großbritannien werden würde? Kaum. Hätten wir für möglich gehalten, daß das England des Jahres 1750 anfällig sein würde für Radikalismus, Jakobinismus, Chartismus, Sozialismus? Blicken wir zurück, so sehen wir, daß kein anderes Land für die Industrielle Revolution ähnlich gut vorbereitet war; gleichwohl müssen wir erklären, weshalb sie ausgerechnet in den letzten Jahrzehnten des 18. Jahrhunderts ausbrach, und warum ihre Folgen, ob gut oder schlecht, unumstößlich sind.

2. Ursprung der Industriellen Revolution[1]

Die Frage nach dem Ursprung der Industriellen Revolution ist heikel; sie wird noch heikler, wenn wir sie nicht genau definieren. Daher fangen wir am besten mit einer kurzen Klarstellung an.

Erstens: Die Industrielle Revolution ist nicht nur eine Beschleunigung des wirtschaftlichen Wachstums, sondern auch die Ursache und Folge einer wirtschaftlichen und gesellschaftlichen Umwandlung. Zeitgenössische Beobachter, die ihre Aufmerksamkeit auf die qualitativ neuen Produktionsweisen richteten – die Maschinen, das Fabrikwesen und so weiter – waren vom richtigen Gefühl geleitet, obwohl sie ihm manchmal zu unkritisch folgten. Nicht Birmingham ließ die Zeitgenossen von einer Industriellen Revolution sprechen, eine Stadt, die 1850 sehr viel mehr produzierte als 1750, aber im wesentlichen noch auf die alte Art und Weise, sondern Manchester, das deutlicher auf neue Weise mehr produzierte. Die wirtschaftliche und gesellschaftliche Umwandlung im späten 18. Jahrhundert erfolgte im Rahmen und mit Hilfe einer kapitalistischen Wirtschaft. Wie wir wissen, ist das nicht die einzige Form, in der eine Indu-

1 Die moderne Auseinandersetzung mit der Industriellen Revolution und der Wirtschaftsentwicklung beginnt mit Karl Marx, *Das Kapital*, Bd. I, Teil 3 und 4, Kapitel 23–24. Zu neueren marxistischen Ansichten vgl. M. H. Dobb, *Studies in Economic Development*, 1946, und *Some Aspects of Economic Development*, Delhi 1951, sowie das sehr anregende Buch von K. Polanyi, *Origins of Our Time*, 1945. D. S. Landes' Beitrag zur *Cambridge Economic History of Europe*, Bd. VI, 1965, bietet eine gute Einführung in die moderne wissenschaftliche Behandlung des Themas; vgl. auch Phyllis Deane, *The First Industrial Revolution*, 1965 (B). Anglo-amerikanische und anglo-französische Vergleiche enthalten H. J. Habbakuk, *American and British Technology in the 19th Century*, 1962, und P. Bairoch, *Revolution industrielle et sous-developpement*, 1963. – Einen Überblick über die wissenschaftlichen Theorien zur Wirtschaftsentwicklung im allgemeinen geben einzelne Lehrbücher, darunter B. Higgins, *Economic Development*, 1959. Stärker vom soziologischen Standpunkt gehen aus Bert Hoselitz, *Sociological Aspects of Economic Growth*, 1960, Wilbert Moore, *Industrialization and Labour*, 1951, Everett Hagen, *On the Theory of Social Change*, 1964 (B). Vgl. auch die Tabellen im Anhang. – Zu Großbritanniens Stellung in der Weltwirschaft des 18. Jahrhunderts vgl. F. Mauro, *L'expansion européenne 1600–1870*, in: *La Nouvelle Clio*, 1964; Ralph Davis, *English Foreign Trade 1700–1774*, in: *Econ. Hist. Rev.* 1962.

strielle Revolution stattfinden kann, obwohl sie die früheste und im 18. Jahrhundert wahrscheinlich auch die einzig mögliche war. Die Analyse dieser kapitalistischen Industrialisierung muß vor allem erklären, weshalb die Jagd nach privatem Profit zu technologischer Umwandlung führte, was keineswegs automatisch der Fall sein muß.

Zweitens: Die britische Revolution war die erste der Geschichte. Das bedeutet nicht, daß sie bei Null anfing oder daß frühere Stufen einer raschen industriellen und technologischen Entwicklung nicht nachweisbar wären; doch keine von ihnen leitete das moderne Stadium der Geschichte ein, dessen Merkmal ein sich selbst erneuerndes Wirtschaftswachstum bei fortwährender technologischer Revolution und gesellschaftlicher Umwandlung ist. Da sie die erste ist, gleicht sie auch in den wichtigen Punkten keiner der nachfolgenden industriellen Revolutionen. Sie kann nicht in erster Linie oder überhaupt aus äußerlichen Faktoren erklärt werden wie zum Beispiel der Nachahmung fortgeschrittenerer technischer Methoden, der Kapitaleinfuhr oder der Auswirkung einer bereits industrialisierten Weltwirtschaft. Spätere Revolutionen konnten von dem Beispiel und den Hilfsmitteln Großbritanniens Gebrauch machen; Großbritannien konnte Erfahrungen anderer Länder nur in einem sehr begrenzten und unbedeutenden Umfang auswerten. Überdies gingen, wie wir gesehen haben, der britischen Revolution mindestens zweihundert Jahre einer verhältnismäßig ununterbrochenen Wirtschaftsentwicklung voran, die die Grundlagen für sie schuf. Anders als etwa das Rußland des 19. und 20. Jahrhunderts trat Großbritannien nicht unvorbereitet in die Phase der Industrialisierung ein.

Die Industrielle Revolution läßt sich indes nicht allein aus den Bedingungen Großbritanniens heraus begreifen, da dieses Land Teil einer größeren Wirtschaftseinheit war, die wir »europäische Wirtschaft« oder »Weltwirtschaft der europäischen Seemächte« nennen können; Teil eines Netzes von Wirtschaftsbeziehungen, das »fortgeschrittene« Gebiete umfaßte, die zur Industrialisierung imstande waren oder sie bereits in Gang gesetzt hatten, und »abhängige« Gebiete sowie wirtschaftliche Randzonen, die dem europäischen Wirtschaftssystem noch nicht integriert waren. Diese abhängigen Wirtschaften bestanden teils aus formellen Kolonien (wie in den beiden Amerika) oder Handels-

und Herrschaftsstützpunkten (wie im Orient), teils aus Gebieten, die wirtschaftlich darauf eingerichtet waren, die Bedürfnisse der »fortgeschrittenen« Gebiete zu befriedigen (wie in einigen Bereichen Osteuropas). Die »fortgeschrittene« Welt war mit der abhängigen durch eine gewisse Teilung der Wirtschaftstätigkeit verbunden: auf der einen Seite bestand ein verhältnismäßig urbanisiertes Gebiet, auf der anderen Seite gab es ganze Landstriche, die Agrargüter und Rohmaterialien herstellten und exportierten. Diese Beziehungen lassen sich als ein System wirtschaftlicher Bewegungen beschreiben – Handel, internationale Zahlungen, Kapitaltransfers, Zu- und Abwanderungen usw.

Die »Wirtschaft Europas« hatte mehrere Jahrhunderte hindurch merklich floriert und expandiert – trotz einzelnen Rückschlägen oder Umstellungen, namentlich vom 14. zum 15. und im 17. Jahrhundert. Gleichwohl zerfiel sie seit dem 16. Jahrhundert zusehends in unabhängige und konkurrierende politisch-ökonomische Einheiten (Territorial-»Staaten«) wie Großbritannien und Frankreich, wovon jede ihre eigene Wirtschafts- und Gesellschaftsstruktur, ja fortgeschrittene *und* rückständige oder abhängige Sektoren besaß. Bis zum 16. Jahrhundert war klar geworden, daß, wenn überhaupt irgendwo eine Industrielle Revolution stattfände, dies in Europa geschehen würde; unklar war lediglich, welche der konkurrierenden Einheiten sich als erste industrialisieren würde.

Die Bestimmung des Ursprungs der Industriellen Revolution ist im wesentlichen identisch mit der Bestimmung der Gründe, aus denen gerade Großbritannien zur ersten »Werkstatt der Welt« wurde; eine zweite, damit verbundene Frage ist, warum dieser Durchbruch gegen Ende des 18. Jahrhunderts stattfand und nicht früher oder später. Bevor wir darauf eine Antwort versuchen (die strittig und unsicher bleibt), mag es nützlich sein, eine Anzahl von Erklärungen oder Pseudoerklärungen aus dem Weg zu räumen, die lange Zeit im Umlauf waren und zuweilen auch heute noch verteidigt werden. Die meisten von ihnen sind wenig erhellend. Dies trifft für Theorien zu, welche die Industrielle Revolution durch Klima, Geographie, biologische Veränderungen in der Bevölkerung oder andere exogene Faktoren zu erklären versuchen. Wenn (wie manchmal angenommen wird) der Anstoß von den ungewöhnlich langen Perioden guter Ernten im beginnenden 18. Jahrhundert kam, dann wäre zu begründen, weshalb solche Perioden vor dieser Zeit (und es hat sie immer wieder im Lauf der Geschichte gegeben) nicht ähnliche Folgen zeitigten. Beruft man sich auf Großbritanniens reiche Kohlevorkommen, um seinen Vorsprung zu erklären, so bliebe immerhin zu bedenken, aus welchen Gründen sein vergleichsweise spärlicher Bestand an anderen industriellen Rohstoffen (z. B. Eisenerz) diese Entwicklung nicht behindert hat oder, anders ausgedrückt, warum zum Beispiel die großen schlesischen Kohlenreviere nicht einen ähnlich frühzeitigen industriellen Aufschwung ausgelöst haben. Wenn das feuchte Klima von Lancashire die Konzentration der Baumwollindustrie dort erklären soll, dann sollten wir auch fragen, warum die Konzentration nicht auch in anderen feuchten Gegenden der britischen Inseln stattgefunden hat. Und so weiter. Klimatische Faktoren, Geographie, die Verteilung natürlicher Ressourcen wirken sich immer nur innerhalb eines gegebenen wirtschaftlichen, sozialen und institutionellen Kontexts aus; dies gilt sogar für den gewichtigsten Faktor dieser Art: die Verbindungswege zum Meer oder zu nutzbaren Flüssen, die billigsten, gebräuchlichsten und für Massengüter einzig wirtschaftlichen Transportwege des vorindustriellen Zeitalters. Es ist so gut wie unvorstellbar, daß in einem vom Meer völlig abgeschnittenen Land die Industrielle Revolution hätte inauguriert werden können. Gleichwohl spielen auch hier nicht-geographische Faktoren eine erhebliche Rolle: die Hebriden z. B. verfügen über einen besseren Zugang zur See als Yorkshire.

Eine in diesem Zusammenhang besondere Bedeutung hat das Problem der Bevölkerungsstruktur, da deren Umschichtungs- und Entwicklungsprozesse durch exogene Faktoren, durch Veränderungen in der Gesellschaft oder durch beides zusammen erklärt werden können. Wir werden weiter unten darauf eingehen; für den Augenblick genügt es, festzustellen, daß rein exogene Erklärungen zur Zeit von Historikern fast allgemein abgelehnt und in diesem Buch nicht akzeptiert werden. Nicht minder fragwürdig sind alle Versuche, die Industrielle Revolution auf »historische Zufälle« zurückzuführen. Die Tatsache, daß im 15. und 16. Jahrhundert überseeische Entdeckungen gemacht wurden, ist für die Industrialisierung ebenso wenig ausschlaggebend gewesen wie die »naturwissenschaftliche Revolution« des 17. Jahrhunderts.[2] Durch keine der beiden Thesen wird erklärt, weshalb die Industrielle Revolution am Ende des 18. Jahrhunderts eintrat und nicht etwa gegen Ende des 17., als in Europa die Kenntnis der Natur und die naturwissenschaftliche Technologie sich auf einem Stand befanden, der die Industrialisierung wohl erlaubt hätte. Auch kann ihr Ursprung nicht in der Reformation gesucht werden, weder direkt noch mittelbar in einem ihr eigentümlichen »kapitalistischen Geist« oder in einer anderen vom Protestantismus herrührenden Veränderung im Wirtschaftsverhalten. Die Reformation hat zwei Jahrhunderte vor der Industriellen Revolution stattgefunden, und keineswegs alle Gebiete, die zum Protestantismus konvertierten, wurden Wegbereiter der Industrialisierung; so waren – um ein auffälliges Beispiel zu wählen – diejenigen Teile der Niederlande, die katholisch blieben (Belgien), früher industrialisiert als jener Teil, der protestantisch wurde (Holland).[3]

Auch Interpretationen, die für die Industrielle Revolution rein politische Faktoren reklamieren, sind inakzeptabel. Während der zweiten Hälfte des 18. Jahrhunderts wollten im Grunde alle Regierungen Europas ihre Länder industrialisieren, doch nur die britische hatte dabei Erfolg. Andererseits betrieben die Regierungen Großbritanniens bereits seit 1660 eine Politik, die das Profitstreben als obersten Wert artikulierte; aber die Industrielle Revolution setzte erst ein Jahrhundert später ein.

Die Hauptvoraussetzungen für die Industrialisierung waren in Großbritannien schon im 18. Jahrhundert gegeben oder konnten zu diesem Zeitpunkt zumindest geschaffen werden. Nach dem Maßstab, der heute allgemein gilt, war England damals kein »unterentwickeltes Land«, wenn man von Teilen Schottlands und Wales' und von Irland absieht. Die wirtschaftlichen, sozialen und ideologischen Bindungen der vorindustriellen Ära waren längst gebrochen, die herkömmlichen Lebensweisen und Beschäftigungsmuster so schwach, daß sie sich leicht auflösen lie-

2 Es ist unwichtig für unsere Zwecke, ob diese Ereignisse rein zufällig oder (was viel wahrscheinlicher ist) die Auswirkung einer älteren Wirtschafts- und Gesellschaftsentwicklung Europas waren.

3 Die Theorie, daß die Wirtschaftsentwicklung Frankreichs im 18. Jahrhundert durch die Vertreibung der Protestanten am Ende des 17. Jahrhunderts stark beeinträchtigt worden sei, wird heute kaum mehr vertreten, jedenfalls ist sie umstritten.

ßen. Um das augenfälligste Beispiel zu nehmen: um das Jahr 1750 hat es, wie wir sahen, in weiten Gebieten Englands so gut wie keine landbesitzende Bauernschaft mehr gegeben. Die Subsistenzwirtschaft war bereits zerfallen.[4] Ohne sonderlich große Schwierigkeiten konnten Arbeitskräfte von nicht-industriellen auf industrielle Tätigkeiten umgestellt werden. Einen ausreichenden Kapitalüberschuß für Investitionen zur notwendigen, vor der Errichtung des Eisenbahnnetzes noch nicht sehr kostspieligen Umwandlung der Wirtschaft hatte das Land bereits erworben. Eine erhebliche Menge des Überschusses befand sich in den Händen von Leuten, die gewillt waren, ihn für wirtschaftliche Verbesserungen anzulegen. Es gab weder einen relativen noch einen absoluten Kapitalmangel. Das Land hatte nicht nur seine Marktwirtschaft – die meisten Güter und Dienstleistungen wurden außerhalb der eigenen Familie gekauft und verkauft –, sondern auch in vieler Hinsicht einen einheitlichen nationalen Markt. Es verfügte über ein ausgedehntes, ziemlich entwickeltes Manufakturwesen und einen komplexen, gut funktionierenden kommerziellen Apparat.

Schwierigkeiten, wie sie heute in unterentwickelten Ländern, die gerade mit ihrer Industrialisierung anfangen, aktuell sind, spielten im Großbritannien des 18. Jahrhunderts kaum eine Rolle. Das Transport- und Kommunikationsnetz war vergleichsweise eng geknüpft und billig: kein Landstrich Großbritanniens liegt mehr als 70 Meilen vom Meer oder einem schiffbaren Wasserweg entfernt. Die technologischen Probleme der frühen Industriellen Revolution erforderten zu ihrer Lösung keine naturwissenschaftlich qualifizierten Spezialisten, sondern nur eine ausreichende Anzahl von Leuten mit Kenntnissen im Lesen und Schreiben, mit Erfahrung in der Bedienung einfacher mechanischer Vorrichtungen und in der Metallbearbeitung, mit Praxis und Initiative; und es gab diese Leute. Die meisten technischen Erfindungen und neuen Produktionsstätten konnten auf einer niedrigen Wirtschaftsstufe ansetzen und erweiterten sich allmählich. Das bedeutet, daß sie wenig Anfangskapital brauchten; ihr Wachstum wurde durch Akkumulation von Profiten finanziert. Die Entwicklung der Industrie gründete sich auf die Fähigkeiten einer Vielzahl kleiner Unternehmer

4 Wenn Autoren im frühen 19. Jahrhundert von der Bauernschaft (»peasantry«) sprachen, meinten sie damit die Landarbeiter (»farm-labourers«).

und gelernter Handwerker. Kein Land im 20. Jahrhundert, das mit seiner Industrialisierung beginnt, besitzt diese Vorteile, ja kann sie besitzen.
Entscheidend für den Ausbruch der Industriellen Revolution ist deshalb nicht, wie der Stoff für die Wirtschaftsexplosion angesammelt, sondern wie er entzündet wurde, und was sie nach einem eindrucksvollen Anfangsknall am Verlöschen hinderte. Doch bedurfte es dazu überhaupt eines besonderen Mechanismus? War es nicht vielmehr zwangsläufig, daß eine genügend lange Periode, in der explosives Material sich verdichtete, früher oder später, irgendwie, irgendwo zur Entzündung führen würde? Vielleicht. Trotzdem müssen das »Irgendwie« und das »Irgendwo« erklärt werden, um so mehr, als die Art, auf die eine Privatwirtschaft eine Industrielle Revolution erzeugt, einige Fragen aufgibt.
Das Rätsel liegt in der Beziehung zwischen Profitpolitik und technologischer Neuerung. Oft wird angenommen, daß die Privatwirtschaft automatisch zu Innovationen neige; aber das stimmt nicht. Sie hat eine Neigung lediglich zum Profit. Sie revolutioniert die Manufaktur nur dann, wenn dadurch größere Profite erzielt werden können. In vorindustriellen Gesellschaften ist das kaum je der Fall. Der vorhandene und potentielle Markt – und der Markt bestimmt, was ein Geschäftsmann produziert– besteht aus den Reichen, die Luxuswaren zwar in kleinen Mengen haben wollen, aber mit einer hohen Profitspanne pro Verkauf, und den Armen, die – wenn sie in die Marktwirtschaft überhaupt einbezogen sind und nicht ihre eigenen Konsumwaren zu Hause oder am Ort erzeugen wenig Geld haben, an Neuerungen nicht gewöhnt sind, ihnen skeptisch gegenüberstehen, ja es ablehnen, genormte Erzeugnisse zu verbrauchen und die meist weder in größeren Städten konzentriert noch sonstwie für die Fabrikanten leicht erreichbar sind. Daß der Massenmarkt sehr viel rascher als die Bevölkerungszahl wächst, ist unwahrscheinlich. Aus diesem Grunde scheint es sinnvoller, Prinzessinnen Modelle der *haute couture* anzuziehen als darüber nachzugrübeln, wie man Bauerntöchter für kunstseidene Strümpfe interessieren könnte. Wenn der vernünftige Geschäftsmann die Wahl hat, wird er eher juwelenbesetzte Uhren für Adlige als billige Armbanduhren herstellen, und je kostspieliger es wird, billige Waren zu lancieren, desto mehr

wird er zögern, sein Geld mit ihnen zu riskieren. Ein französischer Millionär um die Mitte des 19. Jahrhunderts, der in einem Land tätig war, in dem die Voraussetzungen für eine moderne Industrieproduktion relativ dürftig waren, drückte das in einer klassischen Phrase aus: »Man kann sein Geld auf dreierlei Weise verlieren«, sagte der große Rothschild, »mit Frauen, Spielen und Ingenieuren. Die ersten beiden sind erfreulicher, aber die letzte ist weitaus die sicherste.«[5]

Alle diese Momente und Faktoren bestimmen die Industrialisierung, indem sie die Produktion – innerhalb gewisser Grenzen – in die Lage versetzen, ihre Märkte auszudehnen, wenn nicht gar erst zu schaffen. Als Henry Ford sein Modell T produzierte, produzierte er zusätzlich etwas, das es vorher nicht gegeben hatte: Kunden für ein billiges, genormtes und einfaches Automobil. Natürlich beruhte sein Unterfangen nicht mehr auf purer, wilder Spekulation. Ein Jahrhundert der Industrialisierung hatte bereits bewiesen, daß die Massenproduktion billiger Waren die Märkte vervielfachen kann, hatte die Menschen daran gewöhnt, bessere Waren zu kaufen und Bedürfnisse zu entdecken, von denen ihre Väter nicht einmal geträumt hatten. Wichtig an unserem Beispiel ist, daß Henry Ford *vor* der Industriellen Revolution oder in Ländern, die noch nicht von ihr umgewandelt worden waren, nicht als Wirtschaftspionier gegolten hätte, sondern als ein Kauz, der seinen Bankrott heraufbeschwört.

Wie konnten dann aber im 18. Jahrhundert in Großbritannien Bedingungen eintreten, die trotz allem die Geschäftsleute veranlaßten, die Produktion zu revolutionieren? Wie kamen Unternehmer dazu, nicht auf jene bescheidene, immerhin solide Expansion der Nachfrage zu setzen, die auf herkömmliche Weise oder durch eine geringfügige Dehnung und Verbesserung der alten Methoden hätte befriedigt werden können, sondern auf die rapide und unbegrenzte Expansion, welche die Revolution zur Voraussetzung hatte? Gewiß, nach unseren Maßstäben eine kleine, einfache und billige Revolution, aber immerhin eine Revolution, ein Sprung ins Ungewisse. Es gibt zwei Interpretationen zu dieser Frage. Die eine legt das Hauptgewicht auf den *einheimischen* Markt, der ganz offensichtlich der bedeutendste Abnehmer für die Produkte des Landes war; die

5 C. P. Kindleberger, *Economic Growth in France and Britain*, 1964, S. 158.

andere richtet ihr Augenmerk auf den ausländischen oder *Exportmarkt*, der ebenso offensichtlich weit dynamischer und ausbaufähiger war. Die richtige Antwort ist vermutlich die, daß beide Kräfte auf unterschiedliche Weise wichtig waren, wie auch noch ein dritter, häufig vernachlässigter Faktor: die *Regierung*.

Der einheimische Markt, groß und expansiv wie er war, konnte im wesentlichen nur in vier Richtungen sich entwickeln (wovon drei keine allzu hohen Zuwachsraten versprachen): es konnte Bevölkerungswachstum geben (was mehr Konsumenten und Produzenten bedeutet); eine Umstellung auf Bargeldeinkommen (die mehr Kunden erzeugt); eine Erhöhung des Pro-Kopf-Einkommens (die aktivere Kunden zur Folge hat); und einen Ersatz älterer Manufakturweisen und Importe durch industriell hergestellte Waren.

Das Problem des *Bevölkerungswachstums* ist so wichtig und in den vergangenen Jahren Gegenstand einer so ausgreifenden, intensiven Forschungstätigkeit gewesen, daß es hier kurz erörtert werden muß. Es handelt sich vor allem um drei Fragen, von denen nur die dritte für die Marktexpansion unmittelbar relevant ist, während alle zusammen für das allgemeinere Problem der britischen Wirtschafts- und Gesellschaftsentwicklung von Bedeutung sind: 1. Was geschah mit der britischen Bevölkerung und warum? 2. Wie wirkten sich die Veränderungen in der Bevölkerung auf die Wirtschaft aus? 3. Welche Folgen hatten sie für das britische Volk im ganzen?

Verläßliche Angaben über die britische Bevölkerung gibt es bis 1840, als die öffentliche Registrierung von Geburts- und Sterbefällen eingeführt wurde, so gut wie keine, doch ist der allgemeine Trend ihrer Entwicklung ziemlich klar. Zwischen dem Ende des 17. Jahrhunderts, als England und Wales rund fünfeinhalb Millionen Einwohner zählten, und der Mitte des 18. Jahrhunderts war das Bevölkerungswachstum nur sehr gering, ja es mag zuweilen stagniert haben oder gar zurückgegangen sein. Nach den vierziger Jahren des 18. Jahrhunderts stieg es beträchtlich und seit den siebziger Jahren äußerst rasch für damalige, wenn auch nicht für unsere Verhältnisse.[6] Sie verdoppelte sich in den fünfzig bis sechzig Jahren nach 1780 und

6 1965 nahm die Bevölkerung Lateinamerikas, des am raschesten wachsenden Kontinents, um beinahe das Doppelte zu.

abermals in den sechzig Jahren von 1841–1901, obgleich die Geburten- und Sterbequoten seit etwa 1870 rapide abnahmen. Diese undifferenzierten Angaben verbergen freilich erhebliche chronologische und regionale Abweichungen. Während z. B. in der ersten Hälfte des 18. Jahrhunderts und bis 1780 der Bevölkerungsstand im Gebiet von London einzig durch die Masseneinwanderung vom Lande einigermaßen aufrecht erhalten wurde, war eine gegenläufige Entwicklung im künftigen Zentrum der Industrialisierung, dem Nordwesten und den östlichen Midlands, zu beobachten. Erst nachdem die Industrielle Revolution richtig eingesetzt hatte, glichen sich die Raten des natürlichen Zuwachses (wenn auch nicht die der Zu- und Abwanderungen) außer im todbringenden Milieu Londons allmählich einander an.

Diese Fluktuation wurde von internationalen Zu- und Abwanderungen vor dem 19. Jahrhundert nur wenig beeinflußt, auch nicht von der irischen. War sie also eine Folge von Schwankungen der Geburten- und Sterbequote, und was war dann deren Ursache? Diese Fragen sind, einmal ganz abgesehen von unserer mangelhaften Information, äußerst kompliziert, wenn auch von großem Interesse.[7] Sie beschäftigen uns hier nur insofern, als sie erklären helfen, inwieweit das Bevölkerungswachstum mit ökonomischen Faktoren zusammenhing, d. h. inwieweit Leute früher heirateten (und Kinder zeugten) der besseren Chancen wegen, ein Stück Land zur Bearbeitung oder eine Arbeit zu bekommen, oder – wie manchmal behauptet wird – weil eine Nachfrage nach Kinderarbeit bestand, und inwieweit die Sterbequote zurückging, weil die Ernährung oder das soziale Milieu sich besserten. (Wir wissen, daß die sinkende Sterblichkeitskurve mehr durch eine niedrige Sterbequote bei Säuglingen, Kindern und vielleicht auch jungen Erwachsenen als durch eine wirkliche Verlängerung der Lebensdauer über das biblische Alter von siebzig Jahren hinaus bestimmt wird[8]; eine solche rückläufige Bewegung hat unter Umständen steigende Geburtenziffern zur Folge. Wenn beispielsweise weniger Frauen vor

7 Zur Einführung in diesen Problemkreis siehe D. V. Glass und E. Grebenik, *World Population 1800–1950*, in: *Cambridge Economic History of Europe* VI, i, S. 60–138.

8 Das ist immer noch so. Es gibt mehr Leute, die lang genug leben, um so alt zu werden, aber alte Leute sterben heute im ganzen nicht viel später als in früheren Epochen.

ihrem dreißigsten Lebensjahr sterben, bekommen nach aller Wahrscheinlichkeit viele von ihnen ihre Kinder zwischen Dreißig und dem Klimakterium.)
Wie gewöhnlich können wir auf solche Fragen keine präzise Antwort geben. Es scheint klar, daß wirtschaftliche Faktoren viel stärker die Heiraten- und/oder Geburtenquote beeinflußt haben, als angenommen worden ist, und daß soziale Änderungen (z. B. die Trennung von Wohn- und Arbeitsplatz) die frühzeitige Familiengründung und vielleicht auch größere Familien gefördert, wenn nicht gar notwendig gemacht haben. Es ist auch klar, daß eine Familienwirtschaft, die nur durch die Mitarbeit aller Familienmitglieder gesichert werden kann, und Produktionsweisen, die Kinderarbeit in Anspruch nahmen, das Bevölkerungswachstum anregen mußten. Die Zeitgenossen sahen dieses Wachstum wohl im Zusammenhang mit den Veränderungen der Arbeitsnachfrage (wahrscheinlich stieg die Geburtenrate zwischen den vierziger und den achtziger Jahren des 18. Jahrhunderts rasch, danach nur noch langsam an). Was die Veränderung der Sterblichkeitsziffer betrifft, so spielten medizinische Fortschritte (außer vielleicht die Pockenimpfung) bis zur Mitte des 19. Jahrhunderts keine wesentliche Rolle; sie muß vor allem von wirtschaftlichen, sozialen oder anderen Veränderungen der Umgebung verursacht worden sein, und bis spät ins 19. Jahrhundert hinein scheint sie nicht dramatisch gesunken zu sein.
Worin bestanden nun die ökonomischen Auswirkungen dieser Veränderungen? Mehr Menschen bedeuten mehr und billigere Arbeitskraft. Es ist häufig behauptet worden, daß dies das Wirtschaftswachstum, jedenfalls unter dem Kapitalismus, automatisch anreize. Wie wir heute an vielen unterentwickelten Ländern sehen können, ist das nicht der Fall; im Gegenteil: es erzeugt lediglich Not und Stagnation, gar Katastrophen, wie in Irland und dem schottischen Hochland im frühen 19. Jahrhundert (siehe den 2. Band). Billige Arbeitskraft kann die Industrialisierung in der Tat verlangsamen. Wenn im 18. Jahrhundert die wachsende Arbeiterschaft der Entwicklung in England zugute kam, dann deshalb, weil die Wirtschaft bereits dynamisch war und nicht, weil ein äußeres demographisches Moment sie dynamisch gemacht hätte: die Bevölkerungszahl stieg in ganz Nordeuropa rasch an, doch nicht überall erfolgte

Industrialisierung. Andererseits bedeuten mehr Menschen sicher auch mehr Konsumenten, und es ist immer wieder mit Nachdruck gesagt worden, daß darin ein Anreiz für die Landwirtschaft und die Fabrikproduktion liege.

Wie wir sahen, nahm die nationale Bevölkerung in dem Jahrhundert vor 1750 nur sehr allmählich zu; ihr rascher Anstieg fiel mit der Industriellen Revolution zusammen, ging ihr jedoch nicht (außer hier und da) voran. Hätte Großbritannien eine minder entwickelte Wirtschaft gehabt, so wäre möglicherweise mehr Spielraum für die plötzliche Umstellung von Subsistenz- auf Geldwirtschaft oder von Heim- und Handwerkermanufaktur auf Industrieproduktion vorhanden gewesen. Aber England hatte bereits eine Marktwirtschaft mit einem großen, wachsenden Manufaktursektor. Das Durchschnittseinkommen vergrößerte sich in der ersten Hälfte des 18. Jahrhunderts beträchtlich dank dem stagnierenden Bevölkerungswachstum und dem Mangel an Arbeitskräften, so daß diese Zeit im Lied des Vicar of Bray mit Recht als »Puddingzeit« (»pudding-time«) beschrieben wird. Den Leuten ging es besser, sie konnten mehr kaufen; darüber hinaus war zu dieser Zeit der Prozentsatz von Kindern, die ganz von den Eltern versorgt werden mußten, relativ niedrig und jener von Jugendlichen in Kleinfamilien (die von ihrem Einkommen etwas übrig behalten) relativ hoch. Wahrscheinlich lernten damals viele Engländer, »neue Bedürfnisse und neue Erwartungen zu entwickeln«[9]. Es spricht einiges dafür, daß sie um das Jahr 1750 begannen, sich für ihre zusätzliche Arbeitsleistung eher durch Konsumgüter als durch Freizeit zu entschädigen. Dennoch glich diese Entwicklung mehr der trägen Bewegung eines Flusses als den Sprüngen eines Wasserfalls. Daraus erklärt sich zwar, warum so viele englische Städte in der ländlichen Eleganz klassischer Architektur (ohne technologische Perspektiven) neu erbaut wurden, aber nicht, warum es eine Industrielle Revolution gab; außer vielleicht in drei besonderen Fällen: Transport, Nahrungsmittel und Produktionsgüter, vor allem Kohle.

Seit dem frühen 18. Jahrhundert wurden beträchtliche und aufwendige Verbesserungen des Transportwesens im Inland – Flüsse, Kanäle und sogar Straßen – vorgenommen, um die uner-

9 Aus einem unveröffentlichten Aufsatz von H. C. Pentland, *Population and Labour Supply.*

schwinglich hohen Kosten des Warentransports über Land zu verringern: um die Jahrhundertmitte verdoppelten 20 Meilen Landtransport die Kosten für eine Tonne Waren. Wie wichtig diese Verbesserungen für die Entwicklung der Industrieerzeugung waren, ist ungewiß; es steht jedoch außer Zweifel, daß sie vom einheimischen Markt angeregt wurden, insbesondere vom wachsenden Bedarf der Städte an Nahrungsmitteln und Brennstoff. Überdies pochten die Hersteller von Haushaltswaren, die in ländlichen Gegenden lebten, wie die Töpfer in Staffordshire und die Hersteller von Metallwaren in der Gegend von Birmingham, auf billigere Transportmöglichkeiten. Der Unterschied in den Transportkosten war so gewaltig, daß größere Investitionen offenkundig lohnten. Durch den Bau von Kanälen wurden die Transportkosten pro Tonne zwischen Liverpool und Manchester oder Birmingham um achtzig Prozent gesenkt.

Lebensmittel- und Textilindustrien pflegen miteinander als Schrittmacher der privatwirtschaftlichen Industrialisierung zu wetteifern, da für beide sichtbar und (zumindest in den Städten) immer ein großer Markt vorhanden ist, der nur darauf wartet, ausgenutzt zu werden. Auch der phantasielose Geschäftsmann kann erkennen, daß jeder, wie arm er auch sei, ißt, trinkt und Kleidung trägt. Der Bedarf an fabrikerzeugten Lebensmitteln und Getränken ist zugestandenerweise begrenzter als der an Textilien (ausgenommen Mehl und alkoholische Getränke, die nur unter primitiven Wirtschaftssystemen zu Hause erzeugt werden), andererseits sind Lebensmittelprodukte von ausländischer Konkurrenz weniger bedroht als Textilien. Ihre Industrialisierung spielt daher eher in unterentwickelten als in fortgeschrittenen Ländern eine wichtige Rolle. Dennoch waren Getreidemühlen und Bierbrauereien in Großbritannien Wegbereiter der technologischen Revolution, obwohl sie weniger beachtet werden als Textilfabriken; sie nehmen kaum Einfluß auf die Wirtschaftsstruktur ihrer Umgebung, in der sie als riesige Monumente der Neuzeit auffallen, wie die Guiness Brauerei in Dublin und die berühmten Albion Dampfmühlen (die William Blake so beeindruckten) in London. Je größer die Stadt (und London war die bei weitem größte Stadt Westeuropas) und je rascher die Verstädterung, desto größer der Spielraum für solche Entwicklungen. War die Erfindung des »beer-handle« (Pumpvorrichtung zum Bierausschank in Kneipen), die jeder

Trinker in Großbritannien kennt, nicht einer der ersten Triumphe von Henry Maudslay, einem der Pioniere der Metallverarbeitung?

Das Inland bot einen recht beträchtlichen Absatzmarkt für Produktionsgüter. Der Verbrauch von Kohle nahm kontinuierlich mit der Anzahl städtischer – insbesondere hauptstädtischer – Kamine zu; in viel geringerem Maß ließ der Eisenabsatz erkennen, was die Haushalte an Töpfen, Pfannen, Nägeln, Öfen und dergleichen verbrauchten. Da die Mengen an Kohle, die in britischen Häusern verheizt wurden, sehr viel größer als deren Bedarf an Eisen waren (zum Teil aufgrund der Unwirtschaftlichkeit des britischen Kamins im Vergleich zum kontinentaleuropäischen Ofen), war die vorindustrielle Basis der Kohlenindustrie sehr viel fester als die der Eisenindustrie; schon vor der Industriellen Revolution konnte ihre Förderung in Millionen Tonnen gemessen werden: der erste Handelsartikel, der es zu solchen astronomischen Ziffern brachte. – Auch die Dampfmaschinen wurden zuerst in den Bergwerken eingesetzt: 1769 waren einhundert solcher Maschinen (»atmospheric engines«) in der Gegend von Newcastle-on-Tyne errichtet, siebenundfünfzig davon waren tatsächlich in Betrieb. (Die modernen Maschinen, die James Watt entworfen hatte und die die industrielle Technologie vorantrieben, fanden nur langsam Eingang in die Bergwerke.)

Im Jahr 1720 betrug der gesamte britische Eisenverbrauch weniger als 50 000 Tonnen, und noch 1788, als die Industrielle Revolution längst begonnen hatte, hat er nicht viel mehr als 100 000 Tonnen ausgemacht. Der Bedarf an Stahl war bei dem damaligen Preis für dieses Metall verschwindend gering. Den größten zivilen Absatzmarkt für Eisen stellte nach wie vor die Landwirtschaft – Pflüge und andere Arbeitsgeräte, Hufeisen, Radfelgen usw. –, deren Bedarf sich zwar intensivierte, aber für eine industrielle Umwandlung nicht rasch genug. Erst als das Eisenbahnnetz einen Massenmarkt nicht nur für Konsumwaren, sondern auch für Produktionsgüter schuf, setzte auch auf dem Kohle- und Eisensektor die Industrielle Revolution ein. Der vorindustrielle Inlandsmarkt war dazu nicht in der Lage. Er hat zwar nicht die Industrialisierung, aber zweifellos das Wirtschaftswachstum gefördert; und er hat die Exportindustrien vor plötzlichen Schwankungen und Zusammenbrüchen geschützt, die eine Folge ihrer größeren Dynamik waren. In den 1780er Jahren, als der Krieg und die Amerikanische Revolution sie erschütterten, hat er diese Industrien gerettet. Außerdem legte er das Fundament für eine allgemeine Industriewirtschaft. Wenn England morgen das dachte, was Manchester heute dachte, so deshalb, weil das Land sich von Lancashire leiten ließ. Anders als Shanghai im vorkommunistischen China oder Ahmedabad im kolonialen Indien blieb Manchester keine moderne Enklave inmitten allgemeiner Rückständigkeit; es wurde vielmehr zum Modell für das ganze Land.

Exportindustrien arbeiteten unter völlig anderen und potentiell revolutionären Bedingungen. Hier waren die Absatzschwankungen so groß – bis zu fünfzig Prozent in einem einzigen Jahr –, daß ein Fabrikant, der schnell ins Geschäft einstieg, um von der Expansion zu profitieren, Riesenerfolge erzielen konnte. Auf die Dauer gesehen weiteten sie sich stärker und rascher als die auf die Binnenmärkte angewiesenen Industrien aus. Zwischen 1700 und 1750 steigerten die einheimischen Industrien ihre Erzeugung um sieben Prozent, die Exportindustrien um sechsundsiebzig Prozent, zwischen 1750 und 1770 (eine Zeitspanne, die wir als Rollbahn für den industriellen »Start« betrachten können) um weitere sieben bzw. achtzig Prozent. Der einheimische Bedarf nahm zu – aber der ausländische vervielfachte sich. Die Baumwollverarbeitung, die als erste Branche industrialisiert wurde, war an den Überseehandel gebunden; jede Unze ihres Rohmaterials mußte aus subtropischen oder tropischen Gebieten importiert werden, und ihre Erzeugnisse wurden vor allem im Ausland verkauft. Seit dem Ende des 18. Jahrhunderts exportierte dieser Industriezweig den größeren Teil seiner Gesamterzeugung – 1805 etwa zwei Drittel.

Der Grund für dieses außergewöhnliche Expansionspotential war, daß Exportindustrien nicht von der bescheidenen »natürlichen« Zuwachsrate im Eigenbedarf eines jeden Landes abhängen. Sie forcierten ihr Wachstum durch zwei Methoden: indem sie zahlreiche Exportmärkte anderer Länder für sich eroberten, und indem sie die inländische Konkurrenz innerhalb bestimmter Länder vernichteten, d. h. durch die politischen oder halbpolitischen Mittel von Krieg und Kolonisierung. Dasjenige Land, das mit Erfolg die Exportmärkte anderer kontrollierte oder gar die Exportmärkte eines großen Teils der Welt in kurzer Zeit monopolisierte, konnte seine eigenen Exportindustrien in einem Maße ausweiten, das eine Industrielle Revolution für seine Unternehmer nicht nur praktikabel, sondern tatsächlich zwingend werden ließ. Und genau das ist in Großbritannien im 18. Jahrhundert geschehen.[10]

Allerdings hatte die Eroberung von Absatzmärkten durch Krieg und Kolonisierung nicht allein eine Wirtschaft zur Voraussetzung, die in der Lage war, diese Märkte auszubeuten, sondern auch eine Regierung, die willens war, zum Nutzen der britischen Fabrikanten Krieg zu führen und zu kolonisieren. Dies führt uns zum dritten Faktor in der Entstehung der Industriellen Revolution: der *Regierung*. Und hierin zeigt sich die Überlegenheit Großbritanniens über seine potentiellen Konkurrenten ganz deutlich. Im Unterschied zu einigen von ihnen (wie Frankreich) war es bereit, *alle* auswärtige Politik ökonomischen Zwecken unterzuordnen. Seine Kriegsziele waren am Handel und (was auf das gleiche hinauslief) an der Flotte ausgerichtet. Pitt der Ältere trug in seinem Memorandum zur Eroberung Kanadas fünf Gründe vor: die ersten vier waren rein ökonomisch. Im Gegensatz zu anderen Ländern (wie z. B. Holland) wurde die britische Wirtschaftspolitik nicht völlig von kommerziellen und Finanzinteressen beherrscht, sondern zunehmend von der Interessengruppe der Fabrikanten geformt; zunächst von der für den Staatshaushalt wichtigen Wollindustrie, später auch von den übrigen Industrien. Dieser Streit zwischen Industrie und Handel (am dramatischsten von der Ostindischen Kompanie vertreten) war auf dem einheimischen Markt bereits vor 1700 entschieden, als die britischen Hersteller den Schutzzoll gegen indische Textilimporte durchsetzten; auf dem ausländischen Markt wurde das erst 1813 erreicht, als die Ostindische Kompanie ihre Monopolstellung in Indien verlor und der Subkontinent sich dem massiven Baumwollimport aus Lancashire öffnete. Nicht zuletzt zeichnete sich die britische

10 Es folgt daraus, daß ein Land, das nach diesem Prinzip verfuhr, anderen Ländern den Boden für eine Industrielle Revolution entzog. Mit anderen Worten: unter vorindustriellen Verhältnissen war Raum für die Industrialisierung in nur einer Pioniernation (wie sich herausstellte: der britischen), aber nicht für die gleichzeitige Industrialisierung in mehreren »fortgeschrittenen« Nationen; folglich auch, wenigstens für einige Zeit, für nur eine »Werkstatt der Welt«.

Politik im 18. Jahrhundert, im Gegensatz zu der ihrer Rivalen, durch systematische Aggressivität aus – am offensichtlichsten gegenüber Frankreich, ihrem Hauptkonkurrenten. In den fünf großen Kriegen dieser Zeit befand sich Großbritannien nur in einem einzigen eindeutig in der Defensive.[11] Das Ergebnis war der größte Triumph, der je von einem Staat errungen wurde: die faktische Monopolstellung unter den europäischen Mächten in überseeischen Kolonien und die faktische Monopolstellung als Seemacht. Zudem diente der Krieg selbst – indem er Großbritanniens größere Konkurrenten in Europa lahmlegte – dazu, die Ausfuhr anzukurbeln; der Frieden konnte sie nur verlangsamen.

Im übrigen trug der Krieg – und insbesondere jene äußerst kommerziell eingestellte, der Mittelklasse verhaftete Organisation: die britische Flotte – unmittelbar zur technologischen Neuerung und Industrialisierung bei. Der Produktionszuwachs war beachtlich: die Flottentonnage vervielfachte sich von rund 100 000 im Jahr 1685 auf rund 325 000 im Jahr 1760; ähnliches gilt für den Bedarf an Kanonen. Der Krieg war der größte Eisenkonsument; Firmen wie Wilkinson, die Walkers und die Carron Werke verdankten den Aufstieg ihrer Unternehmen zu wesentlichen Teilen Regierungsaufträgen; die Eisenindustrie von Südwales zehrte ganz und gar vom Waffenverschleiß der Schlachten. Im allgemeinen wurden Regierungsaufträge oder solche regierungsähnlicher Körperschaften wie der Ostindischen Kompanie in großen Paketen vergeben und mußten pünktlich erfüllt werden. Um sie zu bekommen, lohnte es für einen Geschäftsmann, neue Produktionsmethoden einzuführen. Hin und wieder hat es Erfinder oder Unternehmer gegeben, die durch derlei gewinnversprechende Aufträge zu organisatorischen Innovationen veranlaßt wurden. Henry Cort, der die Eisenmanufaktur revolutionierte, arbeitete in den 1760er Jahren als Flottenagent, der die Qualität des britischen Produkts »in Verbindung mit der Lieferung von Eisen an die Flotte«[12] zu verbessern suchte. Henry Maudsley, Wegbereiter im Bau von Werkzeugmaschinen, begann seine Laufbahn im Woolwich

11 Spanischer Erbfolgekrieg (1702–13), Österreichischer Erbfolgekrieg (1739–48), Siebenjähriger Krieg (1756–63), Amerikanischer Unabhängigkeitskrieg (1776–83) sowie die Revolutions- und Napoleonischen Kriege (1793–1815).

12 Samuel Smiles, *Industrial Biography*, S. 114.

Arsenal, und sein Reichtum blieb (wie der des großen Ingenieurs Mark Isambard Brunel, der vorher bei der französischen Flotte gewesen war) eng mit Flottenaufträgen verknüpft.[13]

Faßt man die Funktion der drei wichtigsten Bedarfsbereiche in der Entstehungsgeschichte der industriellen Produktion zusammen, so kommt man zu folgenden Ergebnissen. Die Exportindustrien, unterstützt von der systematischen und aggressiven Politik der Regierung, stellten zusammen mit den Baumwolltextilfirmen den »führenden Sektor« der Industrie; sie sorgten überdies für die Verbesserungen im Transport zur See. Der einheimische Markt schuf die breite Basis für eine allgemeine Industriewirtschaft und (durch den Prozeß der Verstädterung) den Anreiz zu einschneidenden Verbesserungen im Inlandtransport, eine solide Grundlage für die Kohlenindustrie und für einzelne technologische Neuerungen. Die Regierung sorgte für systematische Unterstützung der Kaufleute und Fabrikanten sowie für Anreize zu technischen Innovationen und zur Entfaltung der Produktionsgüterindustrien.

Kehren wir zu unseren ursprünglichen Fragen – weshalb Großbritannien und nicht ein anderes Land? weshalb am Ende des 18. Jahrhunderts und nicht früher oder später? – zurück. Können wir sie nun beantworten? Spätestens im Jahr 1750 war es so gut wie ausgemacht, daß das Land, das den Wettlauf, die erste Industriemacht zu werden, gewinnen würde, nur Großbritannien sein konnte. Die Holländer hatten sich auf die bequeme Ausbeutung ihres kommerziellen und finanziellen Apparats und ihrer Kolonien zurückgezogen. Die Franzosen, obwohl sie ähnlich schnell wie die Briten ihre Wirtschaft ausweiteten (wenn die Briten sie nicht gerade durch Krieg daran hinderten), konnten das Terrain, das sie im 17. Jahrhundert, der großen Zeit wirtschaftlicher Depression, verloren hatten, nicht zurückgewinnen; absolut gesehen mögen sie – bis zur Industriellen Revolution – wie ein ebenbürtiger Rivale gewirkt haben, aber ihr Handel und ihre Manufaktur waren bereits damals von der britischen Konkurrenz überrundet.

Das alles erklärt freilich nicht, weshalb der industrielle Durchbruch ausgerechnet im letzten Drittel oder Viertel des 18. Jahr-

13 Die bahnbrechende Rolle der regierungseigenen Firmen darf nicht unterschlagen werden. Während der Napoleonischen Kriege haben sie u. a. Transportbänder und die Konservenproduktion eingeführt.

hunderts erfolgte. Eine exakte Antwort auf diese Frage zu geben ist nach wie vor schwierig; sicher ist allein, daß wir die Antwort nur dann finden können, wenn wir uns wieder der europäischen oder »Welt«-wirtschaft zuwenden, zu der Großbritannien gehörte[14], d. h. den »fortgeschrittenen« Gebieten (hauptsächlich) Westeuropas und ihrem Verhältnis zu den kolonialen und halbkolonialen Ländern mit abhängiger Wirtschaft, den Handelspartnern an den Grenzen, und zu den Gebieten, die bislang noch nicht in das europäische Wirtschaftssystem einbezogen waren.

Die traditionellen Vorbilder der europäischen Expansion – im Mittelmeer auf die Aktivität der italienischen Kaufleute und ihrer Verbündeten, der spanischen und portugiesischen Eroberer, im Ostseeraum auf die deutschen Stadtstaaten gestützt – waren in der wirtschaftlichen Depression des 17. Jahrhunderts untergegangen. Die neuen Expansionszentren bildeten die seefahrenden Staaten an der Nordsee und am Nordatlantik. Es handelte sich dabei nicht nur um einen geographischen, sondern auch um einen strukturellen Wechsel. Die neue Kommunikation zwischen den »fortgeschrittenen« Gebieten und der restlichen Welt suchte – im Unterschied zur alten –, den Handel zu verstärken und auszuweiten. Die mächtige, anwachsende und schneller werdende Strömung des Überseehandels, die die noch jungen Industrien Europas – die diese Strömung oft selbst erzeugten – mit sich fortriß, ist nur über diese Veränderung zu begreifen. Sie hatte drei Ursachen: in Europa eine Erweiterung des Absatzmarktes für Überseeprodukte für den täglichen Gebrauch; in Übersee die Schaffung von Wirtschaftssystemen zur Herstellung solcher Waren (z. B. von Sklaven bewirtschaftete Plantagen), und die Eroberung von Kolonien zum Zweck der wirtschaftlichen Nutzung durch ihre europäischen Besitzer.

Um die erste Tatsache zu illustrieren: 1650 bestand ein Drittel des Wertes der in Amsterdam verkauften ostindischen Waren aus Pfeffer – dem typischen Handelsartikel, bei dem Profite dadurch erzielt werden, daß ein kleiner Vorrat gehortet und dann zu Monopolpreisen verkauft wird; 1780 war dieser Anteil auf

14 Dieser Ausdruck darf nur so verstanden werden, daß die Wirtschaft Europas das Zentrum eines weltweiten Netzes war, *nicht* so, daß alle Teile der Welt in dieses Netz einbezogen waren.

11 Prozent gesunken. Statt dessen bestanden 1780 56 Prozent solcher Verkäufe aus Textilien, Tee und Kaffee, die 1650 nur 17,5 Prozent ausgemacht hatten. Zucker, Tee, Kaffee, Tabak und ähnliche Erzeugnisse waren jetzt, eher als Gold und Gewürze, die typischen Importe aus den Tropen, aus Osteuropa waren es Weizen, Leinen, Eisen, Hanf und Bauholz, nicht mehr Pelze. – Die zweite Tatsache läßt sich am Beispiel des Sklavenhandels, dem unmenschlichsten aller Schachergeschäfte, belegen. Im 16. Jahrhundert wurden knapp eine Million Neger aus Afrika nach Süd- und Nordamerika gebracht; im 17. Jahrhundert etwa drei Millionen – hauptsächlich in der zweiten Hälfte und in der Periode davor nach den Plantagen Brasiliens, die das spätere koloniale Muster vorwegnahmen; im 18. Jahrhundert waren es etwa sieben Millionen.[15] Die dritte Tatsache bedarf kaum eines Exempels. 1650 verfügte weder Großbritannien noch Frankreich über so etwas wie ein Weltreich, ein Großteil der alten spanischen und portugiesischen Weltreiche lag in Trümmern oder bestand lediglich auf der Karte. Das 18. Jahrhundert erlebte nicht nur die Rekonstruktion der älteren Herrschaftssysteme (z. B. Brasilien und Mexiko), sondern auch die Errichtung neuer, des britischen und des französischen, ganz abgesehen von den heute in Vergessenheit geratenen Expansionsversuchen der Dänen, Schweden u. a. Die Wirtschaft dieser Länder florierte. 1701 zählten die künftigen USA weniger als 300 000 Einwohner, 1790 fast vier Millionen; die Einwohnerzahl Kanadas stieg von 14 000 im Jahr 1695 auf fast eine halbe Million im Jahr 1800 an.

Je dichter das Netz des internationalen Handels war, desto bedeutsamer wurden die Überseegebiete für die europäischen Länder. 1680 belief sich der Ostindienhandel auf etwa 8 Prozent, in der zweiten Hälfte des 18. Jahrhunderts bereits auf ein Viertel des holländischen Außenhandels. Die Entwicklung in Frankreich verlief ähnlich. In Großbritannien betrug der Anteil des Kolonialhandels um das Jahr 1700 etwa 15 Prozent des gesamten Handelsvolumens, 1775 rund ein Drittel. Die allgemeine Expansion des mit dem Kolonialsystem verbundenen Handels im 18. Jahrhundert war verblüffend. Um ein einziges Beispiel herauszugreifen: nach dem Spanischen Erbfolgekrieg

15 Selbst wenn, was fast sicher ist, diese Angaben übertrieben sind, so entspricht die relative Größenordnung doch den Tatsachen.

fuhren jährlich zwei- bis dreitausend Tonnen britischen Schiffsraums von England nach Afrika, in der Hauptsache Sklavenschiffe, nach dem Siebenjährigen Krieg fünfzehn- bis neunzehntausend, nach dem Amerikanischen Unabhängigkeitskrieg (1787) zweiundzwanzigtausend Tonnen.

Dieser intensive und ausgreifende Warenverkehr weckte in Europa nicht nur neue Bedürfnisse und den Wunsch, ausländische Erzeugnisse im eigenen Land zu produzieren. (»Wenn Sachsen und andere Länder Europas feines Porzellan anfertigen«, schrieb Abbé Raynal 1777[16], »wenn Valencia bessere Pequingewebe herstellt als China, wenn die Schweiz den Musselin und die zu Tuch verarbeiteten Baumwollstoffe Bengalens nachahmt, wenn England und Frankreich mit bestem Geschmack Leinenstoffe bedrucken, wenn so viele Stoffe, die früher in unseren Klimazonen unbekannt waren, jetzt unsere besten Künstler in Anspruch nehmen, sind wir dann nicht Indien für alle diese Vorteile zu Dank verpflichtet?«[17]) Er bot außerdem zahllose Möglichkeiten zu Geschäftsabschlüssen und Gewinn für Kaufmann und Fabrikant. Es waren die Briten, die – durch ihre gewalttätige Politik wie durch ihren Unternehmergeist und ihre Geschicklichkeit – diese Märkte eroberten.

Hinter der britischen Industriellen Revolution steht die Konzentration auf die kolonialen und »unterentwickelten« Märkte in Übersee, die erfolgreich gekämpfte Schlacht, die allen anderen Ländern den Zugang zu den Quellen versperrte. Großbritannien besiegte sie im Osten: bereits 1766 verkaufte es mehr Waren im Chinahandel als Holland. Es besiegte sie im Westen: in den frühen 1780er Jahren brachte mehr als die Hälfte aller aus Afrika exportierten Sklaven (fast doppelt so viele wie die von den Franzosen abtransportierten) britischen Sklavenhändlern Gewinne ein. All das geschah zum Vorteil der *britischen* Wirtschaft. Mehr als drei Jahrzehnte nach dem Spanischen Erbfolgekrieg trugen britische Schiffe, die nach Afrika fuhren, immer noch hauptsächlich ausländische (eingeschlossen indische) Waren, seit dem Österreichischen Erbfolgekrieg beförderten sie

16 Abbé Raynal, *The Philosophical and Political History of the Settlements and Trade of the Europeans in the East and West Indies*, 1776, Bd. II, S. 288.

17 Wenige Jahre später würde er nicht versäumt haben, Manchester als den erfolgreichsten Nachahmer der Inder zu erwähnen.

fast ausschließlich britische Waren. Großbritanniens Industriewirtschaft wuchs aus seinem Handel, insbesondere seinem Handel mit der unterentwickelten Welt, hervor. Und das ganze 19. Jahrhundert hindurch sollte dieser Sachverhalt gelten: Handel und Schiffahrt hielten die britische Zahlungsbilanz im Gleichgewicht, der Austausch überseeischer Grundstoffe gegen britische Industrieerzeugnisse bildete das Fundament der internationalen Wirtschaftsbeziehungen Großbritanniens.

Während der Strom des internationalen Warenaustausches anschwoll, wurde im zweiten Drittel des 18. Jahrhunderts eine Beschleunigung im Wachstum der einheimischen Wirtschaftsbereiche spürbar. Dies war keine auf Großbritannien beschränkte, sondern eine allgemeine Entwicklungstendenz. Sie läßt sich nachweisen in den Preisbewegungen (welche eine lange Periode schleichender Inflation nach hundert Jahren einer schwankenden, unbestimmten Preisentwicklung einleiteten), in dem Wenigen, was wir über die Bevölkerung und die Produktion wissen, und in anderem mehr. In diesen Jahrzehnten entstand die Industrielle Revolution – nach 1740, als sich das gewaltige, aber langsame Wachstum in der einheimischen Wirtschaft mit der raschen – nach 1750 äußerst raschen – Expansion der internationalen Wirtschaft verband; und sie brach in dem Land hervor, das seine internationalen Beziehungen einsetzte, um den Hauptanteil an den überseeischen Märkten zu monopolisieren.

3. Die Industrielle Revolution 1780–1840[1]

Wer Industrielle Revolution sagt, meint Baumwolle. Wenn wir an sie denken, sehen wir, wie die zeitgenössischen ausländischen Besucher Englands, die neue Stadt Manchester vor uns, die sich zwischen 1760 und 1830 um das Zehnfache vergrößerte (von 17 000 auf 180 000 Einwohner), in der »wir Hunderte fünf- bis sechsgeschossiger Fabriken bemerken, jede mit einem turmhohen Schornstein daneben, der schwarzen Kohlenrauch ausstößt«; eine Stadt, die ihren Namen der liberalen Wirtschaftsschule gab, welche die Welt beherrschte. Es kann keinen Zweifel geben, daß dieser Eindruck richtig ist. Zwar gründete sich die britische Industrielle Revolution keineswegs *nur* auf Baumwolle oder Lancashire oder gar Textilien, und die Baumwolle verlor ihren Vorrang nach wenigen Generationen. Dennoch war sie das Hauptelement der industriellen Umwandlung: sie schuf die Grundlage für die ersten auf Industrialisierung angewiesenen Gebiete, die eine neue Gesellschaftsform, den Industriekapitalismus, hervorbrachten, gestützt auf eine neue Produktionsform, die »Fabrik«. Andere Städte waren im Jahr 1830 zwar voll von Qualm und Dampfmaschinen, obwohl nicht entfernt in dem Maße wie die Baumwollstädte – 1838 produzierten Manchester und Salford ungefähr dreimal soviel Dampfkraft wie Birmingham[2] –, aber sie waren, jedenfalls bis zur zweiten Hälfte des Jahrhunderts, sicherlich keine von *Fa-*

1 Vgl. Weitere Literatur und Anmerkung 1 zu Kapitel 2, S. 33. P. Mantoux, *The Industrial Revolution in the 18th Century*, ist immer noch wertvoll; T. S. Ashton, *The Industrial Revolution*, 1948, ist knapp und sehr klar. Über die Baumwollindustrie ist A. P. Wadsworth und J. L. Mann, *The Cotton Trade and Industrial Lancashire*, 1931, grundlegend, endet aber mit dem Jahr 1780. N. Smelser, *Social Change in the Industrial Revolution*, 1959, behandelt zwar die Baumwollindustrie, jedoch ist der Jargon des Buches abstoßend. Über Unternehmer und Ingenieurwesen bleiben die Arbeiten von Samuel Smiles, *Lives of the Engineers*, *Industrial Biography*, über das Fabrikwesen Marx', *Das Kapital*, unentbehrlich. A. Redford, *Labour Migration in England 1800–1850*, 1926, und S. Pollard, *The Genesis of Modern Management*, 1965. Vgl. auch die Tabellen im Anhang.

2 Die Bevölkerung der beiden Stadtgebiete umfaßte 1841 etwa 280 000 bzw. 180 000 Einwohner.

briken beherrschten Städte. Gewiß, auch in anderen Industriegebieten gab es umfangreiche, von proletarischen Massen betriebene Unternehmen mit eindrucksvollen Maschinen, wie die Kohlenbergwerke und Eisenwerke, doch ihre oft isolierte oder ländliche Lage, die traditionsgebundene Struktur ihrer Arbeiterschaft und ihre soziale Umgebung waren nicht typisch für die neue Ära. Die Bergleute waren und blieben großenteils Dorfbewohner, ihre Art zu leben und sich abzumühen war dem Nicht-Bergmann fremd, mit dem sie auch wenig Verbindung hatten. Die Eisenhüttenbesitzer konnten, wie die Crawshays aus Cyfartha, von »ihren« Leuten politische Loyalität erwarten; ihr Verhältnis zueinander glich eher dem zwischen Gutsherren und bäuerlicher Bevölkerung als zwischen industriellen Arbeitgebern und Arbeitern. Kurz: die neue Welt des Industrialismus entfaltete sich zunächst nicht in diesen abgelegenen Gebieten, sondern in und um Manchester.

Die Baumwollmanufaktur war eine Begleiterscheinung des anwachsenden internationalen und insbesondere kolonialen Handels, ohne den, wie wir gesehen haben, die Industrielle Revolution nicht erklärt werden kann. Ihr Rohmaterial, in Europa zuerst vermischt mit Leinen verarbeitet, um eine billigere Abart davon (»Barchent« oder »Manchester«) herzustellen, kam fast ausschließlich aus den Kolonien. Die einzige *reine* Baumwollindustrie, die in Europa zu Beginn des 18. Jahrhunderts bekannt wurde, war die Indiens; ihre Erzeugnisse (»Kattun« – »calicoes«) wurden von den östlichen Handelskompanien im Ausland und zu Hause verkauft, wo sie von den einheimischen Herstellern von Woll-, Leinen- und Seidenstoffen energisch bekämpft wurden. Im Jahr 1700 gelang es der englischen Wollindustrie, den Import zu sperren; damit war der künftigen einheimischen Baumwollfabrikation der Weg zum Binnenmarkt frei gemacht. Die ersten Fabrikanten ließen sich im Hinterland der großen Kolonial- und Sklavenhandelshäfen – Bristol und vor allem Glasgow und Liverpool – nieder. Später konzentrierte sich die neue Industrie um Liverpool. Für den Binnenmarkt produzierte sie einen Ersatz für Leinen- oder Woll- und Seidenwirkwaren; für den Auslandsmarkt, soweit sie konnte, einen Ersatz für die qualitativ besseren indischen Waren, insbesondere zu Zeiten, da Kriege oder Krisen die indischen Lieferungen an die Exportmärkte unterbrachen. Bis 1770 gingen über neunzig Prozent der britischen Baumwollexporte in die Kolonien, hauptsächlich nach Afrika. Die ungeheure Exportausweitung nach 1750 gab der Industrie ihren entscheidenden Antrieb: in der Zeit zwischen 1750 und 1770 nahmen die Baumwollexporte um das Zehnfache zu.

Auf diese Weise erwarb die Baumwollindustrie ihre charakteristische Verbindung mit der unterentwickelten Welt. Die Sklavenplantagen der Westindischen Inseln lieferten ihr das Rohmaterial, bis sie im letzten Jahrzehnt des 18. Jahrhunderts eine neue, gänzlich unbegrenzte Rohstoffquelle in den Sklavenplantagen der amerikanischen Südstaaten erhielt, deren Wirtschaft in der Hauptsache von Lancashire abhängig wurde. Das modernste Produktionszentrum perpetuierte und erweiterte die primitivste Form der Ausbeutung. Von Zeit zu Zeit freilich mußte die Industrie auf den britischen Binnenmarkt zurückgreifen, auf dem sie zunehmend Leinen ersetzte; seit den 1790er Jahren jedoch exportierte sie stets den größeren Teil ihrer Produktion, gegen Ende des 19. Jahrhunderts etwa 90 Prozent. Baumwolle war und blieb im wesentlichen eine Exportindustrie; sie stieß zu den einträglichen Märkten Europas und der Vereinigten Staaten vor, doch Kriege und einheimische Konkurrenz bremsten diese Expansion; so kehrte sie immer wieder zu ihren traditionellen oder zu neu erschlossenen Absatzgebieten in den unentwickelten Ländern zurück: nach der Mitte des 19. Jahrhunderts hatte sie ihren Hauptabsatzmarkt in Indien und im Fernen Osten. Die britische Baumwollindustrie war damals gewiß die beste der Welt, aber sie endete, wie sie begonnen hatte: ihre Basis war nicht ihre Überlegenheit im Wettbewerb, sondern ihre Monopolstellung auf den kolonialen und unterentwickelten Märkten, die ihr das britische Empire, die britische Flotte und die britische Vormachtstellung im Handel sicherten. Nach dem Ersten Weltkrieg, als Inder, Chinesen, Japaner selber Baumwollerzeugnisse herstellten und von Großbritannien nicht mehr daran gehindert werden konnten, sie auch zu exportieren, setzte der Niedergang ein.

Jedes Schulkind weiß, daß das technische Problem, das die Art der Mechanisierung in der Baumwollindustrie bestimmte, das mangelhafte Leistungsgleichgewicht zwischen Spinnen und Weben war; das Spinnrad, ein minder produktives Gerät als der Handwebstuhl (insbesondere als dieser durch das »Fliegende

Weberschiffchen«, das um 1730 erfunden und nach 1760 allgemein verwendet wurde, sein Arbeitstempo beschleunigte), konnte die Weber nicht ausreichend beliefern. Drei Erfindungen erschütterten dieses Gleichgewicht: die »Jennymaschine« (Feinspinnmaschine) der 1760er Jahre, mit deren Hilfe ein Heimspinner mehrere Fäden auf einmal spinnen konnte; die »Wasserspinnmaschine« (»water frame«) von 1768, die sich die ursprüngliche Spinnweise durch eine Kombination von Rollen und Spindeln zunutze machte; und die Vereinigung der beiden, die »Mule-Spinnmaschine« (Wagenspinner)[3] der achtziger Jahre, die bald mit Dampfkraft arbeitete. Die beiden letzteren Erfindungen inaugurierten die fabrikmäßige Produktion. Die Baumwollfabriken der Industriellen Revolution waren im wesentlichen Spinnereien (und Fabriken, in denen Baumwolle durch Rauhen zum Spinnen vorbereitet wurde).

Die Weberei hielt mit den Neuerungen durch Vervielfachung der Handwebstühle und Handweber Schritt. Obwohl bereits in den 1780er Jahren ein mechanischer Webstuhl erfunden worden war, wurde die Branche erst nach den Napoleonischen Kriegen in größerem Umfang mechanisiert. Die Weber, die man zuvor in die Industrie hineingelockt hatte, wurden entlassen und von Frauen und Kindern in Fabriken ersetzt. Ihre Hungerlöhne verzögerten die Mechanisierung der Weberei. Erst nach 1815 breitete sich die Fabrikproduktion in dieser Branche allgemein aus, gleichzeitig mit deren Vervollkommnung durch »selbsttätige« Geräte und andere Verbesserungen. Eine im strengen Sinne technische Revolution fand jedoch nicht statt. Die »Mule-Spinnmaschine« blieb die Grundlage der britischen Spinnindustrie, die »Ringspinnmaschine« (in den 1840ern erfunden und heute allgemein üblich) kam nur im Ausland zu Ehren. Der mechanische Webstuhl beherrschte die Webindustrie. Die überragende wirtschaftliche Vorrangstellung, die Lancashire in der Welt erworben hatte, begünstigte seinen Konservativismus in technischen Dingen.

Die Technologie der Baumwollherstellung war ziemlich einfach; das gilt, wie wir sehen werden, auch für die meisten anderen Veränderungen, die alle zusammen die »Industrielle Revo-

3 Sie war nicht eine Erfindung ihres Patentinhabers, Richard Arkwright (1732–92), eines bedenkenlosen Unternehmers, der – im Gegensatz zu den meisten wirklichen Erfindern der Zeit – sehr reich wurde.

lution« ausmachten. Sie erforderte nur geringe wissenschaftliche Kenntnis oder technisches Können und konnte durchaus von einem Mechaniker des frühen 18. Jahrhunderts begriffen und angewandt werden. Nur in geringem Maße bediente sie sich der Dampfkraft; obwohl die Baumwollindustrie die neue Dampfmaschine schnell und in größerem Umfang als andere Industriezweige (der Bergbau und die Metallverarbeitung ausgenommen) akzeptierte, wurde 1838 noch ein Viertel ihrer Energie durch Wasser erzeugt. Dies hängt weder mit verzögertem wissenschaftlichen Fortschritt noch mit Gleichgültigkeit der Industriellen gegenüber der technischen Revolution zusammen. Im Gegenteil, Fortschritte in der Naturwissenschaft wurden bereitwillig umgesetzt; die Wissenschaftler lehnten es ab, eine Unterscheidung zwischen »reinem« und »angewandtem« Denken zu machen. Die Industriellen griffen Neuerungen, wo sie notwendig oder vorteilhaft waren, rasch auf und orientierten ihre Produktionsmethoden an dem rigorosen, für das naturwissenschaftliche Zeitalter bezeichnenden Rationalismus. Die Baumwollfabrikanten lernten, rein funktional zu bauen (»oft«, wie ein ausländischer Beobachter sagte, der die moderne Zeit nicht ganz verstand, »auf Kosten äußerer Schönheit«[4]); 1805 führten sie in ihren Fabriken die Gasbeleuchtung ein (die ersten Versuche mit Gasbeleuchtung waren 1792 gemacht worden); sie bleichten und färbten Textilien nach den neuesten Erkenntnissen der Chemie, einer Wissenschaft, von der man sagen kann, daß sie zwischen 1770 und 1790 zusammen mit der Industriellen Revolution das Erwachsenenalter erreichte. Gleichwohl beruhte die chemische Industrie, die um 1800 in Schottland errichtet wurde, auf einem Hinweis, den Berthollet erst 1786 James Watt gegeben hatte, nämlich daß man Chlor zum Bleichen verwenden könne.

Die frühe Industrielle Revolution war technisch vergleichsweise primitiv, doch nicht deshalb, weil es keine entwickelte Naturwissenschaft und Technologie gegeben hätte oder weil die Menschen nicht daran interessiert gewesen wären oder nicht dazu gebracht werden konnten, sie zu nutzen. Sie war es, weil im großen und ganzen die Anwendung einfacher Ideen und Mittel, zum Teil seit Jahrhunderten bekannter und keineswegs

4 Fabriken-Kommissarius May 1814, zitiert bei J. Kuczynski, *Geschichte der Lage der Arbeiter unter dem Kapitalismus*, Berlin 1964, Bd. 23, S. 178.

aufwendiger Ideen, bisweilen zu überraschenden Ergebnissen führte. Das Neue lag nicht in den Neuerungen selbst, sondern in der Entschlossenheit praktisch begabter Männer, die vorhandene und verfügbare Naturwissenschaft und Technologie anzuwenden, und in dem ausgedehnten Markt, der für Waren offen war, während Preise und Kosten rapide sanken. Kurz: das Neue war in der konkreten Situation begründet, die das Denken der Menschen dazu veranlaßte, praktische Probleme zu lösen.

Und von dieser Situation ging der entscheidende Impuls zur ersten, bahnbrechenden Industriellen Revolution aus. Sie machte es einer unternehmenden, nicht besonders gebildeten oder feinsinnigen und nicht besonders reichen Gruppe von Geschäftsleuten und Fachhandwerkern möglich, in einer prosperierenden Wirtschaft die Chancen der technischen Innovation zu nutzen. Mit anderen Worten: diese besondere Situation reduzierte die Grundvoraussetzungen an fachlichem Können, an Kapital, an umfangreichen Geschäften oder Regierungsorganisationen und Planungen, ohne die eine Industrialisierung nicht auskommt, auf das Minimum. Wir wollen, als Gegenbeispiel dazu, die Lage der »aufstrebenden« Nation von heute betrachten, die ihre eigene Industrialisierung in Angriff nimmt. Die elementarsten Schritte – z. B. der Aufbau eines adäquaten Transportsystems – setzen eine Beherrschung von Naturwissenschaft und Technologie voraus, die den Fertigkeiten mehr als eines Bruchteils der Bevölkerung um Jahrhunderte voraus ist. Die für die moderne Zeit kennzeichnenden Produktionsweisen, wie die Herstellung von Motorfahrzeugen, sind sowohl quantitativ als auch qualitativ mit der Erfahrung der Geschäftsleute in diesen Ländern so gut wie nicht vermittelt und erfordern ein Anfangskapital, das deren Fähigkeit zur Kapitalbildung weit übersteigt. Sogar mindere Fertigkeiten und Gewohnheiten, die wir in entwickelten Gesellschaften als selbstverständlich ansehen, sind dort äußerst selten: Lesen und Schreiben, Sinn für Pünktlichkeit und Regelmäßigkeit, Fähigkeit zur Durchführung von Routinearbeiten. Um ein einfaches Beispiel zu wählen: im 18. Jahrhundert war es sehr wohl noch möglich, eine Kohlenbergwerksindustrie aufzubauen, indem man relativ flache Schächte und Seitenstollen grub, Leute mit Keilhauen an deren Ende setzte und die Kohle mit Hilfe kleiner Karren und

Körbe ans Tageslicht beförderte.[5] Es wäre aber unmöglich, heutzutage auf ähnliche Weise Ölquellen auszubeuten, im Wettbewerb mit der gigantischen, geschäftserfahrenen internationalen Petroleumindustrie.

Das Kernproblem der wirtschaftlichen Entwicklung eines rückständigen Landes hat J. W. Stalin, der viel Erfahrung auf diesem Gebiet besaß, formuliert: »Kader entscheiden alles.« Es ist in der Tat sehr viel leichter, das Kapital zum Aufbau einer modernen Industrie zu finden, als diese zu betreiben; viel leichter, einen zentralen Planungsausschuß mit einer Handvoll Akademiker zu besetzen, die es in den meisten Ländern gibt, als die Leute mit mittlerem Fachwissen, mit Eignung zur Technik und Verwaltung usw. zu bekommen, ohne die keine moderne Wirtschaft existieren kann. Rückständige Länder, die mit ihrer Industrialisierung Erfolg hatten, haben auch die Mittel gefunden, solche Kader zu schaffen und sie innerhalb einer Bevölkerungsgesamtheit einzusetzen, der die Fachkategorien und Gewohnheiten der modernen Industrie fremd sind. Die Geschichte der britischen Industrialisierung war für sie in dieser Hinsicht bedeutungslos, weil sich für Großbritannien dieses Problem gar nicht gestellt hatte. Zum Beispiel hatte es in keinem Stadium an Leuten gemangelt, die mit Metall umgehen konnten, und die höheren Posten der Technokratie konnten ohne weiteres mit Männern besetzt werden, die aus der Werkstattpraxis kamen.[6] In Großbritannien gab es vor 1870 kein staatliches Grundschulsystem, und erst seit 1902 gibt es dort staatliche Mittelschulbildung.

Die britische Industrialisierungsweise läßt sich am besten an einem Beispiel erläutern. Der größte der ersten Baumwollfabrikanten war Sir Robert Peel (1750–1830), ein Mann, der bei seinem Tod fast anderthalb Millionen Pfund (für die damalige Zeit eine ungeheure Summe) hinterließ – sowie einen Sohn, der sich gerade anschickte, Premierminister von Großbritannien zu werden. Die Peels waren eine mittelständische Freibauern-

5 Ich behaupte nicht, daß dies nicht Sachkenntnis und einige sorgfältig durchdachte Techniken voraussetzte oder daß die britische Kohlenindustrie jener Zeit keine fortschrittlichere und bessere Ausrüstung – z. B. die Dampfmaschine – gekannt hätte.

6 In der englischen Sprache gilt das Wort »engineer« sowohl für den Metallfacharbeiter wie auch für den höheren technischen Spezialisten, z. B. den »Bau«- oder den »Elektro«-Ingenieur.

familie, die wie andere in den Hügeln von Lancashire die Landwirtschaft mit häuslicher Textilherstellung verbanden, jedenfalls seit der Mitte des 17. Jahrhunderts. Sir Roberts Vater (1723–95) ging noch mit seinen Waren über Land hausieren und zog erst 1750 in die Stadt Blackburn; selbst zu diesem Zeitpunkt hatte er die Landwirtschaft noch nicht ganz aufgegeben. Er besaß ein wenig – nichttechnische – Bildung, ein wenig Begabung für einfache Erfindungen (oder zumindest Sinn für Erfindungen, wie die James Hargreaves, seines Mitbürgers, der Weber, Zimmermann und Erfinder der »Jennymaschine« war) sowie Land im Wert von vielleicht 2000 bis 4000 Pfund, auf das er zu Beginn der 1760er Jahre eine Hypothek aufnahm. Damit gründete er eine Baumwolldruckereifirma, zusammen mit seinem Schwager Haworth und einem gewissen Yates, der die gesamten Ersparnisse seiner Familie aus der Gastwirtschaft im »Schwarzen Stier« ins Geschäft einbrachte. Die Familie Peel besaß einige Erfahrung in Geschäften: mehrere ihrer Mitglieder arbeiteten in der Textilbranche, und die Aussichten für Baumwolldruckerei, bis dahin hauptsächlich eine Londoner Besonderheit, schienen ausgezeichnet. Sie waren es auch. Drei Jahre später – Mitte der sechziger Jahre – war der Bedarf der Firma an unbedruckter Baumwolle so gestiegen, daß sie auch mit der Herstellung von Stoffen begann, ein Umstand, der, wie ein Lokalhistoriker später feststellte, »den Beweis erbringt für die Leichtigkeit, mit der damals Geld zu machen war«.[7] Das Geschäft gedieh und wurde geteilt: Peel blieb in Blackburn, während seine beiden Teilhaber nach Bury gingen, wo sich ihnen 1772 der künftige Sir Robert als Teilhaber anschloß, zu Beginn mit beträchtlicher, später mit nur noch geringfügiger finanzieller Unterstützung seines Vaters. Die wurde auch kaum gebraucht. Der junge Peel, ein Unternehmer von außerordentlicher Energie, hatte es nicht schwer, zusätzliches Kapital zu beschaffen, indem er Ortsansässige zu Teilhabern machte, die ihr Geld in der größer werdenden Industrie investieren wollten, oder die einfach deshalb von Nutzen waren, weil sie die Firma in neuen Städten und anderen Zweigen der Baumwollindustrie etablieren halfen. Da der Druckereibetrieb der Firma allein regelmäßige Gewinne von 70 000 Pfund pro Jahr über längere Zeit hin erbrachte, gab

7 T. Barton, *History of the Borough of Bury*, 1874, S. 59.

es keinen Kapitalmangel. Um die Mitte der 1780er Jahre war er bereits ein äußerst ansehnliches Geschäft, das sich die Anschaffung aller neuen, nützlichen und arbeitsparenden Geräte wie beispielsweise Dampfmaschinen leisten konnte. 1790 – im Alter von vierzig Jahren und erst achtzehn Jahre, nachdem er selbst ins Geschäft eingetreten war – war Robert Peel bereits zum Baronet ernannt, Parlamentsmitglied und anerkannter Vertreter der neuen Klasse der Industriellen.[8] Von anderen nüchternen Unternehmern seiner Art in Lancashire, einige seiner Geschäftspartner eingeschlossen, unterschied er sich dadurch, daß er sich nicht mit Reichtum und Bequemlichkeit begnügte und zur Ruhe setzte – was er spätestens 1785 leicht hätte tun können –, sondern daß er mit seinen Möglichkeiten und Talenten wucherte. Mit einigem Geschäftsverstand und etwas Energie mußte jedermann aus der ländlichen Mittelklasse in Lancashire, wenn er zur gleichen Zeit wie Peel ins Baumwollgeschäft einstieg, zwangsläufig in sehr kurzer Zeit zu sehr viel Geld kommen. Vielleicht illustriert es die vergleichsweise hohen Geschäftschancen, daß die Firma viele Jahre, nachdem sie mit dem Bedrucken von Baumwollstoffen begonnen hatte, noch keine Zeichenwerkstatt besaß, d. h. daß sie nur die primitivsten Vorkehrungen zum Entwerfen jener Muster traf, auf die sich ihr Reichtum gründete. Tatsächlich verkaufte sich in diesem Stadium praktisch alles, vor allem an den gewöhnlichen Kunden im In- und Ausland.

So entstand ziemlich rasch inmitten der Bauernhöfe und Dörfer von Lancashire ein neues Industriesystem, das auf einer neuen Technologie beruhte. Es entstand, wie wir sahen, durch eine Verbindung des Neuartigen mit dem Althergebrachten; freilich hatte das Neue gegenüber dem Alten den Vorrang. In der Industrie akkumuliertes Kapital trat an die Stelle der auf Bauernhöfe aufgenommenen Hypotheken und der Ersparnisse von Gastwirten, Ingenieure an die der erfindungsreichen Weber

8 »Er bot ein gutes Beispiel für diejenige Gruppe von Männern in Lancashire, die ihre eigenen und die Entdeckungen anderer ausnutzten, die Gewinn zogen aus den ortsgegebenen Möglichkeiten zur Herstellung und zum Bedrucken von Baumwollwaren wie aus Bedarf und Nachfrage nach Fabrikerzeugnissen, die seit einem halben Jahrhundert bestand, und die so zu großem Reichtum kamen, ohne verfeinerte Lebensart, Verstandeskultur oder mehr als gewöhnliche Kenntnisse zu besitzen.« P. A. Whittle, *Blackburn As It Is*, Preston 1852, S. 262.

und Zimmerleute, mechanische Webstühle an die der Handweber und ein Fabrikproletariat an die Stelle der vielen abhängigen Heimarbeiter. In den Jahrzehnten nach den Napoleonischen Kriegen verloren die traditionellen Praktiken der Produktion mehr und mehr an Bedeutung, und die moderne Industrie wurde, nachdem sie zunächst die Pionierleistung einer Minderheit gewesen war, im Leben von Lancashire zur Regel. Die Anzahl mechanischer Webstühle in England stieg von 2400 im Jahr 1813 auf 55 000 im Jahr 1829, 85 000 im Jahr 1833 und 224 000 im Jahr 1850 an, während die Zahl der Handweber, die in den 1820er Jahren mit einer Viertelmillion ihr Maximum erreichte, zu Beginn der 1840er Jahre auf knapp 100 000 und um 1855 auf 50 000 absank. Trotzdem wäre es unklug, die relative Primitivität selbst dieser zweiten Umwandlungsphase und ihre archaischen Hinterlassenschaften zu ignorieren.
Zwei Folgen davon sind zu nennen. Die erste ist die außerordentlich dezentralisierte und desintegrierte Wirtschaftsstruktur in der Baumwollindustrie wie auch in den meisten übrigen britischen Industrien des 19. Jahrhunderts. Sie bestand weitgehend aus hochspezialisierten mittelgroßen Firmen (oft stark ortsgebunden) mit Spezialisten unterschiedlicher Art (wie Spinnern, Webern, Färbern, Auswirkern, Bleichern, Druckern usw.), die häufig auch innerhalb ihrer jeweiligen Branche spezialisiert und miteinander durch ein umfassendes Netz von einzelnen geschäftlichen Transaktionen auf dem »Markt« verbunden waren. Eine solche Wirtschaftsstruktur hat den Vorteil der Flexibilität und erlaubt zu Anfang rasche Expansion; in den späteren Stadien der industriellen Entwicklung jedoch, wenn die technischen und wirtschaftlichen Elemente der Planung und Integration hervortreten, wird sie starr und brüchig. Die zweite Folge war die Entstehung einer starken Gewerkschaftsbewegung in einem Industriezweig, der sich normalerweise durch eine äußerst schwache und instabile Arbeiterorganisation auszeichnete, da seine Arbeitskräfte zum großen Teil aus Frauen und Kindern, ungelernten Einwanderern usw. bestanden. Die Gewerkschaften der Baumwollindustrie von Lancashire besaßen ihre Basis in einer Minderheit von gelernten männlichen Mulemaschinenspinnern, deren Verhandlungsposition durch den Mechanisierungsprozeß nicht geschwächt wurde – Versuche

dazu in den 1830er Jahren schlugen fehl – und die schließlich die Mehrheit der ungelernten Arbeiter in untergeordneten Gewerkschaften organisieren konnten, nicht zuletzt deshalb, weil sie aus ihren eigenen Frauen und Kindern bestand. So entwickelte sich die Baumwollindustrie als eine Fabrikindustrie, die nach den Methoden einer Fachgewerkschaft (»craft unionism«) organisiert wurde, und diese Methoden hatten Erfolg, weil die Industrie in ihrer kritischen Entwicklungsphase archaisch strukturiert war. Gleichwohl hatte sie, nach dem Maßstab des 18. Jahrhunderts, revolutionäre Züge; das darf nicht übersehen werden. In ihrem Bereich zuerst zeigten sich die neuen Wirtschaftsbeziehungen zwischen den Menschen, ein neues Produktionssystem, ein neuer Lebensrhythmus, eine neue Gesellschaft, ein neuer Geschichtsabschnitt, und die Zeitgenossen waren sich dessen fast von Anfang an bewußt: »Wie in einer Springflut gingen die mittelalterlichen Verfassungen und Schranken der Industrie unter, und die Staatsmänner staunten ob der großartigen Erscheinung, welche sie weder fassen noch verstehen konnten. Die Maschine diente gehorsam dem Geiste des Menschen; allein indem sie seine physische Kraft überholte, siegte das Kapital über die Arbeit und schuf eine neue Untertänigkeit [...]. Durch Einführung der Maschinen, Teilung der Arbeit, die [...] an das Unglaubliche grenzt, wird nur geringere Kraft und weniger allgemeine Intelligenz vom Haufen gefordert und durch Konkurrenz der Lohn auf das Notdürftigste zur Fristung des Lebens herabgedrückt. [...] Oft hört die Arbeit eine Zeitlang ganz auf und [...] eine Masse Elender (wird) dem Hunger und all den Qualen des Mangels preisgegeben.«[9] Diese Worte, die an den Sozialrevolutionär Friedrich Engels erinnern, stammen von einem deutschen Geschäftsmann, der sie zu Beginn der 1840er Jahre niederschrieb. Doch schon eine Generation früher hatte ein anderer Industrieller, der selbst Baumwollfabrikant war, den revolutionären Charakter der Umwandlung in seinen *Observations on the Effect of the Manufacturing System* (1815) hervorgehoben: »Die allgemeine Ausbreitung von Manufakturen über ein Land«, so schrieb Robert Owen, »erzeugt bei dessen Bewohnern einen neuen

9 F. Harkort, *Bemerkungen über die Hindernisse der Civilisation und Emancipation der unteren Klassen*, 1844, zitiert bei J. Kuczynski, a.a.O., Bd. 9, S. 127.

Charakter; und da dieser Charakter auf ein Prinzip aufgebaut ist, das dem Glück des einzelnen und der Allgemeinheit ziemlich abträglich ist, wird er äußerst beklagenswerte und dauerhafte Übel hervorbringen, sofern nicht durch gesetzliche Eingriffe und Anleitung dieser Neigung entgegengewirkt wird. Das Manufakturwesen hat seinen Einfluß schon so weit über das britische Reich ausgedehnt, daß es eine wesentliche Veränderung im allgemeinen Charakter der Volksmasse bewirkt.«

Das neue System, für das in den Augen der Zeitgenossen vor allem Lancashire beispielhaft war, bestand ihrer Meinung nach aus drei Elementen. Das erste Element war die Teilung der Industriebevölkerung in kapitalistische Arbeitgeber und in Arbeiter, die nichts besaßen außer Arbeitskraft, die sie auf dem Markt verkauften. Das zweite war die Produktion in der »Fabrik«, eine Verbindung spezialisierter Maschinen und spezialisierter menschlicher Arbeit, oder, wie ihr früher Theoretiker Andrew Ure es nannte, »ein ungeheurer Automat, zusammengesetzt aus zahllosen mechanischen und selbstbewußten Organen, die im Einverständnis und ohne Unterbrechung wirken [...], so daß alle diese Organe einer Bewegungskraft untergeordnet sind, die sich selbst bewegt«.[10] Das dritte war die Unterordnung der gesamten Wirtschaft – ja allen Lebens – unter das Gewinnstreben und die Akkumulationspolitik der Kapitalisten. Einige Gruppen – die in dem neuen System nichts Grundfalsches sahen – gaben sich keinerlei Mühe, zwischen seinen sozialen und technischen Aspekten zu unterscheiden; andere – die gegen ihren Willen in das neue System gedrängt wurden und dadurch nur verelendeten, wie ein Drittel der Bevölkerung von Blackburn 1833, das von einem wöchentlichen Durchschnittseinkommen von 5 Schilling 6 Pence pro Familie lebte (oder von einem durchschnittlichen Betrag von etwa einem Schilling pro Person)[11] – waren geneigt, beides zu verwerfen; eine dritte Gruppe – deren Sprecher Robert Owen war – trennte den Industrialismus vom Kapitalismus: sie akzeptierte die Industrielle

10 Andrew Ure, *The Philosophy of Manufactures*, 1835, zitiert bei Karl Marx, *Das Kapital*, Bd. I, Berlin 1966, S. 441.

11 »Eine erstaunliche Schätzung der Familieneinkommen wurde 1833 durchgeführt. Sie sieht folgendermaßen aus: das Gesamteinkommen von 1778 Familien (alle davon als Arbeiter tätig) in Blackburn, 9779 Einzelpersonen umfassend, belief sich auf nur 828 Pfund, 19 Schilling, 7 Pence.« P. A. Whittle, *Blackburn As It Is*, Preston 1852, siehe auch 4. Kapitel.

Revolution und den technischen Fortschritt als Erzeuger von Wissen und Reichtum für alle, lehnte sie jedoch in ihrer kapitalistischen Form als Schrittmacher von Ausbeutung und Verelendung ab.

Wie gewöhnlich läßt sich auch hier die Meinung der Zeitgenossen im Detail leicht kritisieren, weil die industrielle Struktur keineswegs so »modern« war, wie man hätte glauben können, nicht einmal am Vorabend des Eisenbahnzeitalters, geschweige denn im Jahr von Waterloo. Weder den »kapitalistischen Unternehmer« noch den »Proletarier« gab es damals als ausgeprägte soziale Schicht. Sehr viele Menschen gehörten dem profitlüsternen »mittleren Stand der Gesellschaft« an (der erst im ersten Drittel des 19. Jahrhunderts sich selbst die Mittelklasse nannte); doch nur eine Minderheit war entschlossen, die rücksichtslose Logik des technischen Fortschritts und das Gesetz, »auf dem billigsten Markt einzukaufen und auf dem teuersten zu verkaufen«, um des Profits willen anzuwenden. Viele Männer und Frauen lebten von Lohnarbeit, obwohl es nach wie vor Handwerker, Kleinbauern, die sich stundenweise verdingten, und teilbeschäftigte kleine Unternehmer gab. Aber es gab nur wenige Fabrikarbeiter. Zwischen 1778 und 1830 kam es wiederholt zu Aufständen gegen die Ausbreitung von Maschinen. Daß diese Aufstände bisweilen von Geschäftsleuten und Bauern unterstützt und manchmal tatsächlich veranlaßt wurden, zeigt, wie begrenzt der »moderne« Sektor der Wirtschaft immer noch war; diejenigen, die ihm nicht (oder noch nicht) angehörten, stemmten sich gegen die neue Entwicklung, freilich ohne langfristigen Erfolg. Erst die Technologie der Mitte des 20. Jahrhunderts ermöglichte die Halbautomation oder Automation der Fabrik, die die »Dampf-Verstand«-Philosophen in der ersten Hälfte des 19. Jahrhunderts herbeigewünscht hatten und die sie in den noch sehr unvollkommenen, archaischen Baumwollspinnereien ihrer Zeit bereits zu erkennen glaubten. Obschon es vor der Erfindung der Eisenbahn kaum einen Betrieb (außer ganz wenigen Gaswerken oder chemischen Fabriken) gab, der für den modernen Produktionsfachmann von mehr als nur historischem Interesse sein könnte, ist die Tatsache, daß die Baumwollspinnereien in den Zeitgenossen die Vorstellung von zu bloßen »Ausführungsorganen« degradierten Arbeitern hervorriefen, die man eines Tages durch »selbsttätige« (d. h. automatische) Maschinen ersetzen werde, von großer sozialer Bedeutung. Die »Fabrik« mit der Logik ihrer Arbeitsgänge, jede Spezialmaschine von einer Spezial»hand« bedient, alle Tätigkeiten vom Tempo des Motors und dem Zwang der Mechanisierung bestimmt, die Leute in Gaslicht, Lärm und Rauch gehüllt: das war in der Tat eine Arbeitsform wider die Konvention. Obwohl die Fabriklöhne in der Regel höher als die der Heimindustrien lagen (abgesehen von den Löhnen für besonders facherfahrene und vielseitige Handarbeiter), zögerten Arbeiter, in die Fabriken zu gehen, wo sie ihre Unabhängigkeit einbüßten. Dies ist auch einer der Gründe, weshalb, wo es möglich war, Fabriken mit den fügsameren Frauen und Kindern besetzt wurden: 1838 waren nur dreiundzwanzig Prozent der Textilarbeiter erwachsene Männer.

Keine andere Industrie ließ sich während der ersten Phase der britischen Industrialisierung an Wichtigkeit mit der Baumwollindustrie vergleichen. Zwar war ihr quantitativer Beitrag zum Volkseinkommen nicht sehr groß – etwa sieben oder acht Prozent gegen Ende der Napoleonischen Kriege –, obgleich er über dem aller anderen Industrien lag; aber sie begann früher zu expandieren und wuchs rascher als die übrige Industrie: sie bestimmte das Tempo der Wirtschaft.[12] Als die Baumwollindustrie in den fünfundzwanzig Jahren nach Waterloo die beachtliche Zuwachsrate von jährlich sechs bis sieben Prozent erzielte, erreichte auch die Expansion der gesamten britischen Industrie ihren Höhepunkt. Und als die Expansion der Baumwollindustrie endete – im letzten Viertel des 19. Jahrhunderts sank ihre Wachstumsrate auf 0,7 Prozent pro Jahr ab –, ließ die Entwicklung der gesamten britischen Industrie nach. – Noch außergewöhnlicher war ihr Beitrag zur Außenwirtschaft. Im großen

12 Wachstumsrate der industriellen Produktion des Vereinigten Königreichs (Prozentzunahme pro Jahrzehnt):

1800 bis 1810	22,9	1850 bis 1860	27,8
1810 bis 1820	38,6	1860 bis 1870	33,2
1820 bis 1830	47,2	1870 bis 1880	20,8
1830 bis 1840	37,4	1880 bis 1890	17,4
1840 bis 1850	39,3	1890 bis 1900	17,9

Das Absinken zwischen 1850 und 1860 war eine Folge der »Baumwollnot«, die durch den amerikanischen Bürgerkrieg verursacht wurde.

und ganzen bestand in den Jahrzehnten nach Napoleon etwa *die Hälfte* des Wertes *aller* britischen Exporte aus Baumwollerzeugnissen, und in der Mitte der 1830er Jahre machte Rohbaumwolle zwanzig Prozent der gesamten Nettoimporte aus. Die britische Zahlungsbilanz, die Schiffahrt und der Überseehandel hingen wirklich von den Geschicken dieser einen Industrie ab. Zudem trug sie beträchtlich, jedenfalls mehr als andere Industrien, zur Akkumulation des Kapitals bei, schon allein mit der Mechanisierung und dem massenhaften Gebrauch billiger Arbeitskraft (von Frauen und Jugendlichen). In den fünfundzwanzig Jahren nach 1820 wuchs die Nettoproduktion der Industrie um etwa vierzig Prozent (in Tageswerten), ihre Lohnrechnung hingegen nur um rund fünf Prozent.
Es braucht kaum betont zu werden, daß die Baumwollbranche die Industrialisierung und die technische Revolution anregten. Sowohl die chemische wie auch die Maschinen-Industrie verdankten ihr viel: 1830 machten nur noch die Londoner den Maschinenbauern von Lancashire ihren Vorrang streitig. Daran ist nichts Ungewöhnliches. Allerdings – und das sollte nicht unterschlagen werden – war die Baumwollindustrie außerstande, unmittelbar das anzuregen, was, wie wir als Analytiker der Industrialisierung wissen, am meisten der Anregung bedurfte, nämlich die Produktionsgüterindustrien: Kohle, Eisen und Stahl, für die sie kaum Absatzmöglichkeiten bot. Glücklicherweise brachte die allgemeine Verstädterung im frühen 19. wie schon im 18. Jahrhundert einen bedeutenden Anreiz für die *Kohle.* Noch 1842 verbrauchten die Kamine der britischen Häuser zwei Drittel von Großbritanniens einheimischer Kohleförderung, die sich damals auf ungefähr dreißig Millionen Tonnen oder etwa zwei Drittel der gesamten Förderung der westlichen Welt belief. Die Förderungsmethode war primitiv: Handarbeit. Allmählich jedoch zwang das Volumen der Kohleförderung den Bergbau zur technischen Umwandlung – die immer tiefer reichenden Bergwerke mußten leergepumpt und das Mineral mußte vom Streb zum Grubenkopf und von da zu Häfen und Märkten transportiert werden. So ebnete der Bergbau der Dampfmaschine den Weg; er benutzte seit den 1790er Jahren deren verbesserte Fördergetriebe und entwickelte ein neues Transportmittel: die *Eisenbahn.* Es war kein Zufall, daß die Erbauer, Techniker und Lokomotivführer der

ersten Eisenbahnen, angefangen mit George Stephenson, meist vom großen Kohlenrevier Tyneside kamen.

Größeren Schwierigkeiten sah sich die Eisenindustrie gegenüber. Vor der Industriellen Revolution produzierte Großbritannien Eisen weder in großer Menge noch in besonders guter Qualität, und selbst in den 1780er Jahren hat der Gesamtbedarf 100 000 Tonnen kaum überstiegen.[13] Die Hauptimpulse lieferten der Krieg, die Flotte und, auf technischem Gebiet, die Brennstoffwirtschaft. Bis zur Erfindung der Eisenbahn war die Kapazität der Eisenindustrie meist größer als die Nachfrage; ihren raschen Aufwärtsbewegungen folgten jeweils schleppende Flauten, die die Eisenfabrikanten durch verzweifeltes Suchen nach neuen Verwendungsmöglichkeiten für ihr Metall zu beheben und durch Preiskartelle und Produktionssenkungen zu mildern trachteten (Stahl blieb von der Industriellen Revolution so gut wie unberührt). Drei wesentliche Neuerungen intensivierten ihre Kapazität: die Einschmelzung von Eisen mit Koks (anstatt mit Holzkohle), die Erfindungen des Puddelns und Walzens und James Neilsons Heißluftgebläse (1829). Das führte dazu, daß sich die Eisenindustrie in den Kohlegebieten ansiedelte. Als sich nach den Napoleonischen Kriegen auch andere Länder zu industrialisieren begannen, wurde Eisen ein wichtiger Exportartikel: zwischen fünfzehn und zwanzig Prozent der Gesamtproduktion konnten damals bereits im Ausland verkauft werden. Die britische Industrialisierung selbst schuf einen vielseitigen Bedarf im Inland für das Metall, nicht nur für Maschinen und Werkzeuge, sondern auch für Brücken, Rohre, Baumaterial und Haushaltsgegenstände. Trotzdem blieb die Produktion immer noch weit unter dem, was wir heute bei einer Industriewirtschaft für nötig halten würden, insbesondere wenn wir berücksichtigen, daß nicht-eisenhaltige Metalle damals noch ziemlich bedeutungslos waren. Wahrscheinlich erreichte sie vor den 1820er Jahren nicht einmal eine halbe Million Tonnen und kaum 700 000 Tonnen auf ihrem Höhepunkt im Jahre 1828.

Die Eisenverwertung war nicht nur für alle eisenverbrauchenden Industrien ein Stimulans, sondern auch für Kohle (von der

13 Der britische Pro-Kopf-Verbrauch war bei weitem größer als der vergleichbarer Länder; zwischen 1720 und 1740 war er etwa dreieinhalbmal so groß wie der französische Verbrauch.

sie 1842 etwa ein Viertel verbrauchte), für die Dampfmaschine und – aus den gleichen Gründen wie Kohle – für den Transport. Dennoch fand, wie bei der Kohle, ihre wirkliche Industrielle Revolution erst in den mittleren Jahrzehnten des 19. Jahrhunderts, fünfzig Jahre später als die der Baumwolle, statt, denn während Konsumgüterindustrien selbst in vorindustriellen Wirtschaftsverhältnissen massenhaft Absatz finden, ist für die Produktionsgüterindustrien ein solcher Markt erst während oder nach der Industrialisierung vorhanden. Erst das Zeitalter der Eisenbahn verdreifachte die Produktion von Kohle und Eisen innerhalb von zwanzig Jahren und schuf sozusagen eine Stahlindustrie.[14]

Auch in anderen industriellen Bereichen hatte es bis zu diesem Zeitpunkt Wirtschaftswachstum und so etwas wie eine industrielle Umwandlung gegeben, jedoch keine Industrielle *Revolution.* Viele Industrien – wie die Kleidungs- (außer Wirkwaren) und Schuhherstellung, die Bau- und die Möbelindustrie – arbeiteten noch auf völlig traditionelle Weise, allenfalls, hier und dort, mit neuartigem Material. Man versuchte lediglich, der ungeheuer gestiegenen Nachfrage durch eine Art »Verlagssystem« zu begegnen, das aus unabhängigen Handwerkern zunehmend spezialisierte, unterbezahlte Arbeiter machte. Der Industrialismus schuf keine Möbel- und Kleiderfabriken, er bewirkte den Abstieg gelernter, organisierter Möbeltischler zu Arbeitern in den Slums und erzeugte ein Heer von hungernden, schwindsüchtigen Näherinnen und Hemdenmachern, die selbst in jener gefühlsarmen Zeit das Mitleid der Mittelklassen erregten.

In anderen Industriezweigen hatten sich die kleinen Werkstätten einigermaßen mechanisiert, namentlich die vielen metallverarbeitenden Betriebe in Sheffield und den Midlands, ohne jedoch die Eigenart ihres Handwerks oder der Heimherstellung zu verändern. Einiger solcher Komplexe aus kleinen, eng miteinander verbundenen Werkstätten gab es in Städten wie Sheffield und Birmingham, andere auf dem Lande, wie die verlorenen Dörfer des »Black Country«; Teile ihrer Arbeiter-

14 Ausstoß (in 1000 Tonnen):

Jahr	*Kohle*	*Eisen*
1830	16 000	600
1850	49 000	2 000

schaft waren gelernte, organisierte, fast zunftbewußte Handwerksgesellen (wie in der Messerschmiede von Sheffield[15]); andere verkamen und verwilderten in ihren schrecklichen Dörfern, in denen Männer und Frauen Nägel, Ketten und einfache Metallwaren hämmerten. (In Dudley, Worcestershire, betrug zwischen 1841 und 1850 die durchschnittliche Lebenserwartung achtzehneinhalb Jahre.) Wiederum andere, wie die Keramiker, entwickelten eine Art primitiven Fabriksystems oder vielmehr vergleichsweise große Betriebe mit komplizierter interner Arbeitsteilung. Im ganzen jedoch begann – mit Ausnahme der Baumwollindustrie und der Großbetriebe, voran der Eisen- und Kohlenindustrie – die Produktion in mechanisierten Fabriken erst in der zweiten Hälfte des 19. Jahrhunderts. Die durchschnittliche Fabrikanlage oder Firma war klein; noch 1851 besaßen die 1670 Baumwollfabrikanten eine beträchtlich größere Anzahl Betriebe, in denen einhundert oder mehr Leute beschäftigt waren, als alle 41000 Schneider, Schuhmacher, Motoren- und Maschinenbauer, Bauunternehmer, Stellmacher, Gerber, Wolle- und Kammgarnhersteller, Seidenfabrikanten, Fräser, Spitzenmacher, Schreiner und Tonwarenhersteller zusammen.

Eine derart begrenzte und im wesentlichen nur auf einem Sektor der Textilindustrie aufgebaute Industrialisierung war freilich weder stabil noch gesichert. Wir, die wir die Zeit zwischen 1780 und 1850 im Lichte späterer Entwicklungen betrachten, sehen in ihr die Anfangsphase des Industriekapitalismus. Doch hätte sie nicht auch seine Schlußphase sein können? Die Frage scheint absurd. Wir sollten jedoch nicht die wirtschaftliche Labilität und die sozialen Spannungen in dieser Anfangsphase, insbesondere den drei Jahrzehnten nach Waterloo, unterschätzen, auch nicht die prekäre Lage der Wirtschaft insgesamt und der Zeitgenossen, die ernsthaft über ihre Zukunft nachdachten. Das frühindustrielle Großbritannien machte eine Krise durch, die ihr bedenklichstes Stadium in den dreißiger und beginnenden vierziger Jahren des 19. Jahrhunderts erreichte. Daß sie keine Endkrise, sondern lediglich eine Wachstumskrise war, darf uns nicht dazu verleiten, sie nachträglich zu bagatellisieren,

15 Tatsächlich wurden sie als »zunftmäßig organisiert« bezeichnet von einem deutschen Besucher, der dort eine ihm vom Kontinent her vertraute Erscheinung zu erkennen glaubte.

wozu Wirtschafts- (aber nicht Sozial-)historiker stets geneigt haben.[16]

Das stärkste Indiz für die Krise ist die soziale Unzufriedenheit, die zwischen den letzten Kriegsjahren und der Mitte der vierziger Jahre in Großbritannien herrschte: ludditisch und radikal, gewerkschaftlerisch und utopisch-sozialistisch, demokratisch und chartistisch. In keiner anderen Periode der neueren britischen Geschichte zeigte das Volk eine so andauernde, so tiefe und oft verzweifelte Unzufriedenheit. Von keiner anderen Periode seit dem 17. Jahrhundert kann man sagen, daß sie in großen Teilen der Bevölkerung ein revolutionäres Potential freigesetzt habe. Man könnte sogar behaupten, daß mindestens einmal in dieser Periode (zwischen 1830 und dem Parlamentsreformgesetz von 1832) tatsächlich eine revolutionäre Situation hätte entstehen können. Einige Historiker haben diese Unruhe und Unzufriedenheit hinwegzuerklären versucht mit dem Argument, daß sich die Lebensbedingungen der Arbeiter (abgesehen von einer unterdrückten Minderheit) weniger rasch verbessert hätten, als der Industrialismus es ursprünglich erwarten ließ. Aber die »Revolution der steigenden Erwartungen« kommt häufiger in Büchern als in der Wirklichkeit vor. Noch gibt es wenige Beispiele, daß Leute bereit sind, auf die Barrikaden zu steigen, bloß weil sie noch nicht von Fahrrad- zu Autobesitzern haben aufsteigen können (obgleich sie mit einiger Wahrscheinlichkeit militant werden, wenn sie, einmal an den Gebrauch von Fahrrädern gewöhnt, sie sich nicht mehr leisten können). Stärker ist das Argument, daß die Unzufriedenheit aus den Schwierigkeiten entstand, sich einer neuen Gesellschaftsform anzupassen. Doch das Studium der Auswanderung in die Vereinigten Staaten beweist, daß, wenn die wirtschaftliche Not sie dazu zwingt, die Menschen solche Anpassungsschwierigkeiten zu überwinden vermögen – vorausgesetzt, daß sie das Gefühl haben, das Neue bringe ihnen einen meßbaren Vorteil. Die Unzufriedenheit, die in diesen Jahrzehnten in Großbritannien herrschte, hätte, wären nicht Hoffnungslosigkeit und Hunger gewesen, nicht entstehen können.

16 S. G. Checkland, *The Rise of Industrial Society in England*, 1964, behandelt dies. Vgl. auch R. C. O. Matthews, *A Study in Trade Cycle History*, 1954.

Die Armut der britischen Bevölkerung war, für sich genommen, ein wichtiger wirtschaftlicher Faktor; sie zog der Expansion des Binnenmarktes für britische Produkte enge Grenzen. Dies wird deutlich, wenn man den scharfen Anstieg des Pro-Kopf-Verbrauchs einiger Gebrauchsartikel nach den 1840er Jahren (während der »goldenen Jahre« der viktorianischen Ära) seiner vorherigen Stagnation gegenüberstellt. So verbrauchte der Brite zwischen 1815 und 1844 im Durchschnitt weniger als 20 Pfund Zucker im Jahr, in den dreißiger und frühen vierziger Jahren aber nur 16 bis 17 Pfund; in den zehn Jahren nach 1844 stieg sein Verbrauch auf 34 Pfund pro Jahr, in den dreißig Jahren nach 1844 auf 53 Pfund, und in den neunziger Jahren verbrauchte er zwischen 80 und 90 Pfund. Allerdings stützte sich weder die Wirtschaftstheorie noch die Wirtschaftspraxis der frühen Industriellen Revolution auf die Kaufkraft der arbeitenden Bevölkerung, deren Löhne, so wurde allgemein angenommen, die Höhe des Existenzminimums nicht weit übersteigen würden. Wenn ein Teil von ihr zufällig einmal genügend verdiente, um sein Geld für dieselbe Art von Waren ausgeben zu können wie finanziell Bessergestellte (was hin und wieder in der Hochkonjunktur geschah), dann fand der Mittelstand einen solchen anmaßenden Mangel an Sparsamkeit beklagenswert oder lächerlich. Der wirtschaftliche Vorteil höherer Löhne, ob als Anreiz zur Produktivitätssteigerung oder zur Intensivierung der Kaufkraft, wurde erst nach der Jahrhundertmitte entdeckt, und auch dann nur von einer Minderheit fortschrittlicher und aufgeklärter Unternehmer wie dem Eisenbahnunternehmer Thomas Brassey. Erst 1869 gab John Stuart Mill, der Hüter der Wirtschaftsorthodoxie, die Lohnfondstheorie (»Wages Fund«) auf, eine Theorie, der zufolge Löhne das Existenzminimum nicht überschreiten sollten.[17]

Andererseits betonten sowohl Wirtschaftstheorie wie auch Wirtschaftspraxis die entscheidende Wichtigkeit der Akkumulation von Kapital durch die Unternehmer, d. h. der maximalen Profitrate und der maximalen Einkommenstufung von den Arbeitern (die nicht zur Akkumulation beitrugen) bis hin zu den Unternehmern. Profite waren das, was die Wirtschaft in Gang hielt und durch Neuanlage erweiterte. Deshalb mußten sie

17 Einige Wirtschaftler zeigten – zumindest seit den dreißiger Jahren – eine gewisse Unzufriedenheit über diese Theorie.

unter allen Umständen vergrößert werden.[18] Diese Ansicht beruhte auf zwei Annahmen: daß industrieller Fortschritt große Investitionen erforderte und daß die vorhandenen Rücklagen dafür nur ausreichten, wenn die Einkünfte der nichtkapitalistischen Massen niedrig blieben. Ersteres galt fast nur auf lange Sicht. In ihren Anfangsstadien (etwa 1780 bis 1815) war die Industrielle Revolution, wie wir sahen, begrenzt und relativ billig. Die gesamte Kapitalbildung hat sich im frühen 19. Jahrhundert wahrscheinlich auf nicht mehr als sieben Prozent des Volkseinkommens belaufen, was unter der Zehnprozent-Rate liegt, die heute von einigen Wirtschaftlern als für die Industrialisierung unabdingbar angesehen wird, und weit unter den Raten bis zu 30 Prozent, wie sie bei der schnellen Industrialisierung in emporstrebenden oder bei der Modernisierung in fortgeschrittenen Ländern anzutreffen sind. Die Bruttokapitalbildung in Großbritannien überschritt die Zehnprozentschwelle erst in den 1830er und 1840er Jahren, als das Zeitalter der billigen, auf Produkten wie Textilien aufgebauten Industrialisierung dem Zeitalter der Eisenbahnen, der Kohle, des Eisens und Stahls Platz machte. Die zweite Annahme, daß Löhne niedrig gehalten werden müßten, war völlig falsch, schien aber zunächst plausibel, weil die reichsten Klassen und die größten potentiellen Kapitalanleger dieser Zeit – die Großgrundbesitzer, die Kaufleute und die Finanz – nicht nennenswert zur Investition in den neuen Industrien beitrugen. Baumwollfabrikanten und anderen Industrieunternehmern blieb daher nichts anderes übrig, als ein Anfangskapital zusammenzukratzen und es dadurch zu vermehren, daß die Gewinne wieder ins Geschäft gesteckt wurden, nicht etwa, weil absoluter Kapitalmangel herrschte, sondern weil sie so gut wie keinen Zugang zum großen Geld hatten. Nach 1830 freilich gab es nirgendwo mehr Kapitalmangel.[19]

18 Es ist nicht möglich, für diese Zeit festzustellen, wie weit sich ihr Anteil am Volkseinkommen vergrößerte, aber es besteht einige Gewißheit darüber, daß der Lohnanteil innerhalb des Volkseinkommens zwischen 1811 und 1842 absank, und das zu einer Zeit, in der die lohnabhängige Bevölkerung im Verhältnis zur Gesamtbevölkerung rasch anwuchs. Das Problem ist schwierig, und das Material, auf das man eine Antwort zu stützen hätte, ist gänzlich unzureichend.

19 In Schottland hat es vermutlich eine solche allgemeine Knappheit gegeben. Das ist der Grund, weshalb das schottische Bankwesen lang vor dem englischen die Organisation von Aktienkapital und Beteiligung an der In-

Aus diesen Gründen machten sich die Geschäftsleute und Wirtschaftler des frühen 19. Jahrhunderts Sorgen um die Profitrate und die Rate der Expansion ihrer Absatzmärkte. Beide gaben Anlaß zur Unruhe, obwohl wir heute dazu neigen, der zweiten mehr Bedeutung beizumessen als der ersten. Mit der Industrialisierung vervielfachte sich die Produktion. Die Preise für Fertigwaren sanken. (Da zwischen kleinen und mittelgroßen Produzenten scharfe Konkurrenz herrschte, konnten sie nicht künstlich durch Kartelle oder ähnliche Vereinbarungen über Preisfestsetzung oder Produktionsbeschränkung aufrechterhalten werden.) Die Produktionskosten wurden nicht im selben Maß verringert. Als das allgemeine Wirtschaftsklima nach dem Ende der Kriege von langandauernder Preisinflation zu Deflation überwechselte, nahm der Druck auf die Gewinnspanne zu.[20] In der Baumwollindustrie machte sich die Verkleinerung der Profitrate deutlich bemerkbar:

Kosten und Verkaufspreis von 1 Pfund gesponnener Baumwolle[21]

Jahr	*Rohmaterial*	*Verkaufskosten*	*Spanne für andere Kosten und Gewinne*
1784	2 s.	10 s. 11 d.	8 s. 11 d.
1812	1 s. 6 d.	2 s. 6 d.	1 s.
1832	7 ½ d.	11 ¼ d.	3 ¾ d.

Natürlich ergaben einhundertmal 4 Pence mehr Geld als ein einziges Mal 9 Schilling, aber was passierte, wenn die Profitrate auf Null sank, das Fahrzeug der Wirtschaftsexpansion durch Versagen des Motors zum Stillstand kam und der von den Wirtschaftlern so gefürchtete stationäre Zustand eintrat?

dustrie entwickelte, denn ein armes Land braucht einen Mechanismus, um die vielen, tropfenweise zusammenkommenden Ersparnisse in einem Speicher für große, produktive Investitionen aufzufangen, während ein reiches Land, um ihn zu füllen, aus den zahlreichen, am Ort vorhandenen Quellen schöpfen kann.

20 Die Löhne bleiben gewöhnlich hinter den Preisen zurück; das Preisniveau ist beim Verkauf der Waren höher als bei ihrer Herstellung.

21 T. Ellison, *The Cotton Trade of Great Britain*, 1886, S. 61.

Bei rascher Marktexpansion erscheint uns eine solche Vorstellung gänzlich wirklichkeitsfremd, für wie realistisch auch immer die Ökonomen (etwa seit den 1830er Jahren) sie halten mochten. Doch die Märkte dehnten sich nicht rasch genug aus, um die Produktion entsprechend der Wachstumsrate der Wirtschaft zu absorbieren. Die sich entwickelnden Länder wollten keine britischen Textilien importieren (die britische Schutzzollpolitik bestärkte sie darin), und die unentwickelten Länder, auf die sich die Baumwollindustrie stützte, waren einfach zu schwach oder weiteten ihre Absatzmärkte allzu zögernd aus, um die britische Produktion aufnehmen zu können. Die Ziffern der Zahlungsbilanzen in den Jahrzehnten nach Napoleon zeigen das ungewöhnliche Schauspiel, daß die einzige Industriewirtschaft der Welt und das einzige bedeutende Ausfuhrland von Fertigwaren nicht in der Lage war, einen Exportüberschuß in seinem Warenhandel zu sichern. Nach 1826 wies es nicht nur ein Defizit in seinem Handel, sondern auch in seinen Dienstleistungen auf (Schiffahrt, Versicherungsaufträge, Gewinne durch Handel und Dienstleistungen im Ausland etc.)[22]

Kein anderer Abschnitt der britischen Geschichte war politisch und gesellschaftlich so unruhig wie die dreißiger und der Beginn der vierziger Jahre des 19. Jahrhunderts, als sowohl die Arbeiter wie auch die Mittelklasse, getrennt oder gemeinsam, grundlegende Änderungen forderten, oder doch solche, die sie für grundlegend hielten. Von 1829 bis 1832 einigten sie sich in ihrer Unzufriedenheit auf das Programm der Parlamentsreform, die die Massen mit ihren Aufständen und Demonstrationen, die Geschäftsleute mit Wirtschaftsboykotts deutlich unterstützten. Als nach 1832 wichtige Forderungen der bürgerlichen Radikalen erfüllt waren, kämpfte und unterlag die Arbeiterbewegung allein. Nach der Krise von 1837 lebte die Agitation der Mittelklasse unter dem Banner der »Anti-Corn-Law League« wieder auf, und der Unmut der Arbeitermassen verdichtete sich zu der Riesenbewegung der »People's Charter« (für die Rechte und Freiheiten des Volkes), obwohl beide jetzt unabhängig voneinander und in Gegensatz zueinander wirkten.

22 Um genau zu sein: diese Bilanz war zwischen 1826 und 1830 leicht negativ, zwischen 1831 und 1835 positiv, und wieder negativ in jeder der fünfjährigen Bilanzperioden zwischen 1836 und 1855.

Doch beide waren in ihrer Art zum äußersten entschlossen, insbesondere während der schlimmsten Wirtschaftskrise des 19. Jahrhunderts, der von 1841/42: der Chartismus zum Generalstreik, die Extremisten der Mittelklasse zur allgemeinen Aussperrung, die die Regierung zum Handeln zwingen sollte. Ein Großteil der Konflikte in der Zeit zwischen 1829 und 1846 wurde verursacht durch diese Verbindung der Arbeiter, die verzweifelten, weil sie nicht genügend zu essen hatten, mit den Fabrikanten, die verzweifelten, weil sie aufrichtig fürchteten, die politischen und fiskalischen Maßnahmen erdrosselten langsam die Wirtschaft. Und ihre Angst war nicht unbegründet. In den dreißiger Jahren war das Brutto-Pro-Kopf-Einkommen – für jeden Wirtschaftsprüfer ein Indiz des wirtschaftlichen Fortschritts (das nicht mit dem allgemeinen Lebensstandard verwechselt werden darf) – zum ersten Mal seit 1700 zurückgegangen. Mußte nicht die kapitalistische Wirtschaft zusammenbrechen, wenn nichts gegen diese Entwicklung unternommen wurde? Und würden nicht, wie Beobachter in ganz Europa um das Jahr 1840 meinten, die verelendeten und enterbten Arbeitermassen aufbegehren? Marx und Engels hatten recht: nach 1840 ging in Europa das Gespenst des Kommunismus um. In Großbritannien allerdings wurde es, jedenfalls von der Mittelklasse, weniger gefürchtet als das Gespenst des wirtschaftlichen Zusammenbruchs.

4. Die menschlichen Auswirkungen der Industriellen Revolution 1750–1850[1]

Das grundlegende Werkzeug der Industriellen Revolution war die Arithmetik, und ihre Urheber sahen sie als eine Reihe von Additions- und Subtraktionsergebnissen an: als Ermittlung der Unterschiede zwischen den Einkaufspreisen auf dem billigsten Markt und den Verkaufspreisen auf dem teuersten, zwischen Herstellungskosten und Verkaufspreis, zwischen Kapitalanlage und Gewinn. Für Jeremy Bentham und seine Anhänger, die konsequentesten Verfechter dieser Art von Rationalität, waren sogar Moral und Politik Gegenstände von Berechnungen. Thema der Politik war das allgemeine Glück. Die Freude eines jeden Menschen konnte (zumindest in der Theorie) in Kategorien der Quantität ausgedrückt werden, ebenso sein Schmerz. Diejenige Regierung galt als die beste, die das größte Glück für die größte Zahl garantierte. Die Buchhaltung über die Menschlichkeit würde wie die eines Geschäfts Soll und Haben aufweisen.[2]

Die Diskussion über die menschlichen Auswirkungen der Industriellen Revolution hat sich von dieser primitiven Einstellung noch nicht ganz frei gemacht. Noch immer neigen wir dazu, uns zu fragen: hat sie bewirkt, daß es den Menschen besser oder daß es ihnen schlechter ging, und wenn, um wieviel? Genauer gesagt: wir fragen uns, welche Menge an Kaufkraft oder Waren und Dienstleistungen usw., die für Geld erhältlich sind, sie wie vielen Individuen hat zugute kommen lassen; wobei wir voraussetzen, daß die Frau, die eine Waschmaschine hat, bessergestellt ist als die ohne eine solche (was vernünftig ist), aber

1 Siehe Weitere Literatur, besonders 4 (E. P. Thompson, F. Engels, N. Smelser), Anm. 1, Kapitel 2 (K. Polanyi). Über die Diskussion zum »Lebensstandard« vgl. auch E. J. Hobsbawm, *Labouring Men*, 1964, Phyllis Deane, *The First Industrial Revolution*, 1965. Vgl. über Arbeiterbewegungen Cole und Postgate (Weitere Literatur 2), A. Briggs (Hrsg.), *Chartist Studies*, 1959. Über soziale Bedingungen E. Chadwick, *Report on the Sanitary Conditions of the Labouring Population*, hrsg. von M. W. Flinn, 1965, A. Briggs, *Victorian Cities*, 1963. Siehe auch die Tabellen im Anhang.

2 Es ist für unseren Zweck ohne Belang, daß der tatsächliche Versuch, Benthams »Glücksberechnung« (»felicific calculus«) anzuwenden, mathematische Fertigkeiten voraussetzt, die dem einfachen Rechnen weit voraus sind.

auch, (a) daß privates Glück aus einer Anhäufung von Gebrauchsartikeln besteht und (b) daß das nationale Glück aus der größten derartigen Anhäufung durch die größte Zahl von Individuen besteht (was nicht der Fall ist). Solche Fragen sind wichtig, aber auch irreführend. Ob die Industrielle Revolution den meisten Briten absolut oder relativ mehr und bessere Nahrung, Kleidung und Wohnung verschaffte, ist selbstverständlich für jeden Historiker von Interesse. Doch er geht am Kern der Sache vorbei, wenn er vergißt, daß sie nicht einfach ein Additions- und Subtraktionsvorgang war, sondern *eine fundamentale soziale Umwandlung*. Sie veränderte das Leben der Menschen so sehr, daß es nicht wiederzuerkennen war; oder, um genau zu sein, sie zerstörte in ihren Anfangsstadien ihre alte Lebensweise und überließ es dann ihnen, eine neue für sich zu entdecken oder zu schaffen, wenn sie es konnten und wußten, wie das zu machen war. Aber sie ließ nicht erkennen, wie sie das anfangen sollten.

Daß die Industrielle Revolution Erleichterungen brachte und daß sie die Gesellschaft veränderte, hängt tatsächlich miteinander zusammen. Diejenigen sozialen Schichten, deren Lebensform am wenigsten verändert wurde, waren normalerweise auch die, die am offensichtlichsten materiellen Nutzen aus ihr zogen (und umgekehrt); ihr Versagen, das zu begreifen, was die übrigen bedrängte, oder irgend etwas Wirksames dagegen zu unternehmen, hatte seinen Grund nicht nur in materieller, sondern auch in moralischer Sattheit. Niemand ist selbstzufriedener als ein gutsituierter oder erfolgreicher Mensch, der sich nicht zuletzt deshalb wohl fühlt, weil die Welt für ihn und seinesgleichen geschaffen zu sein scheint.

So wurde der hohe und niedere Adel Großbritanniens von der Industrialisierung kaum berührt, es sei denn zu seinem Vorteil. Seine Pachteinnahmen wuchsen mit der Nachfrage nach landwirtschaftlichen Erzeugnissen, mit der Ausdehnung der Städte (deren Grund und Boden ihnen gehörte) und der Bergwerke, der Hüttenbetriebe und Eisenbahnen (die sich auf ihren Gütern befanden). Und selbst als die Zeiten für die Landwirtschaft schlecht waren, wie zwischen 1815 und den 1830er Jahren, verarmten die Adligen nicht; ihre Vorherrschaft blieb unangetastet, ihre politische Macht auf dem Lande und selbst innerhalb der Nation wurde nie ernstlich gestört, obgleich sie seit den dreißiger Jahren die Gefühle einer mächtigen, militanten provinziellen Mittelklasse von Geschäftsleuten in Rechnung zu stellen hatten. Es ist sehr wohl möglich, daß nach 1830 Wolken am Horizont aufzogen, doch sie schienen nur deshalb größer und dunkler, als sie in Wirklichkeit waren, weil die ersten fünfzig Jahre der Industrialisierung eine goldene Zeit für den landbesitzenden, adligen Briten gewesen waren. War das 18. Jahrhundert für die Aristokratie ein herrliches Zeitalter, so war die Ära Georgs IV. (als Regent und als König) das Paradies. Ihre Jagdhundmeuten (die heute übliche Fuchsjagdkleidung kann ihre Herkunft aus der Regentschaftszeit Georgs IV. nicht verleugnen) zogen kreuz und quer durch die Grafschaften. Mit ihren Fasanen, die mit Selbstschüssen und Jagdhütern vor all denjenigen geschützt wurden, die nicht die einhundert Pfund Pachtsumme im Jahr aufbringen konnten, gingen sie auf *Treibjagd.* Ihre Renaissance- und klassizistischen Landhäuser waren zahlreicher als je zuvor oder danach (ausgenommen die Zeit Elisabeths I.). Da ihre Wirtschaftsführung, im Gegensatz zu ihrem gesellschaftlichen Stil, den Geschäftsmethoden der Mittelklasse bereits angepaßt war, gab ihnen das Zeitalter der Dampfkraft und der Kontore kein großes Anpassungsproblem auf, außer wenn es sich um rückständige niedere Landjunker handelte oder wenn ihre Einkünfte aus Irland kamen, dessen Landwirtschaft ein grausames Zerrbild darbot. Sie brauchten nicht aufzuhören, feudal zu sein; denn sie waren es längst nicht mehr.

Ebenso friedlich und wohlhabend lebten die zahlreichen Parasiten des Landadels – jene ländliche und kleinstädtische Welt seiner Funktionäre und Lieferanten sowie die traditionellen, schläfrigen, korrupten und mit dem Voranschreiten der Industriellen Revolution immer reaktionärer werdenden Angehörigen der höheren Berufe. Die Kirche und die Universitäten schlummerten weiter, eingebettet in ihre Einkünfte, ihre Privilegien und Mißbräuche und in ihre Verbindungen zum Hochadel; ihre Korruption wurde in der Theorie sehr viel konsequenter als in der Praxis kritisiert. Die Juristen und diejenigen, die man als Beamte bezeichnen könnte, hatten sich in keiner Weise gebessert. Das *ancien régime* erreichte noch einmal einen Höhepunkt während des Jahrzehnts nach den Napoleonischen Kriegen. Danach entstand einige Unruhe auf der stillen Oberfläche des umfriedeten Domhofs, des College, der mittelalterlichen Gerichtsinnungen und so fort. Seit den 1830er Jahren wandelten auch diese sich, obgleich gemächlich (wenn man von den wilden und bösen, aber nicht eben wirksamen Angriffen von Außenseitern absieht, für die die Romane von Charles Dickens das bekannteste Beispiel sind). Doch die achtbare viktorianische Geistlichkeit von Trollopes Barchester, obschon weit entfernt von den Pfarrern und Friedensrichtern der Regentschaftszeit, wie Karikaturen sie zeigen, beruhte auf sorgfältig bemessener Anpassung, nicht auf einem Bruch. Niemand ging mit den Empfindungen von Webern und Landarbeitern so zartfühlend um wie mit denen von Pfarrern und Universitätsdozenten, wenn es galt, sie an eine neue Lebensform zu gewöhnen.

Eine wichtige Folge solcher Kontinuität – teils Widerspiegelung der etablierten Macht der alten Oberschicht, teils bewußte Abneigung, die politischen Spannungen zwischen den Leuten mit Geld und Einfluß weiter zu verschärfen – war die, daß die aufsteigenden Schichten der Geschäftswelt einen festen Lebensrahmen vorfanden. Erfolg verursacht keine Unsicherheit, solange er einen in die Oberschicht aufsteigen macht. Man avancierte zum »Gentleman«, legte sich ein Landhaus zu, ja vielleicht wurde man irgendwann Ritter oder Peer, eroberte einen Parlamentssitz für sich selbst oder für den in Oxford oder Cambridge erzogenen Sohn und eine klare und eindeutige Rolle in der Gesellschaft. Die zur »Lady« aufgestiegene Ehefrau wurde in ihren neuen Pflichten durch eine Vielzahl redseliger, arroganter Handbücher unterwiesen. Die Geschäftsleute älteren Schlages hatten aus diesem Assimilierungsprozeß lange Zeit Nutzen gezogen, vor allem der Großkaufmann und der Finanzmann – insbesondere der am Überseehandel beteiligte Kaufmann; er blieb auch dann der angesehenste und wichtigste Unternehmer, als Spinnereien, Fabriken und Schmelzhütten längst den Himmel Nordenglands mit Rauch und Dampf verhüllten. Auch für ihn brachte die Industrielle Revolution keine größeren Veränderungen, außer vielleicht in bezug auf die Waren, die er kaufte und verkaufte; sie fügte sich ja wirklich in den florierenden weltweiten Handel ein, der die Machtgrundlage Großbritanniens im 18. Jahrhundert war. Der wirtschaftliche Tätigkeitsbereich und die gesellschaftliche Stellung von Kaufleuten und Bankiers, auf welcher Sprosse der Erfolgsleiter sie sich auch befinden mochten, waren allgemein bekannt. Als die Industrielle Revolution einsetzte, hatten die Nachkommen von Abel Smith, dem Bankier aus Nottingham, sich bereits auf Landsitzen etabliert, saßen im Parlament und verheirateten sich mit dem Landadel (obgleich noch nicht, wie später, mit dem Königshaus). Die Familie Glyn war von einer Drogerie in Hatton Garden aus in eine wichtige gesellschaftliche Position aufgerückt; die Familie Baring hatte ihre Kleiderfabrik im West Country derart erweitert, daß sie eine bedeutende Machtstellung im internationalen Handel und Bankwesen einnahm. Erhebungen zu Peers waren an der Tagesordnung oder jedenfalls keine Träume mehr. Nichts war selbstverständlicher, als daß Geschäftsleute – wie Robert Peel sen., der Baumwollfabrikant – den Berg aus Reichtum und öffentlichem Ansehen erklommen, auf dessen Gipfel ein Regierungsamt oder gar (wie für Peels Sohn und den Sohn von Gladstone, dem Liverpooler Kaufmann) der Posten des Premierministers winkte. Die sogenannte »Peeliten«-Gruppe im Parlament repräsentierte im zweiten Drittel des 19. Jahrhunderts tatsächlich diese Kaufmannsfamilien, die sich der landbesitzenden Oligarchie angeglichen hatten, obschon es nach wie vor zu Konflikten kam, sobald die wirtschaftlichen Interessen von Landbesitz und Geschäftswelt zusammenstießen.

Die Aufnahme in eine aristokratische Oligarchie ist indes – per definitionem – nur einer Minderheit möglich, in diesem Fall den ganz Reichen oder denen, deren Geschäftsbereich durch Tradition Ansehen genoß.[3] Die vielen Männer, die aus bescheidenen, wenn auch selten aus ärmlichen Verhältnissen zu wirtschaftlichem Wohlstand aufstiegen, und diejenigen, die sich aus der Arbeiterschaft in die Mittelklasse empordrängten, waren zu zahlreich, als daß die Oligarchie sie hätte aufnehmen können; und in den Frühstadien ihrer Laufbahn waren sie auch nicht auf eine solche Aufnahme bedacht (obwohl ihre Frauen dem oft weniger gleichgültig gegenüberstehen mochten). Sie betrachteten sich immer mehr – und nach 1830 ganz allgemein – als »Mittelklasse«, nicht nur als »mittlerer Rang« innerhalb der Gesellschaft. Sie beanspruchten Rechte und Macht für sich. Zu-

3 Wie das z. B. beim Einzelhandel und gewissen Industriezweigen nicht der Fall war.

dem besaßen sie – besonders dann, wenn sie wie so oft aus einer nicht-anglikanischen Familie und aus Gegenden ohne feste aristokratische Traditionen kamen – keine emotionalen Bindungen an das *ancien régime*. So jedenfalls waren die Träger der »Anti-Corn-Law League« beschaffen, fest verwurzelt in der neuen Geschäftswelt von Manchester: Henry Ashworth, John Bright aus Rochdale (beide Quäker), Potter vom *Manchester Guardian*, die Gregs, der Bibelchrist und Exbaumwollfabrikant Brotherton, der Stärke- und Klebstoffabrikant George Wilson, und Cobden selbst, der rasch seine nicht sonderlich glanzvolle Karriere im Kattunhandel mit der Rolle des Ideologen vertauschte.

Obwohl die Industrielle Revolution ihr Leben – und vielleicht auch das ihrer Eltern – grundlegend wandelte, indem sie sie in neue Städte setzte und ihnen und der Nation neue Probleme stellte, brachte sie es nicht durcheinander. Die einfachen Maximen der utilitaristischen Philosophie und der liberalen Wirtschaftslehre, häufig reduziert auf die Slogans der Journalisten und Propagandisten, stattete sie mit dem nötigen intellektuellen Rüstzeug aus, und wo das nicht ausreichte, taten die traditionelle Moral – protestantischen oder anderen Ursprungs – des strebsamen und ehrgeizigen Unternehmers, Sparsamkeit, harte Arbeit und Sittenpuritanismus ein übriges. Aberglaube und Korruption – Festungen adligen Vorrechts, die immer noch zu schleifen waren, damit die freie Wirtschaft sich entfalten konnte – hinderten sie daran, die Ungewißheiten und Probleme zu sehen, die jenseits ihrer Mauern warteten. Vor den 1830er Jahren waren sie kaum je der Frage begegnet, was mit mehr Geld anzufangen sei, als für ein behagliches Auskommen ausgegeben oder zum Zweck einer Geschäftsausweitung angelegt werden konnte. Das Ideal einer individualistischen Gesellschaft – mit der Familie als Grundeinheit, die ihre materiellen und sittlichen Bedürfnisse auf der Basis eines privaten Geschäfts befriedigt – entsprach ihnen, da sie Leute waren, die keine Traditionen mehr brauchten. Sie waren aus eigener Anstrengung emporgestiegen. In gewissem Sinn waren sie sich selbst Belohnung genug, und wenn das nicht hinreichte, so blieben immer noch das Geld, das bequeme Haus, das immer mehr vom Rauch der Fabrik und dem Kontor fortrückte, die treu ergebene und bescheidene Ehefrau, die Familie, die Vergnügung des Reisens,

Kunst, Wissenschaft und Literatur. Sie hatten Erfolg und genossen Ansehen. »Verleumdet die Mittelklassen, so viel ihr mögt«, sagte der Agitator der »Anti-Corn-Law League« zu einem feindlich eingestellten Publikum von Chartisten, »nicht ein einziger ist unter euch, der, wenn er auch nur einen halben Penny die Woche taugt, nicht begierig darauf wäre, selbst in sie aufzusteigen!«[4] Nur der Schatten des Bankrotts oder der Verschuldung lag wie ein Alptraum über ihrem Leben, und wir können ihn noch in den Romanen jener Zeit erkennen: die Täuschung durch einen unzuverlässigen Geschäftspartner, die geschäftliche Krise, der Verlust mittelständischen Komforts, die Frauen erniedrigt zu vornehmer Armut, vielleicht gar Auswanderung in die Kolonien, jenes Auffangbecken für die Unerwünschten und Erfolglosen.

Die erfolgreiche Mittelklasse und diejenigen, die es ihr gleich zu tun suchten, waren zufrieden. Nicht so die Arbeiterschaft, deren traditionelle Lebensweise die Industrielle Revolution zerstörte, ohne zunächst etwas Vernünftiges an ihre Stelle zu setzen. Dieser Bruch ist das entscheidende Element der sozialen Auswirkungen der Industrialisierung.

Arbeit in einer Industriegesellschaft unterscheidet sich in vieler Hinsicht stark von vorindustrieller Arbeit. Erstens ist sie überwiegend die Arbeit von »Proletariern«, die neben ihrem Lohn keine nennenswerte Einnahmequelle haben. Vorindustrielle Arbeit ist weitgehend die von Familien mit eigenen Bauernhöfen, Handwerksbetrieben usw. oder von solchen, deren Lohneinkünfte teilweise die unmittelbare Verfügung über die Produktionsmittel ergänzen oder von ihr ergänzt werden. Zudem ist der Proletarier, dessen einzige Verbindung mit seinem Arbeitgeber ein »Barzahlungsnexus« ist, von dem »Diener« oder vorindustriellen Abhängigen zu unterscheiden, der eine umfassendere menschliche und gesellschaftliche Beziehung zu seinem »Herrn« besaß, mit Pflichten auf beiden Seiten, obschon sehr ungleichen. Die Industrielle Revolution setzte an die Stelle des Dieners und Mannes den »Fabrikarbeiter« und die »Arbeitskraft«,, ausgenommen natürlich die (meistens weiblichen) Hausdiener, deren Zahl sie zugunsten der wachsenden Mittelklasse vervielfachte; denn die sicherste Art, sich von den Ar-

4 N. McCord, *The Anti-Corn-Law League*, 1958, S. 57–58.

beitern zu unterscheiden, war die, selbst jemanden zu beschäftigen.[5]

Zweitens bedeutet die Industriearbeit – und besonders mechanisierte Fabrikarbeit – Regelmäßigkeit, Routine und Eintönigkeit, die völlig verschieden von den vorindustriellen Arbeitsrhythmen sind. Diese hingen ab vom Wechsel der Jahreszeiten oder vom Wetter, von der Vielseitigkeit der von der rationalen Arbeitsteilung noch unberührten Tätigkeiten, von den Launen anderer Menschen oder von Tieren oder gar von dem allen Menschen eigenen Wunsch zu spielen statt zu arbeiten. Das war der Fall selbst in der vorindustriellen Lohnfacharbeit, z. B. der Handwerksgesellen, deren unausrottbare Gewohnheit, die Arbeitswoche erst am Dienstag (»Saint Monday«) zu beginnen, ihre Meister zur Verzweiflung brachte. Industrie bringt die Tyrannei der Uhr mit sich, die das Tempo bestimmende Maschine und das komplexe, zeitlich genau aufeinander abgestimmte Ineinandergreifen der Arbeitsgänge: das Bemessen des Lebens nicht nach Jahreszeiten (»Michaelizeit« oder »Fastenzeit«) oder wenigstens nach Wochen und Tagen, sondern nach Minuten, und vor allem eine mechanische *Regelmäßigkeit* der Arbeit, die allen Neigungen menschlicher Existenz widerstreitet. Und da die Menschen nicht spontan an diesen neuen Bräuchen Gefallen fanden, wurden sie gezwungen – durch Arbeitsdisziplin und Geldstrafen, durch Herr-und-Diener-Gesetze wie die von 1823, die sie mit Gefängnis für Vertragsbrüchigkeit bedrohten (ihre Herren aber nur mit Geldbußen), und durch niedrige Löhne, so daß nur unablässige Schwerarbeit sie das Existenzminimum verdienen ließ, ohne Geld zu haben für etwas, das sie länger von der Arbeit hätte fernhalten können, als zum Essen, Schlafen und – da es sich ja um ein christliches Land handelte – zum Beten am Sonntag nötig war.

Drittens wurde im Industriezeitalter die Arbeit mehr und mehr in der Umgebung der Großstädte getan; und das, obwohl diese altmodischste der industriellen Revolutionen sich großenteils in den industrialisierten Dörfern entfaltete. 1750 hatte es nur

5 Gewisse Kategorien von Arbeitern waren jedoch nicht ganz auf den einfachen »Barzahlungsnexus« herabgewürdigt, z. B. die »Eisenbahndiener« (»railway servants«), die mit Disziplin und Rechtlosigkeit ungewöhnlich große Sicherheit, die Möglichkeit der Beförderung und sogar Ruhestandsversorgung erkauften.

zwei Städte mit mehr als 50 000 Einwohnern in Großbritannien gegeben: London und Edinburgh; 1801 waren es bereits acht, 1851 neunundzwanzig, darunter neun mit mehr als 100 000 Einwohnern. Zu dieser Zeit wohnten bereits mehr Briten in Städten als auf dem Land, und fast ein Drittel aller Briten lebte in Städten mit mehr als 50 000 Einwohnern. Und was für Städte das waren! Nicht nur waren sie voller Rauch und Schmutz, nicht nur konnten die fundamentalen öffentlichen Dienste wie Wasserversorgung, sanitäre Einrichtungen, Straßenreinigung, Bereitstellung von offenen Flächen usw. mit der Masseneinwanderung in die Städte nicht Schritt halten und begünstigten so, insbesondere nach 1830, die Ausbreitung von Seuchen (Cholera und Typhus), eine erschreckende Kontinuität von Schwerverbrechen, die Verschmutzung von Luft und Wasser oder Erkrankungen der Atmungsorgane und des Darms. Die neuen Stadtbewohner, die in vielen Fällen städtisches Leben nicht gewohnt waren (wie die Iren), wurden in überfüllte und kahle Slums gedrängt. »Die Zivilisation schafft sich ihre eigenen Wunder«, schrieb der große französische Liberale de Tocqueville über Manchester, »und der zivilisierte Mensch ist fast wieder zum Wilden geworden.«[6] Hinzu kam die kalte und planlose Aktivität derjenigen, die diese Städte allein unter den Gesichtspunkten der Brauchbarkeit und des Geldgewinns konzipierten und die Charles Dickens in seiner berühmten Beschreibung von »Coketown« beschrieb; da wurden zwar endlose Reihen von Häusern und Lagerschuppen, Holperstraßen und Kanälen, aber weder Brunnen noch öffentliche Plätze, weder Promenaden noch Bäume, oft nicht einmal Kirchen errichtet. (Die Gesellschaft, die die neue Eisenbahnstadt Crewe erbaute, erlaubte deren Bewohnern gnädigerweise, einen runden Lokomotivschuppen für Gottesdienste zu benutzen.) Erst nach 1848 erhielten die Städte mehr solcher öffentlichen Einrichtungen. Das Leben des armen Mannes außerhalb der Arbeitszeit spielte sich zwischen Hütten oder Mietshäusern, den billigen, rasch errichteten Kneipen und den ebenso billigen und rasch errichteten Gotteshäusern ab, den einzigen Zeugen dafür, daß der Mensch sich nicht damit begnügt, vom Brot allein zu leben.

Darüber hinaus aber zerstörte die Stadt die Gesellschaft. »In

6 A. de Tocqueville, *Journeys to England and Ireland*, hrsg. von J. P. Mayer, 1958, S. 107–8.

keiner Stadt der Welt ist der Abstand zwischen Reichen und Armen so groß und die Grenze zwischen beiden so schwer zu überschreiten«, schrieb ein Geistlicher über Manchester. »Es gibt weit weniger *persönlichen* Kontakt zwischen dem Leiter einer Baumwollspinnerei und seinen Arbeitern, dem Baumwolldrucker und seinen blauhändigen Burschen, dem Schneidermeister und seinen Lehrlingen, als zwischen dem Herzog von Wellington und dem untersten Arbeiter auf seinen Ländereien.«[7] Die Großstadt war ein Vulkan, auf dessen Donnergrollen die Reichen und Mächtigen angstvoll lauschten und dessen Ausbrüche sie fürchteten. Ihre armen Bewohner jedoch erinnerte sie nicht nur beständig daran, daß sie aus der menschlichen Gesellschaft ausgeschlossen waren; für sie war sie eine steinerne Wüste, die sie aus eigener Kraft bewohnbar machen mußten.

Viertens lieferte die vorindustrielle Erfahrung, Tradition, Intelligenz und Moral keine adäquate Verhaltensanleitung in einer kapitalistischen Wirtschaft. Der vorindustrielle Arbeiter reagierte auf materielle Anreize mit dem Wunsch, so viel zu verdienen, daß er in den Genuß dessen kam, was als ein behagliches Leben galt – unter sozialen Bedingungen, in die es Gott gefallen hatte, ihn zu berufen; aber selbst seine Vorstellungen vom behaglichen Leben waren durch die Vergangenheit geprägt und begrenzt von dem, was für einen Menschen seines oder vielleicht noch für einen des nächsthöheren Ranges »paßte«. Wenn er mehr als den Hungerlohn, den er für ausreichend hielt, verdiente, so mochte er sich damit – wie die irischen Einwanderer, an denen die bourgeoise Vernunft verzweifelte – an freier Zeit, an geselligen Zusammenkünften und an Alkohol schadlos halten. Seine Unkenntnis, wie in einer Großstadt zu leben oder Industrienahrung zu essen sei (die so völlig anders als die des Dorfes war), konnte seine Armut tatsächlich schlimmer machen, als »nötig gewesen wäre«; d. h. wenn er ein anderer gewesen wäre, als er zwangsläufig war. Dieser Widerstreit zwischen der »moralischen Wirtschaftsweise« der Vergangenheit und der Wirtschaftsrationalität der kapitalistischen Gegenwart trat im Bereich der sozialen Sicherheit schroff hervor. Die herkömmliche Ansicht, die immer noch, obschon entstellt, in allen Schichten der Landbevölkerung

7 Canon Parkinson, zitiert bei A. Briggs, *Victorian Cities*, S. 110–11.

und in den internen Gruppenbeziehungen der Arbeiterklasse galt, war die, daß ein Mensch das Recht habe, seinen Lebensunterhalt zu verdienen, und wenn er dazu nicht fähig war, einen Anspruch besitze, von der Gemeinschaft, in der er lebte, unterstützt zu werden. Die Meinung der mittelständischen liberalen Ökonomen war die, daß alle Leute die Arbeit akzeptieren müßten, die der Markt anbot, wo und gegen welche Bezahlung er sie anbot, und daß jeder vernünftig Handelnde durch seine persönlichen oder durch freiwillige kollektive Sparmaßnahmen und Versicherung für Unfall, Krankheit und Alter Vorsorge treffen würde. Der Restbestand von Paupers konnte zwar nicht dem Hungertod ausgesetzt werden, aber man sollte ihnen nicht mehr als das absolute Minimum zukommen lassen – vorausgesetzt, daß es weniger war als der niedrigste Lohn, der geboten wurde – und unter den entmutigendsten Bedingungen. Die Armengesetze (»Poor Law«) dienten weniger dazu, den Unglücklichen zu helfen, als vielmehr dazu, die sich selbst schuldig bekennenden Versager der Gesellschaft zu brandmarken. Die mittelständische These über die Arbeiterhilfsvereine (»Friendly Societies«) war, daß sie vernünftige Formen der Versicherung seien. Sie stand darin in völligem Widerspruch zur Ansicht der Arbeiterklasse, die sie buchstäblich als Gemeinschaft von Freunden ansah und die selbstverständlich ihr Geld auch für gesellige Zusammenkünfte, Feste und die »unnützen« Maskenkostüme und Zeremonielle ausgab, denen die »Oddfellows«, »Foresters« und die anderen »Orden«, die in der Zeit nach 1815 überall in Nordengland plötzlich aufkamen, sehr zugetan waren. Die aufwendigen Begräbnisse und Totenwachen, an denen die Arbeiter festhielten, um den Toten den traditionellen Tribut zu zollen und sich untereinander zu versichern, noch am Leben zu sein, blieben einer Mittelklasse unverständlich, die nur feststellte, daß diejenigen, die an diesen Einrichtungen hingen, oft nicht dafür bezahlen konnten. Dennoch war die erste Beihilfe, die eine Ortsgewerkschaft oder ein Arbeiterhilfsverein zahlte, fast immer die für ein Begräbnis.

Soweit soziale Vorsorge sich allein auf die Anstrengungen der Arbeiter gründete, war sie nach mittelständischem Maßstab ökonomisch unzulänglich; soweit sie auf die Herrschenden angewiesen war, die die geringe öffentliche Unterstützung festsetzten, diente sie mehr der Demütigung und Unterdrückung als der materiellen Hilfe. Es hat kaum jemals unmenschlichere Gesetze gegeben als das Armengesetz von 1834, welches jedwede Hilfe »weniger erstrebenswert« machte als den niedrigsten Lohn, sie auf das gefängnisartige Armenhaus (»work house«) beschränkte, dabei Männer, Frauen und Kinder zwang, sich voneinander zu trennen, die Armen für ihr Elend bestrafte und sie von der gefährlichen Versuchung abzuhalten suchte, noch weitere Paupers zu zeugen. Dieses Armengesetz konnte niemals vollständig angewandt werden. Denn wo die Armen stark waren, widersetzten sie sich ihm, und mit der Zeit verlor es etwas von seinem Strafcharakter. Dennoch blieb es bis zum Vorabend des Ersten Weltkrieges die Grundlage der englischen Armenhilfe. Charlie Chaplins Kindheitserfahrungen zeigen, daß es auch damals nicht viel anders zuging als zu der Zeit, da Dickens in seinem *Oliver Twist* die Abscheu der Bevölkerung vor diesem Gesetz formuliert hatte.[8] In den 1830er Jahren, ja bis in die fünfziger Jahre hinein waren zehn Prozent der englischen Bevölkerung Paupers.

Bis zu einem gewissen Grad – wie bei dem Kaufmann oder Industriellen der georgianischen Zeit – war die Erfahrung der Vergangenheit nicht so belanglos, wie sie es in einem Land hätte sein können, in dem der Übergang vom nichtindustriellen zum modernen Industriezeitalter radikaler und unmittelbarer stattfand, und wie es in Irland oder im schottischen Hochland tatsächlich der Fall war. Das halbindustrielle Großbritannien des 17. und 18. Jahrhunderts bereitete das Industriezeitalter des 19. Jahrhunderts gewissermaßen vor und nahm es vorweg. So war die grundlegende Einrichtung zur Selbstverteidigung der Arbeiterklasse, die *trade union*, im 18. Jahrhundert bereits im Entstehen begriffen, teils in der unsystematischen, aber nicht unwirksamen Form von terminierten »Tarifverhandlungen mittels Aufruhr« (wie bei den Seeleuten, Bergarbeitern, Webern und Rahmenstrickern), teils in der festeren Form von Handwerksvereinen für gelernte Gesellen, manchmal mit lockeren Verbindungen übers ganze Land, da es üblich war, arbeitslosen Berufsgenossen beizustehen, wenn sie auf der Suche nach Arbeit umherzogen.

8 Die schottischen Armengesetze waren ein wenig anders. Siehe 15. Kapitel.

Die Masse der britischen Arbeiter hatte sich in einem sehr realen Sinn an die sich verändernde, in der Industrialisierung begriffene, obwohl noch nicht revolutionierte Gesellschaft angepaßt. In einigen Berufen, deren Bedingungen sich bis dahin nicht grundlegend geändert hatten – Bergarbeiter und Seeleute –, galten die alten Traditionen nach wie vor. Eine wichtige Gruppe hatte Industrie, Naturwissenschaft und Fortschritt (obwohl nicht den Kapitalismus) akzeptiert, ja willkommen geheißen: die Handwerker oder Mechaniker, Leute, die fachliches Geschick, Sachkenntnis und Unabhängigkeit besaßen, die ausgebildet waren und keinen großen Unterschied sahen zwischen sich selbst und jenen sozial Gleichgestellten, die lieber Unternehmer wurden oder selbständige Bauern oder kleine Ladeninhaber blieben – also die Mehrzahl derer, bei denen sich die Grenzen zwischen Arbeiter- und Mittelklassen überschnitten.[9] Diese Handwerker waren die natürlichen Anführer in Fragen der Ideologie und der Organisation der Arbeiterschaft, die Sprecher des Radikalismus (und später der frühen owenitischen Formen des Sozialismus), der Diskussion und einer neuen Bildungspolitik in Handwerkerinstituten, naturwissenschaftlichen Instituten und einer Anzahl von Clubs, Vereinen, freidenkerischen Druckereien und Verlagen, kurz: der Kern der Gewerkschaften, der Jakobiner-, Chartisten- und anderen fortschrittlichen Bewegungen. Die Aufstände der Landarbeiter wurden unterstützt von Dorfschustern und Maurern. In den Städten sorgten bis zum Niedergang des Chartismus kleine Gruppen von Handwebern, Druckern, Schneidern und kleine Geschäftsleute und Ladeninhaber für die Kontinuität der politischen Führung auf der Linken. Dem Kapitalismus standen sie feindselig gegenüber. Sie vermochten großartig, Ideologien zu entwickeln, die nicht einfach zu einer idealisierten Tradition zurückzukehren suchten, sondern eine gerechte Gesellschaft

9 Die Familie von Harold Wilson, dem britischen Premierminister seit 1964, ist fast ein Lehrbuchbeispiel für diese Schicht. Die acht Generationen väterlicherseits weisen in ihrer Reihenfolge auf: Kleinbauer, Bauer, Schuhmacher und Landwirt, Armenhausvorsteher, Lagerhausverkäufer, Tuchhändler, Fabrikchemiker. Diese Linie verheiratete sich im 19. Jahrhundert in einer Generation mit Webern und Spinnern, in einer weiteren mit einem Baumwollgarnfabrikanten, einem Eisenbahnheizer, einem Eisenbahnmaschinenschlosser und in einer dritten mit einem Eisenbahnbüroangestellten und einem Schullehrer (*Sunday Times*, 7. März 1965).

planten, die auch technisch fortschrittlich sein sollte. Vor allem vertraten sie die Ideale von Freiheit und Unabhängigkeit zu einer Zeit, da sich alles verschworen hatte, die Arbeiter zu diskriminieren.

Doch auch das waren nur vorübergehende Lösungen für das Problem der Arbeiter. Durch die Industrialisierung stieg die Zahl der Handweber und Rahmenstricker bis zum Ende der Napoleonischen Kriege um ein Mehrfaches an. Danach wurden sie, ebenfalls durch die Industrialisierung, langsam zugrunde gerichtet: Gemeinschaften, die fähig gewesen waren, miteinander zu handeln und zu denken, wie die Leinenweber von Dunfermline, brachen durch Demoralisierung, Verelendung und Auswanderung in den 1830er Jahren auseinander. Gelernte Handwerker wurden zu unterbezahlten Heimarbeitern, wie im Möbelgewerbe von London, und selbst wenn sie die wirtschaftlichen Erschütterungen der 1830er und 40er Jahre überstanden hatten, so war doch nicht mehr zu erwarten, daß sie je wieder ihre gesellschaftliche Bedeutung innerhalb einer Wirtschaft erlangen würden, in der die Fabrik nicht mehr eine regionale Ausnahme, sondern die Regel war. Vorindustrielle Traditionen konnten sich nicht halten in einer zwangsläufig immer umfassender werdenden Industriegesellschaft. In Lancashire können wir beobachten, wie die alten Bräuche, Feiertage zu verbringen – das Schmücken der Kirchen mit Blumen und Binsen zum Kirchweihfest, die Ringkämpfe, Hahnenkämpfe und Stierhetze – nach 1840 aussterben; und in den vierziger Jahren ging auch jene Zeit zu Ende, in der das Volkslied das hauptsächliche musikalische Ausdrucksmittel der Industriearbeiter gewesen war. Die großen sozialen Bewegungen dieser Zeit – vom Luddismus bis zum Chartismus – zerfielen: sie hatten sich gespeist aus den extrem harten Wirtschaftsbedingungen jener Zeit und aus vitalen älteren Aktionsmethoden der Armen. Es sollte weitere vierzig Jahre dauern, bis die britische Arbeiterklasse neue Arten zu kämpfen entwickelte.

Dies also waren die qualitativen Belastungen, unter denen die Arbeiterschaft der ersten industriellen Generationen zu leiden hatte. Ihnen müssen wir noch die quantitativen hinzufügen: die materielle Armut. Ob sie tatsächlich zunahm oder nicht, ist bei den Historikern heftig umstritten; aber die bloße Tatsache, daß diese Frage gestellt werden kann, weist bereits auf eine düstere an dem außergewöhnlichen Druck, dem die Konsumgewohnheiten der Arbeiter in der Frühphase der Industrialisierung ausgesetzt waren. Industrialismus bedeutet, daß eine relative Ableitung des Volkseinkommens fort vom Konsum und hin zur Investition stattfindet, also: Schmelzhütten als Ersatz für Beefsteaks. In einer kapitalistischen Gesellschaft geschieht dies so, daß das Einkommen von Schichten, die nicht investieren, wie Bauern und Arbeiter, zu denen hingeleitet wird, die potentiell investieren, namentlich den Gutsbesitzern und Geschäftsleuten, kurz: von den Armen zu den Reichen. In Großbritannien hat es generell niemals Kapitalmangel gegeben, wenn man berücksichtigt, daß das Land reich war und die industriellen Verfahren zu Anfang relativ geringe Kosten verursachten; doch ein großer Teil der Leute, die von dieser Ableitung des Einkommens profitierten – unter ihnen vor allem die Reichsten – investierten ihr Geld nicht direkt in die industrielle Entwicklung, oder sie verschwendeten es und zwangen so die kleineren Unternehmer, den Druck auf die Arbeiter weiter zu verstärken. Außerdem hing die Wirtschaft in ihrer Entwicklung nicht von der Kaufkraft ihrer arbeitenden Be-

10 In solchen Zeiten werden sogar die großen Bereiche bestehender Armut leicht vergessen und müssen erst wiederentdeckt werden (wenigstens von denen, die selbst nicht arm sind), wie es in den 1880er Jahren geschah, als die ersten Sozialgutachten sie der überraschten Mittelklasse offenbarten. Eine ähnliche Wiederentdeckung fand zu Beginn und um die Mitte der sechziger Jahre des 20. Jahrhunderts statt.

Städte und der Bevölkerung Schritt zu halten, und manchmal war es eindeutig, daß das nicht geschah. So blieb z. B. die Fleischlieferung für London von 1800 bis in die 1840er Jahre hinein hinter dem Bevölkerungszuwachs der Stadt zurück. Endlich besteht kein Zweifel daran, daß sich die Lebensbedingungen bestimmter Bevölkerungsschichten verschlechterten: der Landarbeiter (1851 etwa eine Million arbeitender Männer), auf alle Fälle in Süd- und Ostengland, und der Kleinbauern und Kleinpächter in den keltischen Randgebieten Schottland und Wales. (Die achteinhalb Millionen Iren, die hauptsächlich Bauern waren, befanden sich in einem unglaublichen Zustand der Verelendung. Fast eine Million von ihnen starb tatsächlich Hungers während der Krise von 1846/47, der größten Menschheitskatastrophe der Welt im 19. Jahrhundert.)[11] Die niedergehenden Industriezweige und Berufe wurden vom technischen Fortschritt verdrängt; dafür ist die halbe Million Handweber das bekannteste, aber keineswegs das einzige Beispiel. Sie verhungerten bei dem aussichtslosen Versuch, mit den neuen Maschinen zu konkurrieren, indem sie mehr und billiger arbeiteten. Ihre Zahl hatte sich zwischen 1788 und 1814 verdoppelt; ihre Löhne waren bis zur Mitte der Kriege merklich gestiegen, doch zwischen 1805 und 1833 sanken sie von 23 Schilling pro Woche auf sechs Schilling drei Pence. Ganz zu schweigen von den durch die Industrialisierung nicht betroffenen Berufen, die den

11 Gemessen an der Größe der betroffenen Bevölkerung.

rasch wachsenden Bedarf nicht durch technische Revolution deckten, sondern durch weitere Arbeitsteilung und niedrigste Löhne – wie z. B. die unzähligen Näherinnen in ihren Bodenkammern und Kellern.

Ob wir im Durchschnitt einen reinen Gewinn oder Verlust feststellen, wenn wir alle unterdrückten Arbeiter denen gegenüberstellen, die es fertigbrachten, ihre Einkünfte ein wenig zu verbessern, ist schwer zu sagen, da wir einfach nicht genügend über Verdienste, Arbeitslosigkeit, Einzelhandelspreise und andere Daten wissen, um mit Bestimmtheit darüber urteilen zu können. Ganz sicher hat generell keine bedeutende Besserung stattgefunden. Es ist möglich, daß sich zwischen Mitte der 1790er und Mitte der 1840er Jahre die Lage verschlechterte. Danach fand zweifellos eine Besserung statt – und es ist der Gegensatz (bescheiden wie er war) zwischen dieser und der vorangegangenen Zeit, der wirklich das zeigt, was wir wissen müssen. Nach Beginn der vierziger Jahre nahm der Konsum beträchtlich zu – bis dahin war er stets sehr niedrig gewesen. Nach den vierziger Jahren, die immer noch und mit Recht die »Hungry Forties« hießen, obwohl sich damals die Lage in Großbritannien (allerdings nicht in Irland) besserte, ging die Arbeitslosigkeit zweifellos zurück. Keine spätere zyklische Wirtschaftsdepression hatte auch nur annähernd so katastrophale Ausmaße wie die Krise von 1841/42. Und vor allem verschwand das Gefühl einer drohenden sozialen Explosion, das in Großbritannien seit dem Ende der Napoleonischen Kriege vorhanden gewesen war. Die Briten waren nicht mehr revolutionär.

Natürlich war die allgemeine soziale und politische Unruhe nicht nur ein Zeichen materieller Armut, sondern auch sozialer Verelendung: der Zerstörung der alten Lebensformen, ohne daß etwas an deren Stelle trat, was für die Arbeiterschaft gleich befriedigend gewesen wäre. Doch was auch im einzelnen die Beweggründe waren, immer wieder brach Verzweiflung über das Land herein: 1811–1813, 1815–1817, 1819, 1826, 1829–1835, 1838–1842, 1843/44, 1846–1848. In den landwirtschaftlichen Gegenden erfolgten die Aufstände spontan und, soweit ihre Ziele feststanden, fast ausschließlich aus wirtschaftlichen Ursachen. Ein Aufrührer aus den Marschgebieten stellte das im Jahr 1816 folgendermaßen dar: »Hier bin ich zwischen Erde und Himmel. Deshalb möge Gott mir helfen. Ich würde eher mein

Leben verlieren wollen, als so nach Hause gehen wie ich bin. Brot ist das, was ich haben will, und Brot ist das, was ich bekommen werde.«[12] 1816 wurden in allen ostenglischen Grafschaften, 1822 in East Anglia, 1830 überall zwischen Kent und Dorset, Somerset und Lincoln, 1843/44 wiederum in den östlichen Midlands und den östlichen Grafschaften die Dreschmaschinen zerstört und nachts die Schober angezündet. Nach 1815 war die wirtschaftliche und soziale Unruhe in den Industrie- und Stadtgebieten im allgemeinen mit einer politischen Ideologie und einem Programm verbunden – radikal-demokratisch oder sogar »genossenschaftlich« (oder, wie wir heute sagen würden, sozialistisch). Die Ludditen jedoch, die bei den ersten großen Unruhebewegungen von 1811 bis 1813 in den östlichen Midlands und in Yorkshire ihre Maschinen zerschlugen, taten dies ohne ein besonderes politisches Reform- oder Revolutionsprogramm. Innerhalb dieser Unruhebewegungen pflegten Phasen, die auf die politische, mit solchen, die auf die gewerkschaftliche Agitation Gewicht legten, abzuwechseln, wobei die ersteren normalerweise massiver waren: die politische Zielsetzung herrschte 1815–1819, 1829–1832 und vor allem während der Ära der Chartisten (1838–48) vor, die industrielle Organisation dagegen zu Beginn der zwanziger Jahre und 1833–1838. Jedoch gewannen alle diese Bewegungen seit etwa 1830 einen immer bewußteren und typisch proletarischen Charakter. In den Jahren 1829 bis 1835 kam der Gedanke einer »allgemeinen Gewerkschaft« (»general trades union«) und des »Generalstreiks« auf; der Chartismus beruhte eindeutig auf dem Klassenbewußtsein der Arbeiter, und soweit er eine reale Methode zur Durchsetzung seiner Ziele im Auge hatte, war es die Aussicht auf einen Generalstreik oder, wie er damals hieß, eines »Heiligen Monats« (»Sacred Month«). Aber was alle diese Bewegungen zusammenhielt oder sie nach vorübergehender Niederlage erneut belebte, war die allgemeine Unzufriedenheit der Menschen, die Hunger litten inmitten einer Gesellschaft, die vor Reichtum stank; die zu Sklaven gemacht wurden in einem Land, das sich seiner Freiheit rühmte; die auf der Suche nach Brot und Hoffnung nur Steine und Verzweiflung fanden.

12 William Dawson aus Upwell, zitiert bei A. J. Peacock, *Bread or Blood*, 1965.

Und hatten sie nicht recht? Ein preußischer Beamter, der 1814 nach Manchester reiste, gab folgende Schilderung: »Die Wolke, welche der Steinkohlendampf bildet, ist von fernher schon zu bemerken. Die Häuser sind davon schwarz gefärbt. Der Fluß, welcher Manchester bewässert, ist so mit ausgeflossenen Farbflotten angefüllt, daß er selbst einer Farbenbrühe ähnlich sieht. Das Ganze hat ein melancholisches Aussehen. Doch erblickt man überall geschäftige, fröhliche und gut genährte Menschen, welches das Gemüt wieder erheitert.«[13] Keiner, der Manchester in den dreißiger und vierziger Jahren betrachtete, und es gab ihrer eine ganze Menge, berichtete von lustigen und wohlgenährten Menschen. »Armselige, betrogene, unterdrückte, niedergeschmetterte menschliche Natur, die in blutenden Bruchstucken über das ganze Gesicht der Gesellschaft hin verteilt daliegt«, schrieb der Amerikaner Colman 1845. »Jeden Tag danke ich dem Himmel dafür, kein armer Mann [...] mit einer Familie in England zu sein.«[14] Können wir noch darüber erstaunt sein, daß die erste Arbeitergeneration des industriellen Großbritannien über die Folgen des Kapitalismus empört war?

13 Fabriken-Kommissarius, May 1814 (siehe Anm. 2, Kapitel 3).
14 Zitiert bei A. Briggs, a.a.O., S. 12.

5. Die Landwirtschaft 1750–1850[1]

Um die Mitte des 18. Jahrhunderts beherrschte die Landwirtschaft die Wirtschaft Großbritanniens nicht mehr in dem Maß, wie das in den meisten anderen Ländern der Fall war. Im Jahr 1800 beschäftigte sie nur noch ein Drittel der Bevölkerung und erzeugte rund 30 Prozent des Volkseinkommens. Trotzdem hatte sie weit mehr öffentlichen Einfluß, als ihr wirtschaftlicher Beitrag annehmen ließe, und zwar aus zwei Gründen. Erstens war sie die unentbehrliche Grundlage für die Industrie, da es keine andere reguläre Nahrungsquelle gab. Geringe Importe waren zwar möglich; doch bis Mitte des 19. Jahrhunderts waren die Kosten für Transport und Technik zu hoch, als daß das Volk – nicht einmal ein Volk, das von Meereshäfen aus so leicht zu erreichen war wie das britische –, seine Ernährung auf regelmäßige Auslandsimporte hätte gründen können. Selbst nachdem der Freihandel eingeführt war (1846), blieb die britische Landwirtschaft aus diesem Grund zunächst ein Asyl für hohe Preise, unempfindlich gegenüber ausländischer Konkurrenz. Die britischen Bauern *mußten* eine kontinuierlich und rasch sich vergrößernde Bevölkerung ernähren; und obwohl sie sie nicht allzu gut ernährten, ließen sie sie doch nicht verhungern. Noch in den 1830er Jahren wurde die in Großbritannien verbrauchte Nahrung zu über neunzig Prozent auf den Inseln selbst erzeugt. Wenn wir uns vor Augen halten, daß die britische Bevölkerung 1830 mehr als doppelt so groß war wie 1750 und daß der Prozentsatz von Familien, die in der Landwirtschaft arbeiteten, stark abgenommen hatte, so gewinnen wir

1 Vgl. Weitere Literatur, besonders die Werke von Carus-Wilson (Hrsg.) und Glass und Eversley (Hrsg.). Es gibt jetzt auch ein nützliches, dem heutigen Forschungsstand entsprechendes Lehrbuch von J. D. Chambers und G. E. Mingay, *The Agricultural Revolution 1750–1880*, 1966. G. E. Mingay, *English Landed Society in the Eighteenth Century*, 1963, richtet die Aufmerksamkeit auf die Landwirtschaft, F. M. L. Thompson, *English Landed Society in the Nineteenth Century*, 1963, auf den hohen und niederen Adel. Über die Landarbeiter geben J. L. und B. Hammond, *The Village Labourer*, 1911, und W. Hasbach, *A History of the English Farm Labourer*, 1908, wertvolle Auskünfte, aber das beste Buch ist das meisterhafte *The Life of Joseph Ashby of Tysoe*, 1961, von M. K. Ashby. K. Polanyi (Anm. 1, 2. Kapitel) informiert hervorragend über die Armengesetze. Vgl. auch die Tabellen im Anhang.

einen Maßstab sowohl für die Aufgabe als auch für die Leistung der britischen Bauern.

Der zweite Grund für die Bedeutung der Landwirtschaft war der, daß »der Grundbesitz« als Interessengruppe Politik und Gesellschaftsleben Großbritanniens bestimmte. Zu den oberen Schichten gehören hieß, ein Gut und einen Landsitz haben. Landbesitz war der Preis für den Eintritt in die hohe Politik. Im Parlament hatten das Land und die Kleinstädte, die vom Adel beherrscht wurden, ein überwältigendes Übergewicht über die Großstädte. Vorbild und Muster des für die Oberschicht typischen Lebens waren ländlich: der Sport, der Englands bevorzugter kultureller Ausfuhrartikel war (vor den städtischen, proletarischen Spielen wie Fußball und den vorstädtischen, mittelständischen wie Tennis und Rugby), die Idealisierung von Parks und malerischen Dörfern, wie sie noch heute in den Kalendern der *Times* lebendig ist, die Mitgliedschaft (»country members«) in Clubs oder Bibliotheken, die besonderen Schulen, die die neue viktorianische Mittelklasse zur spartanischen Erziehung ihrer Söhne errichtete oder übernahm. Die Landbesitzer waren reich und mächtig, und die Reichen und Mächtigen waren Landbesitzer, obwohl sie nicht alle Herzöge sein konnten. Jede wirtschaftliche Veränderung, die die Landwirtschaft berührte – oder vielmehr, da die arme Landbevölkerung schwieg und außer bei Katastrophen oder Aufständen unbeachtet blieb, die mittleren und oberen Schichten auf dem Lande –, hallte in der Politik wider. Der britische Staat war so konstruiert, daß er solche Geräusche verstärkt wiedergab.

Die Industrielle Revolution zwang die Landwirtschaft zu grundlegenden Veränderungen; schon das Ausmaß dessen, was die britische Landwirtschaft zu leisten hatte, machte Veränderungen unabdingbar. Auf den ersten Blick mag es scheinen, als sei sie eher technischen und wirtschaftlichen als sozialen Belastungen ausgesetzt gewesen, denn im 18. Jahrhundert war die Landbevölkerung (wenn wir von Teilen Schottlands und Wales' sowie einigen Winkeln hier und da in England absehen) längst darauf eingestellt, leicht verkäufliche Waren mit Hilfe der besten technischen und kommerziellen Methoden zu produzieren. Die grundlegende Struktur von Landbesitz und -bewirtschaftung war bereits um die Mitte des 18. Jahrhunderts, jedoch ganz bestimmt in den ersten Jahrzehnten der Industriellen Revolution, festgelegt. Der Boden Englands gehörte hauptsächlich großen Grundherren und wurde von Pachtbauern bewirtschaftet, die ihn wiederum mit gedungenen Arbeitskräften bearbeiteten. Um das Jahr 1790 besaßen die Grundherren etwa drei Viertel der bebauten Fläche, die selbständigen Bauern etwa fünfzehn bis zwanzig Prozent, während es eine »Bauernschaft« im üblichen Sinn des Wortes gar nicht mehr gab.

Logisch gesehen schien es für die Landwirtschaft selbstverständlich, sich zu einem leistungsfähigen kommerziellen Produzenten zu wandeln und dafür durch unbegrenzten Bedarf bei steigenden Preisen von einer Bevölkerung – insbesondere der Stadtbevölkerung – belohnt zu werden, die rascher als die landwirtschaftliche Produktion zunahm. Logischerweise hatten die britischen Grundherren und Bauern nichts gegen eine derart einträgliche Entwicklung einzuwenden. Doch im Gegensatz zur Baumwollfabrikation war die Landwirtschaft für ihre Besitzer und Unternehmer nicht einfach bloß ein Instrument zum Geldverdienen, sondern eine Lebensform. Die ökonomische Entwicklung nun implizierte, daß die Leistungsfähigkeit der Landwirtschaft und der Markt nicht nur über deren Erzeugnisse, sondern auch über den Boden und die Leute darauf entschieden. Die Grundherren zogen bei dem ersten dieser Erfordernisse die Grenze, obwohl sie gegen Übertragungen von Grund und Boden im großen Maßstab zwischen den Bauern und gegen Pachtwechsel keine Bedenken hatten. Seit 1660 hatten sie ihren politischen Einfluß und den Einfallsreichtum ihrer Anwälte darauf verwendet, Zwangsverkäufe von Großgrundbesitz schwierig, wenn nicht unmöglich zu machen. Die Grundherren und viele der Bauern waren in Sorge wegen der sozialen Folgen des Fortschritts in der Landwirtschaft, dem wachsenden Überschuß an armer Landbevölkerung und der Zerstörung der traditionellen hierarchischen Gesellschaftsordnung auf dem Lande. Es mag sein, daß dieser Überschuß, wäre er unauffällig in die Großstädte und Fabriken abgewandert, keine Probleme aufgeworfen hätte. Es ist jedoch bezeichnend für die Landwirtschaft des beginnenden Industriezeitalters, daß der Zerfall ihrer Gesellschaftsordnung in den meisten Fällen stärker war als die Aufnahmefähigkeit für Arbeitskräfte im nicht-landwirtschaftlichen Bereich, und daß die arme Landbevölkerung nur widerwillig das Leben ihrer Vorfahren aufgeben mochte, ein von

Gott und dem Schicksal verordnetes Leben, das einzige, das der Tradition verbundene Gemeinschaften kennen oder sich vorstellen können. Solange nicht eine Katastrophe den Herrschenden auf dem Lande das Problem lebendig machte, konnte es übersehen werden; die Krise um die Mitte der 1790er Jahre führte es dann selbst den Kurzsichtigen vor Augen.

Dieser Krise folgte zwanzig Jahre später der Zusammenbruch der landwirtschaftlichen Konjunktur; sie hatte ihren Höhepunkt in den Napoleonischen Kriegen erreicht, die wie alle Kriege eine goldene Zeit für agrarische Preispolitik waren. Nach 1815 verspürten nicht nur die Armen, sondern auch die Bauern selbst die Last der Umwandlung in der Landwirtschaft. Die Grundbesitzer hatten es nun nicht mehr nur mit den Sorgen ihrer Armen zu tun, die örtlich behoben werden konnten (und wurden) – von den Adligen als Friedensrichtern und den ländlichen Mittelschichten als Wächter und Aufseher der Armen etc. –, sondern mit ihren eigenen Sorgen, die gemeinsames Handeln erforderten. Die Lösungsvorschläge der großstädtischen Ökonomen fanden sie unannehmbar: daß die unwirtschaftlichen Bauernhöfe aus dem Geschäft ausscheiden sollten, und daß die überzählige arme Bevölkerung nicht subventioniert, sondern fortgeschickt werden sollte, sich eine Arbeit zu suchen, über deren Beschaffenheit und Geldwert die Marktlage zu bestimmen hätte. Gegen den ersten Vorschlag machten die Grundbesitzer ihren politischen Einfluß geltend, indem sie die Getreidezölle (»Corn Laws«) einführten, eine protektionistische Politik, die sie der Großstadt und der Industrie entfremdete und die britische Politik zwischen 1815 und 1846 zuweilen unerträglich belastete. Was den zweiten Vorschlag angeht, so gaben sie ihm tatsächlich nach: 1834 akzeptierten sie die Armengesetze (»Poor Law«). Dennoch waren – außer einigen schottischen Adligen, die ihre ihnen stumm ergebenen Stammesgenossen über das Meer nach Kanada vertrieben, um Platz für die einträglichen Schafe zu schaffen – nur wenige zu solch radikalen Maßnahmen bereit, nicht einmal auf Kosten derjenigen, die sie ausbeuteten. Daß die Arbeiter in der sozialen Rangordnung tief unter den Bauern und unermeßlich tief unter den Junkern standen, war nur natürlich; daß sie kein Recht haben sollten, auf dem Land ihrer Väter zu wohnen, war es nicht.

An zwei Problemen trat die soziale Dimension der landwirtschaftlichen Umwandlung dramatisch in Erscheinung: den »Einhegungen« (»enclosures«) und den »Armengesetzen« (»Poor Law«). Unter »Einhegungen« verstand man die Umgestaltung von ehemaligem Gemeindeland oder offener Feldmark in abgeschlossene Einheiten privaten Landbesitzes oder die Aufteilung von ehemals der Gemeinde gehörendem, aber nicht bebautem Land (Waldgebiete, unebenes Weideland, »Ödland« usw.) und seine Überführung in Privatbesitz. Dies war, wie die Rationalisierung privater Bauerngüter – indem Streifen von Land ausgetauscht, gekauft oder verpachtet wurden, um zusammenhängende Einheiten zu schaffen – seit langem üblich. Seit etwa 1760 beschleunigten die Grundherren (ihre Regierungskontrolle ausnutzend) diese Umwandlung des Bodens in ein Flickwerk rein individueller Bauerngüter durch den systematischen Gebrauch von Parlamentsgesetzen; zunächst örtlich und nach 1801 ganz allgemein. Die Bewegung beschränkte sich auf Gebiete in England, in denen es im Mittelalter Gemeindeflur gegeben hatte und die auf den Anbau von Feldfrüchten, besonders Getreide, spezialisiert waren; d. h. auf ein Dreieck mit seiner Basis entlang den Küsten von Yorkshire, Lincolnshire und Norfolk und seiner Spitze in Dorset. Die Einhegung von »Gemeindeland« und »Ödland« war minder begrenzt, außer im äußersten Südosten und Südwesten. Zwischen 1760 und 1820 wurden etwa die Hälfte von Huntingdonshire, Leicester und Northampton, über vierzig Prozent von Bedfordshire und Rutland, über ein Drittel von Lincolnshire, Oxford und dem östlichen Riding von Yorkshire sowie ein Viertel (oder mehr) von Berkshire, Buckingham, Middleessex, Norfolk, Nottingham, Warwick und Wiltshire in dieser Weise eingehegt, meistens offene Felder, obwohl sich das Gesetz in einigen Fällen lediglich den bereits geschaffenen und vertrauten Tatsachen anpaßte.[2]

Für die Einhegungen sprach die Tatsache, daß sie unbebautes Land nutzbar und den kaufmännisch eingestellten, »fortschrittlichen« Bauern von seinem altmodischen Nachbarn unabhängig

2 Andererseits war die Einhegung durch Parlamentsgesetze geringfügig in Grafschaften wie Cornwall (0,4%), Devon (1,6%), Essex (1,9%), Kent (0,3%) oder Sussex (1,2%) und, soweit Felder in Betracht kommen, in Nord- und Westengland.

machten. Das war zweifellos der Fall. Was gegen sie spricht, ist keineswegs so klar, weil ihre Opponenten nur zu oft das spezielle Mittel des Einhegungsgesetzes mit einer allgemeinen landwirtschaftlichen Konzentration verwechselt haben, von der es nur einen Aspekt darstellte. Es wurde diesem Gesetz vorgeworfen, daß es Bauern von ihren Höfen und Landarbeiter aus der Arbeit trieb. Der zweite Vorwurf war berechtigt, sofern die Einhegungen ehemals bestellte Felder in Weideflächen umwandelten, wie es manchmal, aber – angesichts des sprunghaft ansteigenden Bedarfs an Getreide, insbesondere in den Napoleonischen Kriegen – keineswegs immer geschah. Und Einhegungen zum Zweck der Feldbestellung oder von unbestelltem Land mehrten ja tatsächlich die örtlichen Arbeitsplätze. Man kann darüber streiten, in wieweit die Einhegungsgesetze Kleinbauern vom Land vertrieben haben; es gibt indes keinen besonderen Grund anzunehmen, daß dies das Ausmaß des Auskaufens oder Verpachtens von Landstreifen oder Kleingütern in früherer Zeit überstieg. Die Leute, die eher unter dem Zwang eines Gesetzes als auf private Vereinbarung hin verkauften, mochten daran Anstoß nehmen, daß sie von ihren reicheren und mächtigeren Nachbarn dazu gezwungen wurden; aber ihr wirtschaftlicher Verlust oder Gewinn war nicht notwendig von diesem Druck bestimmt. Andererseits erlitt eine soziale Gruppe zweifellos Einbußen durch die Einhegungen: die Häusler und Kleinbauern, die den Ertrag ihrer Landstücke mühsam durch Lohnarbeit und durch verschiedene kleine – aber für sie wichtige – Vorteile aus öffentlichen Rechten ergänzten: Weideland für Tiere und Geflügel, Feuerholz, Baumaterial, Bauholz zur Ausbesserung von Arbeitsgeräten, Zäunen und Pforten etc. Die Einhegungsgesetze machten sie zu einfachen Lohnarbeitern und brachten sie und die Landarbeiter, indem sie sie einer Reihe von *Rechten* beraubte, in unmittelbare Abhängigkeit von den Reichen. Das war kein unwesentlicher Wechsel. »Sie haben keinen Dorfanger und kein Gemeindeland, um Sport zu treiben«, schrieb ein Geistlicher aus Suffolk 1844 über die Bewohner seines Dorfes. »Vor etwa dreißig Jahren, so hörte ich, hatten sie das *Recht*, ein besonderes Feld zu bestimmten Jahreszeiten als Spielplatz zu benutzen und waren damals berühmt für ihr Fußballspiel; aber irgendwie ist dieses Recht verlorengegangen und das Feld ist jetzt unter dem Pflug [...]. Vor kurzem haben sie mit ein wenig Kricketspielen begonnen, und zwei oder drei Bauern haben ihnen *sehr freundlich erlaubt*, auf ihren Feldern zu spielen« (Hervorhebung von mir, E. J. H).[3]

Es war hart für den frei geborenen Engländer, seine Rechte gegen »Genehmigungen«, wie freundlich sie auch sein mochten, einzutauschen. Um das Jahr 1800 erschraken selbst diejenigen, die die Einhegung zum Zweck einer Verbesserung der Produktivität leidenschaftlich befürworteten wie Arthur Young, über deren soziale Folgen. »Ich würde es lieber haben«, so schrieb er, »daß alles Gemeindeland von England im Meer versenkt würde, als daß die Armen künftig bei der Einhegung so behandelt werden wie bisher.«[4] Worin bestand die Ursache dieser Verelendung und Landarmut, wenn sie nicht den Einhegungen zuzuschreiben war?

Sie bestand hauptsächlich in der Konzentrierung und Zusammenlegung der Bauernhöfe, durch die 1830 in England ein »kleiner Hof« so groß wie ein kleines Gut auf dem Kontinent wurde.

Die Einhegungen waren nur der dramatische und sozusagen der amtliche und politische Aspekt eines allgemeinen Vorgangs, durch den Bauernhöfe größer, Bauern weniger zahlreich und Dorfbewohner ärmer an Land wurden. Und genau darin ist, weit mehr als in den Einhegungen selbst (von denen einige äußerst verarmte ländliche Gebiete Englands kaum betroffen waren) die Ursache der fortschreitenden Verelendung zu sehen. »Die Kleinbauern«, schrieb ein Sachkundiger gegen Ende des 18. Jahrhunderts, »wurden allgemein in jeder Grafschaft verringert, in einigen sind sie so gut wie ausgestorben.« Schon damals konnte ein Hof von 25 Morgen, mit Ausnahme von Handelsgärtnereien und dergleichen, niemanden mehr ernähren; ein ausländischer Besucher, der an Bauernhöfe von zehn oder zwölf Morgen gewöhnt war, mochte sich die Ohren reiben, wenn er Höfe von 100 Morgen an aufwärts als »klein« beschrieben bekam. Diese Konzentrierung fand in offenen und in eingehegten Gebieten statt, inmitten neuer oder alter Einhegungen, durch Enteignung, Zwangs- und freiwillige Verkäufe und vor allem auf den großen neuen Landstreifen, die unter Be-

3 Rev. J. S. Henslow, *Suggestions towards an enquiry into the present condition of the Labouring Population of Suffolk*, Hadleigh 1844, S. 24–25.
4 *Annals of Agriculture* XXVI, S. 214.

arbeitung kamen.[5] Das würde bei konstanter Bevölkerungsquote Verelendung verursacht haben; bei einer Quote, die sich rasch erhöhte, bedeutete es die Katastrophe.

Die überzählige Bevölkerung lebte davon, daß sie ihre Arbeitskraft verdingte. Aber in vielen Teilen Englands (weniger in Schottland und dem Norden) verschlechterten sich die Arbeitsbedingungen rapide. »Das System wöchentlicher Lohnauszahlungen«, schrieb ein Beobachter in Norfolk in den 1840er Jahren, indem er die Lage mit der »vor vierzig oder fünfzig Jahren« verglich, »lieferte den ersten Anstoß zur Lockerung der Bindungen, die bisher den Bauernknecht unter allen Umständen an seinen Brotgeber gebunden hatten.«[6] Der Bauernknecht im herkömmlichen Sinn wurde für das ganze Jahr gedungen, wohnte, wenn er unverheiratet war, bei dem Bauern und aß an seinem Tisch. Ein großer Teil seines Einkommens bestand aus Naturalien. Er verdiente wenig, aber genoß immerhin die Sicherheit einer festen Anstellung. Der Mann, der für eine Woche, für einen Tag oder für eine besondere Aufgabe gedungen wurde, verdiente gar nichts, wenn er nicht gerade für jemanden arbeitete – und während der winterlichen Ruhezeit gab es nicht viel Arbeit. (Das ist der Grund, weshalb die Arbeiter 1816, 1822 und 1830 ihren stummen Zorn gegen die Dreschmaschinen richteten, die ihnen die Winterarbeit wegnahmen.) Wenn er außerhalb seines Arbeitsplatzes in seiner Hütte (oder vielmehr der seines Brotgebers) wohnte, schuldete der Bauer ihm außer dem elenden Lohn so gut wie nichts. Wenn er klug war, schuf er sich eine große Familie, da Frau und Kinder zusätzlichen Verdienst bedeuteten und, zu bestimmten Zeiten, eine Extravergütung aufgrund der Armengesetze. So trug der Zusammenbruch des traditionellen, halbpatriarchalischen Bauernhofs zur Vervielfachung der örtlichen Arbeitskräfte und zur Reduzierung ihrer Löhne bei.

In den 1790er Jahren hatte das Elend der Dorfarmen in Teilen von Süd- und Ostengland katastrophale Ausmaße angenom-

5 Z. B. gab es 1724 65 Bauernhöfe auf den 4400 Morgen großen Landgütern der Familie Bagot in Staffordshire; sechzehn von ihnen mit mehr als 100 Morgen (Durchschnittsgröße 135 Morgen); 1764 gab es nur noch 46 Bauernhöfe auf den 5700 Morgen der Güter. Davon waren 23 über 100 Morgen groß (Durchschnittsgröße 189 Morgen). G. Mingay, *The Size of Farms in the 18th century*, in: *Econ. Hist. Rev.* XIV, S. 481.

6 R. N. Bacon, *History of the Agriculture of Norfolk*, 1844, S. 143.

men.[7] Es blieb den Armengesetzen überlassen, sich damit zu befassen. Die Landnotabeln des 18. Jahrhunderts waren keine Philanthropen; immerhin fiel es ihnen schwer, sich eine Gesellschaft vorzustellen, die selbst ihren untersten arbeitenden Mitgliedern nicht einen Mindestlohn und den Arbeitsunfähigen nicht irgendeine Art Auskommen sicherte; das galt natürlich nicht für »Auswärtige«, die in ihre Heimatgemeinde zurückgeschickt wurden, wenn sie ihren Lebensunterhalt nicht mehr verdienen konnten. Im Lichte solch vager, aber fest verwurzelter Meinungen versuchten die Friedensrichter von Berkshire, als sie sich 1795 in Speenhamland trafen, die Armengesetze von einer die Wirtschaft ergänzenden Institution systematisch in ein Instrument umzuwandeln, das den Arbeitern einen ordentlichen Lohn garantieren sollte. Es wurde ein Mindesttarif, abhängig vom jeweiligen Getreidepreis, festgesetzt. Wenn Löhne darunter sanken, so mußten sie aus der Gemeindesteuer aufgestockt werden. Das »Speenhamland-System« breitete sich nicht so weit aus, wie man es ursprünglich erwartet hatte; in der abgeschwächten Form eines systematischen – und für jene Zeit bemerkenswert großzügigen – Kindergeldes für Männer mit großen Familien[8] setzte es sich allerdings in vielen Teilen Süd- und Ostenglands fast überall durch.

Über die Auswirkungen dieses auf Freiwilligkeit basierenden Systems sozialer Sicherheit ist viel gestritten worden. Es gibt wenig Anlaß, mit der traditionellen Ansicht, daß sie verhängnisvoll waren, nicht übereinzustimmen. Warum? Eine der Folgen war, daß *alle* örtlichen Steuerzahler die Bauern subventionierten (in erster Linie die großen Bauern, die viele Arbeitskräfte beschäftigten) und deshalb niedrige Löhne zahlten. Der Arbeiter verelendete und wurde in seiner Bewegungsfreiheit eingeschränkt; er konnte zwar in seiner eigenen Gemeinde, aber nirgendwo sonst mit Sicherheit das Existenzminimum verdienen. Überdies benachteiligte das System den unverheirateten Mann oder den mit einer kleinen Familie. Es erhöhte die Gemeindesteuer um der Armen willen, ohne die

7 In den Industriegebieten hielt die Zuwanderung der Arbeitskräfte vom Land die Lage bereits im Gleichgewicht; in Schottland und im äußersten Norden Englands war das traditionelle System noch nicht völlig aufgelöst.

8 1 Schilling 6 Pence oder sogar 2 Schilling pro Kind (über drei oder vier) bedeutete bei einem Wochenlohn von angenommen 7 Schilling eine beträchtliche Zulage.

Armut selbst zu verringern: der Aufwand dafür verdoppelte sich von der Jahrhundertmitte bis zum Ausgang der achtziger Jahre des 18. Jahrhunderts, dann nochmals kurz nach 1800 und danach wiederum bis 1817. Was man zu seinen Gunsten sagen kann, ist, daß tatsächlich, da die Industrie die überschüssige Landbevölkerung nicht aufnehmen konnte, irgend etwas getan werden mußte, um sie im Dorf am Leben zu erhalten. Aber die Bedeutung des Speenhamland-Systems war mehr sozialer als wirtschaftlicher Art; es war ein Versuch – ein letzter, ungenügender, schlecht überlegter und erfolgloser Versuch –, die traditionelle Ordnung des Landes gegen die Marktwirtschaft zu stützen.

Doch genau die Leute, die diesen Versuch unternahmen, vernichteten das, was sie erhalten wollten. Die inhumane Wirtschaftsweise der kommerziellen und »fortschrittlichen« Landwirtschaft korrumpierte die menschlichen Ordnungswerte der Gesellschaft. Der zunehmende Reichtum der Bauern mit ihren Klavier spielenden Töchtern entfernte sie zwangsläufig auch im Bewußtsein von den verelendeten Arbeitern. Der übertriebene Luxus der Grundherren – symbolisiert in dem neuen Brauch, Wild für Wettmetzeleien zu hegen, und in den grausamen Gesetzen gegen Wilderer[9] – verschärfte die Klassenunterschiede zu Klassengegensätzen. Der frei geborene Engländer degenerierte zum »unterwürfigen und gebrochenen« Bauerntölpel, wie ein amerikanischer Besucher ihn in den 1840er Jahren beschrieb. Inzwischen stieg freilich die landwirtschaftliche Erzeugung und Produktivität. Für die Zeit zwischen 1750 und dem Ende der 1830er Jahre war dies im allgemeinen nicht auf technische Neuerungen zurückzuführen (außer vielleicht in Schottland, das bahnbrechend in der Entwicklung ergiebiger, mechanisierter Methoden in der Landwirtschaft war), sondern auf die Zunahme bebauten Landes, die größere Leistungsfähigkeit größerer Bauernhöfe, die Verwendung anderer Getreidesorten und die weitere Verbreitung des Fruchtwechsels, d. h. von Methoden der Viehzucht und Geräten, die man bereits vor 1750 gekannt

9 Jagdbücher, die die Anzahl der geschossenen Vögel festhielten, und strenge Wildschutzmaßnahmen scheinen im späten 18. Jahrhundert aufgekommen zu sein; Fuchsjagden – die Zahl der Jagdhundmeuten erreichte 1835 ihren Höhepunkt – wurden im ersten Drittel des 19. Jahrhunderts methodisch organisiert.

hatte. Die Industrielle Revolution bzw. die Naturwissenschaft erreichte die Landwirtschaft erst gegen Ende der 1830er Jahre – zu einem Zeitpunkt, da die *Royal Agricultural Society* (Königliche Landwirtschaftliche Gesellschaft) (1838) und die Versuchsstation in Rothamsted (1843) gegründet wurden. Erst jetzt erhöhte sich das Entwicklungstempo. Seit 1820 verwendete man die »unterirdische Dränierung«, um die schweren und sumpfigen Lehmböden zu kultivieren; 1843 wurde die zylinderförmige Abzugsröhre für Lehm erfunden. Düngemittel kamen schnell in Gebrauch: Superphosphat wurde 1842 patentiert, von 1840 bis 1847 stieg der Import an peruanischem Guano von faktisch Null auf über 200 000 Tonnen an. Die »intensive Bodenbewirtschaftung«, das heißt: Kapitalinvestitionen und relative Mechanisierung, beherrschte die mittleren Jahre des Jahrhunderts; mit dem Jahr 1837 nahm der Getreideertrag auffallend zu. Die britische Landwirtschaft trat nach siebzig Jahren der Expansion vor 1815 und zwei bis drei Jahrzehnten des Zauderns in ihr goldenes Zeitalter ein. In den 1850er Jahren verbesserte sich selbst das Los des armen Arbeiters deutlich, obwohl nicht durch Entwicklungen innerhalb der Landwirtschaft, sondern durch eine Massen-»Landflucht« – zu den Eisenbahnen, den Bergwerken, den Großstädten und nach Übersee.

Diese Verbesserung fand statt, als – gegen den Widerstand der Bauern und Junker – die Getreidezölle (Corn Laws) abgeschafft wurden (1846) und die britische Landwirtschaft der ausländischen Konkurrenz geöffnet wurde. Es hatte dreißig Jahre gebraucht, um diesen Widerstand zu brechen, denn die Grundbesitzer verteidigten nicht nur ihre Gewinne und Pachtbücher, sondern auch ihre soziale und politische Vorrangstellung, symbolisiert in einem Oberhaus von grundbesitzenden hohen Adligen und in einem Unterhaus von Landjunkern. Diese Privilegien wurden nicht nur von jener neuen und selbstbewußten Mittelklasse in Frage gestellt, die für sich einen angemessenen Platz unter – oder sogar über – den Herrschenden des Königreichs forderte, sondern von einer Mittelklasse, die die Pachtgelder der Gutsherren als reinen Raub und den künstlichen Schutz hoher Pachten und hoher Lebensmittelpreise nach den Napoleonischen Kriegen, also in einer Zeit wirtschaftlicher Unsicherheit, als Bedrohung der nationalen Wirtschaft ansah. Dennoch war sie – abgesehen von der Frage des Freihandels –

durchaus zum Kompromiß geneigt. Nach der Parlamentsreform von 1832 bestand sie auf den Neuen Armengesetzen (»New Poor Law«) und auf politischer Kontrolle in den Städten, überließ aber die örtliche Regierung auf dem Lande dem Lord und dem Junker (bis 1889) und verzichtete darauf, ihre berechtigte Kritik an althergebrachten Ansprüchen der Aristokratie – Hof, Beamtentum, bewaffnete Streitkräfte, Universitäten, Justiz usw. – oder an den noch mächtigeren Ansprüchen der Staatskirche mit Nachdruck zu formulieren. (Allerdings wurden die wirtschaftlichen Vorrechte der Kirche durch das Zehntablösungsgesetz von 1836 wenigstens rationalisiert, wenn auch nicht aufgehoben.)

Der Adel gab sich nicht minder kompromißbereit, selbst in bezug auf den Freihandel. Der wirklich reiche Grundherr war ja nicht notwendigerweise auf seine landwirtschaftlichen Pachtgelder angewiesen. Er konnte die Erträge aus seinen im Wert steigenden städtischen Liegenschaften abschöpfen oder die Gewinne aus Bergwerken und Eisenbahnen oder auch die Zinsen seines Anteils an ihren riesenhaften Einkünften, den er in der Vergangenheit investiert hatte. (Der siebente Herzog von Devonshire, dem der ungewöhnlich freigebige sechste Herzog Schulden in Höhe von rund einer Million hinterlassen hatte, mußte, um dieses Problem zu lösen, nicht einen seiner zahlreichen Landsitze verkaufen, sondern konnte sich dem Ausbau von Barrow-in-Furness und Buxton Spa widmen.) Noch fühlten sich die Adligen in ihrer gesellschaftlichen Rolle nicht von reichen Industriellen bedroht, die mit ihrem Geld auch nicht mehr kaufen konnten als Status und Grundbesitz. Jedenfalls war die Zahl der Berufungen neuer Peers nach unseren Vorstellungen nicht ungewöhnlich hoch: 133 in den fünfzig Jahren bis 1837 (d. h. ein Jahresdurchschnitt von etwa 2,5), wobei viele von ihnen Admirale und Generale waren, die herkömmlicherweise auf diese Art belohnt wurden. Der hohe Adel war an einer friedlichen Beilegung der Konflikte interessiert; nur der niedere Adel, ländlich und politisch konservativ, und die Bauern wollten bis zum Ende kämpfen. Inzwischen war freilich klar geworden, daß die Junker keine entwicklungsfähige politische Gruppe darstellten. Darüber hinaus hatte in den vierziger Jahren die Landwirtschaft deutlich an Gewicht und Bedeutung verloren; sie beschäftigte nicht mehr als ein Viertel der Bevölkerung, und ihr Anteil am Volkseinkommen ging stetig zurück. Als der hohe Adel die Landwirtschaft aufgab – 1846 und, noch offensichtlicher, 1879 –, überlebten nur die Interessen einer Minderheit, die sich auf einen Block fuchsjagender parlamentarischer Hinterbänkler stützte.

6. Die zweite Phase der Industrialisierung 1840–1895[1]

Die erste oder Textilphase der britischen Industrialisierung hatte ihre Grenzen erreicht oder schien dies bald zu tun. Eine neue Phase des Industrialismus löste sie ab und schuf eine festere Basis für das wirtschaftliche Wachstum: sie gründete sich auf die Produktionsgüterindustrien, also auf Kohle, Eisen und Stahl. Das Krisenzeitalter der Textilindustrie war zugleich das Zeitalter des Durchbruchs der Kohlen- und Eisenindustrie, das Zeitalter des Eisenbahnbaus.

Es gab dafür zwei miteinander verwandte Gründe. Der erste war die zunehmende Industrialisierung in der übrigen Welt, die einen sich rasch erweiternden Markt für diejenigen Produktionsgüter schuf, die in nennenswerter Menge nur aus Großbritannien importiert werden konnten. Die Expansionsrate britischer Exporte[2] war zwischen 1840 und 1860 höher (insbesondere 1845–1855, als der Verkauf inländischer Produkte im Ausland um 7,3 Prozent *im Jahr* anstieg) als je zuvor oder danach; sehr viel höher als beispielsweise in der ersten Blütezeit der Baumwollindustrie zwischen 1780 und 1800. Diese Expansion kam in der Hauptsache den neuen Produktionsgütern zugute. In den Jahren 1840/42 machten sie etwa elf Prozent des

1 Checkland, Chambers, Clapham, Landes (siehe Weitere Literatur 3). Leider gibt es keine modernen historischen Darstellungen irgendeiner der Grundindustrien. M. R. Robbins, *The Railway Age*, 1962, gibt eine brauchbare Einführung. L. H. Jenks, *The Migration of British Capital to 1875*, 1927, ist umfassender, als der Titel vermuten läßt. C. Erickson, *British Industrialists: Steel and Hosiery*, 1959, ist eine brauchbare Darstellung der Geschäftswelt; S. Pollard, *A History of Labour in Sheffield*, 1959, ist so gut wie einzigartig als regionale Untersuchung der Arbeiter. Royden Harrison, *Before the Socialists*, 1965, wirft ein Licht auf die Sozialpolitik der Zeit. Zu den Wanderungsbewegungen vgl. Brinley Thomas, *Migration and Economic Growth*, 1954, und J. Saville, *Rural Depopulation in England and Wales*, 1957. Die Bibliographie der »Großen Depression« ist groß. Ashworth (weitere Literatur 3) kann zur Einführung in das Faktenmaterial, C. Wilson, *Economy and Society in late Victorian Britain*, in: *Econ. Hist. Rev.* XVIII, 1965, und A. E. Musson, in: *Journ. Econ. Hist.*, 1959, in die wissenschaftliche Argumentation dienen. Vgl. auch die Tabellen im Anhang.

2 D. h. ihr Wachstum im Verhältnis zur Größe der britischen Bevölkerung. Vgl. W. Schlote, *British Overseas Trade*, Oxford 1952, S. 41–42.

Wertes der britischen Industrieexporte aus, 1857/59 22 Prozent, 1882/84 27 Prozent. Zwischen 1840/42 und 1857/59 stiegen die Kohlenexporte von weniger als dreiviertel Millionen Pfund auf über drei Millionen an, die Eisen- und Stahlexporte von etwa drei Millionen auf rund dreizehn Millionen; der Baumwollexport entwickelte sich langsamer, obwohl selbst er sich in diesem Zeitraum nahezu verdoppelte. 1873 betrugen die entsprechenden Exportraten 13,2 bzw. 37,4 bzw. 77,4 Millionen Pfund. Die Umwälzung des Transportwesens durch Eisenbahn und Dampfschiff, beide ihrerseits wichtige Abnehmer für die britischen Eisen-, Stahl- und Kohlenexporte, schuf einen zusätzlichen Antrieb zur Erschließung neuer und zur Erweiterung alter Märkte.[3]

Der zweite Grund hatte wenig mit der Steigerung der Nachfrage zu tun; er bestand in dem Druck der wachsenden Vermögensbildung für gewinnbringende Investitionen, vor allem im Eisenbahnbau. Zwischen 1830 und 1850 wurden rund 6000 Meilen Eisenbahnstrecken in Großbritannien eröffnet. Dem waren zwei Phasen konzentrierter Investitionstätigkeit vorangegangen: die kleine »Eisenbahnmanie« von 1835/37 und die große von 1845/47. 1850 war das englische Eisenbahnnetz in seinen wesentlichen Strecken fertiggestellt – eine Tatsache von ganz außerordentlicher Bedeutung, die, folgenreicher als der Aufschwung der Baumwollindustrie, eine fortgeschrittene Phase der Industrialisierung signalisierte und sich auf das Leben aller Bürger des Landes auswirkte. Die Veränderung betraf die abgelegensten Gebiete des Landes ebenso wie die großen Städte. Sie verwandelte das Maß der Bewegungsgeschwindigkeit, ja das des menschlichen Lebens überhaupt, von einzelnen Meilen pro Stunde in Dutzende von Meilen pro Stunde. Sie erzeugte das Gefühl einer riesenhaften, die ganze Nation umspannenden, komplexen, genau aufeinander abgestimmten Ordnung, wie sie im Eisenbahnfahrplan symbolisiert war (nach dem alle späteren »time-tables« benannt und von dem sie beeinflußt wurden). Sie

3 Wichtige Exporte im Verhältnis zu den gesamten inländischen Exporten von 1830 bis 1870:

	1830	*1850*	*1870*
Baumwollgarn und -waren	50,8	39,6	35,8
Sonstige Textilien	19,5	22,4	18,9
Eisen, Stahl, Maschinen, Fahrzeuge	10,7	13,1	16,8
Kohle, Koks	0,5	1,8	2,8

offenbarte wie nichts sonst die Möglichkeiten des technischen Fortschritts, weil sie fortschrittlicher als die meisten anderen Formen technischer Betätigung und weil sie allgegenwärtig war. Die Baumwollfabriken von 1800 waren bereits 1840 teilweise technisch veraltet. Das Eisenbahnwesen jedoch befand sich 1850 auf einem Stand, der bis zur Ablösung des Dampfantriebs um die Mitte des 20. Jahrhunderts nicht mehr wesentlich verbessert wurde; seine Organisation und seine Methoden besaßen ein von keiner anderen Industrie erreichtes Niveau, seine Nutzanwendung neuartiger, wissenschaftlich fundierter Technologie (wie des elektrischen Telegraphen) hatte nicht ihresgleichen; kurz: »Eisenbahn« wurde ein Synonym für das Ultramoderne in den 1840er Jahren ähnlich wie »atomar« nach dem Zweiten Weltkrieg.

Man nimmt gemeinhin an, diese ganze Entwicklung spiegele das Transportbedürfnis der Industriewirtschaft wider; davon konnte (jedenfalls auf kurze Zeit gesehen) keine Rede sein. Der größte Teil des Landes hatte Zugang zum Meer, zu einem Fluß oder Kanal[4], und der Wasserweg war damals, wie auch heute noch, der weitaus billigste Beförderungsweg für große Warenmengen. Die Transportgeschwindigkeit spielte bei nicht verderblichen Waren keine Rolle, solange ihre Lieferung regelmäßig erfolgte, und verderblich waren im Grunde nur die Erzeugnisse der Landwirtschaft und Fischerei. Es gibt daher keinen Beweis dafür, daß Transportschwierigkeiten die industrielle Entwicklung *im allgemeinen* ernstlich beeinträchtigt hätten. Im Gegenteil, viele der Eisenbahnstrecken waren und blieben – am Transportbedürfnis gemessen – widersinnig und brachten, wenn überhaupt, nur sehr geringe Profite ein. Das war schon damals völlig klar, und tatsächlich haben realistisch denkende Nationalökonomen wie J. R. McCulloch öffentlich davor gewarnt, mehr als eine beschränkte Anzahl von Hauptstrecken oder von Strecken für schweren Güterverkehr zu errichten, und waren damit den heutigen Rationalisierungsvorschlägen um mehr als ein Jahrhundert voraus.

Natürlich gaben Transportbedürfnisse den Anstoß zum Bau der Eisenbahnen. Es war vernünftig, Kohlenwaggons auf Bahn-

4 Keine Stelle des Landes ist mehr als 70 Meilen vom Meer entfernt; alle Industriegebiete, bis auf einige Teile der Midlands, verfügen über erheblich kürzere Verbindungswege zum Meer.

schienen vom Grubenkopf zum Kanal oder Fluß zu ziehen, vernünftig auch, sie mit stationären Dampfmaschinen zu ziehen, und sinnvoll, eine *bewegliche* Dampfmaschine (oder Lokomotive) zu erfinden, um die Wagen zu ziehen oder zu schieben. Es war sinnvoll, ein im Inland gelegenes Kohlenrevier, das keine Flüsse in seiner Nähe hatte, durch die verlängerte Eisenbahnlinie von Darlington nach Stockton (1825) mit der Küste zu verbinden; die hohen Baukosten für eine solche Strecke mußten sich durch den Kohlenabsatz, den sie ermöglichte, mehr als bezahlt machen.[5] Die schlauen Quäker, die das Geld dafür aufbrachten, hatten recht: die Strecke erbrachte zweieinhalb Prozent Profit im Jahr 1826, 1832/33 8 Prozent und 1839/41 15 Prozent. Nachdem einmal bewiesen war, daß eine Eisenbahn Gewinn bringen konnte, griffen auch andere den Gedanken auf und verbesserten ihn – beispielsweise die Kaufleute von Liverpool und Manchester und ihre Geldgeber in London. Sie erkannten, daß es sowohl für die Kapitalanleger wie auch für Lancashire von Vorteil war, die Monopolpreise für die Kanalbenutzung zu durchbrechen (der seinerzeit aus ganz ähnlichen Gründen gebaut worden war). Auch sie hatten recht. Der Betrieb der Strecke Liverpool-Manchester (1830) war gesetzlich auf eine maximal zehnprozentige Dividende beschränkt; man konnte sie ohne Schwierigkeit auszahlen. Und diese erste allgemeine Eisenbahnstrecke lieferte ihrerseits einen Anreiz für weitere Kapitalanleger und Geschäftsleute, die darauf aus waren, die wirtschaftlichen Möglichkeiten ihrer Städte zu erweitern und mit ihrem Kapital Gewinne zu erzielen. Aber nur ein Bruchteil der 240 Millionen Pfund, die bis 1850 in Eisenbahnen investiert worden waren, war rationell angelegt. Ein hoher Prozentsatz dieses Geldes ging im Eisenbahnbau unter, teilweise spurlos. Riesige Vermögen, deren Besitzer jede Investitionschance ergriffen, welche mehr als den Zinsertrag von 3,4 Prozent für Staatspapiere versprach[6], wurden so vertan. In den 1840er Jahren belief sich der jährliche Überschuß, der für Investitionen zur Verfügung stand, auf 60 Millionen Pfund

5 Die Strecke Stockport – Darlington wurde anfänglich wie eine richtige Straße betrieben; jeder, der wollte, konnte gegen eine Gebühr einen Zug darauf fahren lassen.

6 Die Eisenbahngewinne blieben schließlich – diese Tatsache ist nicht unwichtig – bei etwa 4 Prozent stehen.

oder fast das Doppelte des gesamten Kapitalwertes der Baumwollindustrie um die Mitte der 1830er Jahre. Die Wirtschaft aber bot keine ausreichende Gelegenheit zu Industrieinvestitionen solchen Umfangs. Die Bereitwilligkeit nüchterner Geschäftsleute, um ganz unrentabler Ausgaben willen in die Tasche zu greifen (wie z. B. zur Finanzierung der gigantischen, scheußlichen und übermäßig aufwendigen städtischen Gebäude, mit denen sich die nordenglischen Städte nach 1848 gegenseitig ihre Überlegenheit zu demonstrieren suchten), bezeugt nicht nur ihren wachsenden Reichtum, sondern auch ihren wachsenden Ersparnisüberschuß, den die örtlichen Industrien nicht aufzunehmen vermochten. Ein Ventil für überschüssiges Kapital war die Investition im Ausland. Wahrscheinlich überwog die Kapitalausfuhr bereits Ende des 18. Jahrhunderts den Kapitalimport. Die Kriege schufen die Möglichkeit für Anleihen an Großbritanniens Verbündete, die Nachkriegszeit solche für Anleihen zur erneuten Etablierung reaktionärer Regierungen auf dem Kontinent. Diese Geschäfte waren immerhin abzusehen. Ganz anders verhielt es sich dagegen mit dem Gewinn der Anleihen, die in den 1820er Jahren für unabhängig gewordene Regierungen in Lateinamerika und auf dem Balkan aufgenommen wurden, und in den 1830er Jahren mit Anleihen für ebenso enthusiastische wie unzuverlässige Kreditnehmer unter den Staaten der USA. Das Geld, das der wohlhabende Brite »in seiner Jugend [...] in Kriegsanleihen gesteckt und das er im Mannesalter an südamerikanische Bergwerke verschwendet hatte«, »diese Akkumulation von Reichtum, mit dem ein fleißiges Volk die gewöhnlichen Formen der Investition überflügelt« (um die Worte eines zeitgenössischen Eisenbahnhistorikers zu gebrauchen)[7], sollte und konnte nun in Großbritannien selbst investiert werden; es drängte ins Eisenbahnwesen und verwandelte eine wertvolle Neuerung im Transportsektor in ein großes, nationales Programm zur Kapitalanlage.

Wie immer in Zeiten des Kapitalüberflusses wurde übereilt und kopflos investiert. Briten, die überschüssiges Kapital besaßen – ermuntert von Planern, Bauunternehmern und anderen, die nicht am Betrieb der Eisenbahnen, sondern am Planen und Bauen verdienten –, ließen sich nicht abschrecken von den steigenden Baukosten; die Kapitalisierung pro Eisenbahnmeile in

7 John Francis, *A History of the English Railway*, 1851, II, S. 136.

England und Wales war dreimal so hoch wie in Preußen, fünfmal so hoch wie in den USA und siebenmal so hoch wie in Schweden.[8] Viel davon ging in den wirtschaftlichen Krisenzeiten, die auf die übertriebene Investitionstätigkeit folgten, wieder verloren. Es duldet auch keinen Zweifel, daß bei den Investitionsanreizen nicht nur logische Profit- und Verlustberechnungen, sondern häufig die Anziehungskraft der technologischen Revolution den Ausschlag gab, die die Eisenbahn symbolisierte und die im soliden Bürger den Träumer (oder ökonomisch gesprochen: den Spekulanten) ansprach. Trotzdem, das Geld war da, um ausgegeben zu werden, und wenn es auch nicht viel Gewinn brachte, so brachte es doch ein neues Transportsystem, ein neues Mittel, Vermögen aller Art für industrielle Zwecke zu mobilisieren, und vor allem eine neue Quelle der Beschäftigung sowie einen gewichtigen und dauerhaften Impuls für die britischen Produktionsgüterindustrien. Für den einzelnen Kapitalanleger bedeuteten die Eisenbahnen oft nichts anderes als eine neue Version der amerikanischen Anleihen; für das Volkseinkommen dagegen stellten sie einen Ausweg aus der Krise der ersten Phase des britischen Kapitalismus dar. Bald darauf, im ersten Jahrzehnt des 19. Jahrhunderts, wurde in den USA das Dampfschiff entwickelt, das mit dem Segelschiff erst konkurrieren konnte, als die revolutionäre Umwandlung in der Produktionsgüterbasis der Industriewirtschaft erfolgt war, die das Eisenbahnzeitalter einleitete.[9]

Die Bilanz des Eisenbahnbaus in den 1840er Jahren ist eindrucksvoll. *In Großbritannien:* über 200 Millionen Pfund investiert, direkte Beschäftigung – auf dem Höhepunkt der Bautätigkeit (1846–48) – für etwa 200 000 Leute sowie in der übrigen Wirtschaft ein direkter Beschäftigungsanreiz, der sich nicht

8 Die vorläufigen Ausgaben und gesetzlichen Kosten pro Streckenmeile wurden auf 4000 Pfund geschätzt, das Bauland kostete in den 1840er Jahren bis zu 8000 Pfund pro Meile. Für die Eisenbahn von London nach Birmingham kostete das Land 750 000 Pfund.

9 Bis Mitte der 1830er Jahre belief sich die jährliche Produktion von Dampfschifftonnage auf rund 3000 Tonnen. 1835 bis 1845 betrug sie – grob gerechnet – durchschnittlich 10 000 Tonnen im Jahr, 1855 81 000 Tonnen (gegenüber einer zehnmal so großen Tonnage von Segelschiffen). Erst in den 1880er Jahren wurden in Großbritannien mehr Dampf- als Segelschiffe gebaut. Allerdings leistete ein Dampfschiff pro Tonne, obwohl teurer als ein Segelschiff, auch mehr.

berechnen läßt.[10] Der Eisenbahnbau war die entscheidende Ursache für die Verdoppelung der britischen Eisenerzeugung zwischen den 1830er Jahren und der Mitte der 1840er Jahre; auf ihrem Höhepunkt 1845/47 betrug sein Anteil an der gesamten Inlandkonsumtion etwa 40 Prozent, später 15 Prozent der Gesamtproduktion des Landes. Ein so gewaltiger wirtschaftlicher Antrieb, gerade als die Wirtschaft die schlimmste Krise des Jahrhunderts durchmachte (1841/42), hätte zu keinem günstigeren Zeitpunkt kommen können. *Außerhalb Großbritanniens:* ein mächtiger Anreiz zum Export von Produktionsgütern für den Eisenbahnbau im Ausland. So belieferte beispielsweise die Dowlais Iron Company zwischen 1830 und 1850 zwölf britische und sechzehn ausländische Eisenbahngesellschaften.

Ende der 40er Jahre hatte sich dieser Anreiz keineswegs verbraucht. Im Gegenteil, der Eisenbahnbau nahm in der ganzen Welt ständig zu, zumindest bis 1880, wie die folgende Tabelle zeigt. Zum großen Teil wurden die Eisenbahnen mit britischem Kapital, britischem Material, britischer Ausrüstung und oft von britischen Bauunternehmern gebaut:

PRO JAHRZEHNT AUF DER GANZEN ERDE ERÖFFNETE EISENBAHNMEILEN (AUF 1000 MEILEN AUF- BZW. ABGERUNDET)

Jahr	*Vereinigtes Königreich*	*Europa (mit Vereinigtem Königreich)*	*Amerika*	*Übrige Welt*
1840–50	6 000	13 000	7 000	——
1850–60	4 000	17 000	24 000	1 000
1860–70	5 000	31 000	24 000	7 000
1870–80	2 000	39 000	51 000	12 000

Diese beachtliche Expansion spiegelte den Industrialisierungsprozeß in den »fortgeschrittenen« Ländern und die wirtschaftliche Erschließung der unentwickelten Gebiete wider, die die Erde in dieser Periode der viktorianischen Epoche verwandelten, indem sie in Deutschland[11] und den USA Industriewirt-

10 Die Zahl der Beschäftigten im Bergbau, der Metallverarbeitung, dem Maschinen- und Fahrzeugbau usw., die weitgehend durch die Eisenbahnpolitik betroffen war, stieg zwischen 1841 und 1851 um fast 40 Prozent an.

11 Oder vielmehr dem Gebiet, das 1871 Deutschland wurde.

schaften hervorbrachten, die der britischen bald an die Seite gestellt werden konnten, Gebiete wie die Prärien Nordamerikas, die Pampas Südamerikas, die Steppen Südrußlands für eine exportorientierte Landwirtschaft erschloß, mit Kriegsflottillen den Widerstand Chinas und Japans gegen den Außenhandel brach, die Grundlagen tropischer und subtropischer Wirtschaften legte, die auf der Ausfuhr von Bodenschätzen und landwirtschaftlichen Erzeugnissen beruhten. Die Folgen dieser Veränderung wurden in Großbritannien erst nach der Krise der 70er Jahre spürbar. Bis dahin hatte sie sich für den größten und in einigen Teilen der Welt einzigen Exporteur von Industrieerzeugnissen und Kapital hauptsächlich vorteilhaft ausgewirkt.

Es lassen sich drei Konsequenzen aufzeigen, die diese Veränderung für die Orientierung der britischen Wirtschaft gehabt hat.

Die erste davon ist die Industrielle Revolution in der Schwerindustrie, die die Wirtschaft erstmals reichlich mit Eisen und, was noch wichtiger war, mit Stahl versorgte (der bislang mit ziemlich altmodischen Methoden und in winzigen Mengen produziert worden war)[12]:

Produktion von Roheisen, Stahl und Kohle (in 1000 Tonnen)

1850	2 250	49	49 000
1880	7 750	1 440	147 000

Bei der Kohlenförderung wurde das Produktivitätswachstum im wesentlichen mit traditionellen Methoden erzielt, d. h. ohne besondere arbeitssparende Mittel, was bedeutet, daß die Expansion die Zahl der Bergarbeiter erhöhte. 1850 gab es in Großbritannien rund 200 000 Bergarbeiter, 1880 etwa eine halbe Million und 1914 gut 1,1 Millionen, die in ungefähr 3000 Bergwerken arbeiteten, also fast so viele wie die gesamte Landbevölkerung und die (männlichen und weiblichen) Textilarbeiter. Das wirkte sich nicht nur auf den Charakter der britischen Arbeiterbewegung, sondern auch auf die nationale

12 1850 betrug die gesamte Stahlerzeugung der westlichen Welt wahrscheinlich nicht mehr als 70 000 Tonnen, wozu Großbritannien fünf Siebtel beisteuerte.

Politik aus, denn die Bergleute, die in von einer einzigen Industrie beherrschten Landzonen lebten, waren eine der wenigen Gruppen manueller Arbeiter (auf dem Land fast die einzige), die die Geschicke parlamentarischer Wahlkreise bestimmen konnten. Daß sich der britische Trades Union Congress (Gewerkschaftskongreß) bereits in den neunziger Jahren die sozialistische Forderung nach Verstaatlichung der Industrien zu eigen machte, lag nicht zuletzt an dem Druck der Bergleute, der seinerseits begründet war in ihrer Empörung insbesondere über die grobe Vernachlässigung von Sicherheit und Gesundheit der Arbeiter durch die Grubenbesitzer.[13]

Die ungeheure Steigerung der Eisenproduktion hatte eine ihrer Ursachen im Produktivitätszuwachs der Hochöfen; sie hatte zur Folge, daß die Kapazität dieser Industrie gelegentlich der tatsächlichen Produktion weit voraus war und so eine Tendenz zur Preissenkung bewirkte; um die Mitte der achtziger Jahre lag die tatsächliche britische Produktion erheblich unter der potentiellen Kapazität. Andererseits wurde die Stahlerzeugung revolutioniert durch die Erfindung der Bessemer-Birne 1850, den Siemens-Martin-Ofen in den 1860er Jahren und das Thomas-Verfahren Ende der 1870er Jahre. Die neue Möglichkeit der Massenproduktion von Stahl verstärkte den allgemeinen Antrieb, den die Produktionsgüterindustrie durch das Transportwesen bekommen hatte. Sobald Stahl in großen Mengen erhältlich war, begann man, das minder haltbare Eisen durch Stahl zu ersetzen, so daß Eisenbahnen, Dampfschiffe etc. innerhalb einer Generation zweimal mit Eisen ausgestattet werden mußten. Da die Produktivität pro Mann in diesen Industriezweigen, die ohnehin niemals sehr viel manuelle Arbeit erforderten, sehr stark anstieg, hielten sich die Auswirkungen auf die Beschäftigungslage in Grenzen. Aber wie die Kohlenindustrie und die Expansion des Transportwesens, die mit derjenigen der Eisen-, Stahl- und Kohlenindustrie zusammen erfolgte, schuf sie Arbeitsplätze für die ungelernten Arbeiter aus der überschüssigen Landbevölkerung (aus Großbritannien oder aus

13 Von 1856 bis 1886 kamen jährlich etwa 1000 Bergleute bei Unfällen ums Leben. Die Statistik der großen Katastrophen weist folgende Daten auf: High Blantyre (200 Tote, 1877), Haydock (189 Tote, 1878), Ebbw Vale (268 Tote, 1878), Risca (120 Tote, 1880), Seaham (164 Tote, 1880), Pen-y-Craig (101 Tote, 1880).

Irland). Die Expansion hatte also einen doppelten Effekt: sie verschaffte den ungelernten Arbeitern besser bezahlte Arbeit und verbesserte, indem sie den ländlichen Bevölkerungsüberschuß abzog, die Lage der zurückbleibenden Landarbeiter, die sich merklich, seit den 1850er Jahren sogar rasch zu konsolidieren begann.[14]

Der Aufschwung der Produktionsgüterindustrien wirkte sich als Anreiz zur Beschäftigung von ungelernten Arbeitern bei der großen Ausweitung im Maschinen-, Schiffbau etc. aus. Auch in diesen Industrien verdoppelte sich die Zahl der Beschäftigten zwischen 1851 und 1881, und im Gegensatz zu Kohle und Eisen haben sie sich seitdem immer weiter ausgedehnt. 1914 bildeten sie die größte Einzelgruppe britischer männlicher Arbeiter – erheblich größer als die aller männlichen und weiblichen Textilarbeiter zusammen. Sie stärkten eine Arbeiteraristokratie, die mehr verdiente als die Masse der Arbeiter.

Die zweite Konsequenz der neuen Ära bestand also darin, daß sich die Beschäftigungslage beträchtlich verbesserte und mehr Arbeiter besser bezahlte Stellen erhielten. Das ist wohl die Ursache für die gängige Vermutung, während der goldenen Jahre der viktorianischen Epoche habe die soziale Spannung nachgelassen. In Wirklichkeit stiegen die Löhne vieler Gruppen von Arbeitern nicht nennenswert an; und die Wohnverhältnisse und städtischen Versorgungseinrichtungen blieben erschreckend schlecht.

Die dritte Konsequenz war die Steigerung des britischen Kapitalexports ins Ausland. 1870 waren etwa 700 Millionen Pfund im Ausland investiert, über ein Viertel davon in der aufstrebenden Industriewirtschaft der USA. Diese Kapitalabwanderung bildete jedoch nur einen Teil des großen Stroms von Gewinnen und Rücklagen, die zur Investition drängten. Infolge der Umwandlung des Kapitalmarkts suchte man Investitionsgelegenheiten jetzt nicht mehr in altmodischen Grundstücks- und Staatspapieren, sondern in Industrieanteilen. Geschäftsleute und Gründer (Zeitgenossen hätten wahrscheinlich »unlautere Geschäftsleute« und »schmutzige Gründer« gesagt) waren jetzt eher in der Lage, nicht nur von potentiellen Teilhabern, sondern

14 Die Zahl der Beschäftigten im Transportwesen stieg in den 1840er Jahren um mehr als das Doppelte, zwischen 1851 und 1881 nochmals um das Doppelte und betrug dann fast 900 000.

auch von gänzlich uninformierten Kapitalanlegern Kapital zu beschaffen, die überall in der Weltwirtschaft Kapitalgewinne suchten und sie auch fanden. Neue Gesetze ermöglichten die Gründung von Aktiengesellschaften mit beschränkter Haftung und ermunterten zu abenteuerlichen Investitionen, denn wenn eine solche Gesellschaft Bankrott machte, so verlor der Aktionär lediglich das von ihm investierte Geld, jedoch nicht sein gesamtes Vermögen.[15]

Vom wirtschaftlichen Standpunkt aus bedeutete die Umwandlung des Kapitalmarkts im Eisenbahnzeitalter – die Börsen von Manchester, Liverpool und Glasgow waren allesamt Produkte der »Manie« der 1840er Jahre – ein wertvolles, obgleich kein ausschlaggebendes Instrument, Kapital für Unternehmungen, die für Teilhaberschaften allein zu umfangreich gewesen wären, oder für solche in entlegenen Teilen der Erde flüssig zu machen. In gesellschaftlicher Hinsicht offenbarte sie indes einen anderen Wirtschaftsaspekt der viktorianischen Zeit: die Entstehung einer Klasse von *Rentiers*, die von den Profiten und Sparrücklagen aus den Akkumulationen der vorangegangenen zwei bis drei Generationen lebten. 1871 gab es in Großbritannien 170 000 »Personen von Rang und Besitz« ohne erkennbare Beschäftigung, fast alle von ihnen waren Frauen oder »Damen«, überraschend viele unverheiratete Damen.[16] Aktien und Anteile an familieneigenen Firmen, die zu diesem Zweck in »Privatgesellschaften« umgewandelt wurden, erwiesen sich als außerordentlich geeignet, Witwen, Töchter und andere Verwandte zu versorgen, die mit der Leitung und Verwaltung des Eigentums und Unternehmens weder belastet werden konnten noch mußten. Die vornehmen Alleen von Kensington, die Landhäuser der Kurorte und die immer zahlreicher werdenden mittelständischen Seebäder, die Schweizer Berge und die toskanischen Städte hießen sie willkommen. Das Zeitalter der Eisenbahn, des Eisens und der Auslandsinvestition schuf auch die wirtschaftliche Basis für den viktorianischen Ästheten.

15 Natürlich waren vor Einführung der allgemeinen beschränkten Haftung besondere Vorkehrungen für bestimmte Arten der gemeinschaftlichen Kapitalinvestition getroffen worden.

16 Von den Aktionären der Bank of Scotland und der Commercial Bank of Scotland waren in den 1870er Jahren etwa zwei Fünftel Frauen, und von diesen wiederum fast zwei Drittel alleinstehende Frauen.

Mit der Eisenbahn trat Großbritannien in die Periode der vollen Industrialisierung ein. Seine Wirtschaft befand sich nicht mehr im Schwebezustand, auf einer schmalen Basis aus zwei bis drei wegbereitenden Sektoren – namentlich der Textilindustrie –, sie besaß nun eine breite Grundlage in der Produktionsgütererzeugung, die ihrerseits das Vordringen der modernen Technologie und Organisation (bzw. dessen, was um die Mitte des 19. Jahrhunderts als modern galt) in die einzelnen Industriezweige begünstigte. Die Wirtschaft konnte jetzt zwar nicht alles produzieren, aber doch alles, was sie produzieren wollte. Sie hatte die Krise der frühen Industriellen Revolution überwunden und die Krise eines Industrielandes, welches aufhört, alleinige »Werkstatt der Welt« zu sein, noch nicht zu spüren bekommen.

Eine vollindustrialisierte Industriewirtschaft setzt Permanenz voraus, selbst wenn es nur die Permanenz weiterer Industrialisierung ist. Eines der eindrucksvollsten Zeichen für die neue Lage – in der Wirtschaftswissenschaft, im Leben der Gesellschaft und in der Politik – war die Bereitschaft der Briten, ihre neue Lebensweise als selbstverständlich oder wenigstens als unumstößlich hinzunehmen und sich ihr anzupassen. Die einzelnen Klassen taten das auf unterschiedliche Weise. Wir wollen uns kurz mit den beiden wichtigsten, den Unternehmern und den Arbeitern, befassen.

Eine Industriewirtschaft aufzubauen ist nicht dasselbe, wie eine bereits vorhandene in Gang zu halten. Die großen Anstrengungen der britischen Mittelklasse während des halben Jahrhunderts von Pitt bis Peel hatten dem ersten dieser Zwecke gegolten. Politisch und sozial bedeutete dies, sich selbst Vertrauen in ihre historische Aufgabe einzuflößen – der Beginn des 19. Jahrhunderts war das erste und letzte Mal, daß Damen pädagogische Abhandlungen über Nationalökonomie für andere Damen zur Unterweisung ihrer Kinder oder, noch häufiger, der Armen schrieben[17] –, und es bedeutete ferner einen langwierigen

17 Wie Frau Marcet, Harriet Martineau und die Romanschriftstellerin Maria Edgeworth, die von Ricardo viel bewundert und von der jungen Prinzessin Viktoria gelesen wurde. Ein jüngerer Autor stellt fest, daß die offenbare Vernachlässigung der Französischen Revolution und der Napoleonischen Kriege in den Romanen von Jane Austen und Maria Edgeworth vielleicht beabsichtigt war, da das Themen waren, die den »anständigen Bürger« nicht zu interessieren hatten.

Kampf gegen die »Aristokratie«, um die Institutionen Großbritanniens dem Industriekapitalismus anzumessen. In den Reformen der 1830er Jahre und mit der Einführung des Freihandels 1846 wurde diese Anpassung mehr oder weniger erreicht, jedenfalls soweit das möglich war, ohne eine vielleicht unkontrollierbare Mobilisierung der Arbeitermassen zu riskieren (vgl. 4. und 12. Kapitel). In den »goldenen Jahren« waren die entscheidenden Schlachten gegen das *ancien régime* bereits gewonnen. Die Königin selbst war ein Beispiel bürgerlicher Wohlanständigkeit oder schien es zu sein, und die Konservative Partei, das Organ alles dessen, was das industrielle Großbritannien ablehnte, repräsentierte mehrere Jahrzehnte hindurch eine politische Minorität ohne Ideologie oder Programm. Die gewaltige Bewegung der Arbeiterschaft – jakobinisch, chartistisch, ja sogar sozialistisch – verschwand und überließ ausländischen Emigranten wie Karl Marx das Feld, die versuchten, aus dem Liberalradikalismus oder dem ehrbaren Gewerkschaftswesen, die an ihre Stelle getreten waren, das Menschenmögliche zu machen.

Die wirtschaftlichen Veränderungen waren nicht minder bedeutsam. Die kapitalistischen Fabrikanten der ersten Phase der Industriellen Revolution sahen sich selbst als eine Minderheit von Pionieren, die ein Wirtschaftssystem in einer Umgebung einzurichten suchten, die es keineswegs begünstigte: umgeben von einer Bevölkerung, die ihren Bemühungen mit tiefem Mißtrauen gegenüberstand, eine Arbeiterklasse beschäftigend, die an den Industrialismus nicht gewöhnt war und ihn ablehnte, bemüht – wenigstens zu Beginn –, ihre Fabriken aufzubauen mit bescheidenem Anfangskapital und wieder ins Geschäft gesteckten Profiten, die sie durch Enthaltsamkeit, harte Arbeit und restlose Ausbeutung der Armen gemacht hatten. Die Epen über den Aufstieg der viktorianischen Mittelklasse, wie sie in den Werken von Samuel Smiles enthalten sind, gründeten sich auf eine mythische Ära von Helden der Selbsthilfe, die von der dummen, fortschrittsfeindlichen Menge vertrieben wurden und später triumphierend in Melonenhüten zurückkehrten. Sie waren Empiriker, stolz auf ihre Erfahrungen und hatten nur sehr unvollständige Vorstellungen darüber, wie ihre Unternehmen rational geleitet werden könnten. Es mag uns heute grotesk vorkommen, daß Ökonomen behaupten konnten, wie es Nassau sen. in einer Polemik gegen das Zehnstundengesetz von 1847 tat, der Profit für die Unternehmer entstehe während der letzten Arbeitsstunde und jede Verringerung der Arbeitszeit sei aus diesem Grunde verhängnisvoll für sie. Es gab freilich auch eine Menge nüchterner Leute, die der Ansicht waren, die einzige Art, Profite zu erzielen, bestehe darin, möglichst niedrige Geldlöhne für möglichst lange Arbeitszeiten zu zahlen.

Die Klasse der Unternehmer war mit den Spielregeln der Industrie nur unvollständig vertraut bzw. nicht geneigt, sich nach ihnen zu richten. Diese Regeln implizierten, daß die Geschäfte der Wirtschaft im wesentlichen beherrscht wurden vom freien Kräftespiel auf dem Markt – durch den ungehemmten Wettbewerb, mit dem ein jeder seinen eigenen wirtschaftlichen Vorteil verfolgte –, und daß dies automatisch die besten Ergebnisse zeitigen würde. Ganz abgesehen von ihrem eigenen Widerwillen gegen den Wettbewerb, wenn er ihnen nicht paßte[18], mochten die Unternehmer solche Gedanken keinesfalls auf ihr Verhältnis zu den Arbeitern angewendet wissen. Diese blieben weiterhin an lange und unflexible Verträge gebunden, z. B. an den einjährigen Arbeitsvertrag (»yearly bond«) der Kohlenbergarbeiter im Nordosten Englands. Noch häufiger wurden sie durch den außerwirtschaftlichen Zwang des Trucksystems (Bezahlung in Waren oder Zwang, in firmeneigenen Läden einzukaufen) und durch Geldbußen zusätzlich geschröpft oder durch ein Vertragsrecht (das 1823 kodifiziert wurde) geknebelt, das jeden Bruch des Arbeitsvertrags mit Gefängnis bedrohte, während ihre Herren für ihre eigene Vertragsbrüchigkeit frei ausgingen oder mit einer bloßen Geldstrafe davonkamen. Wirtschaftliche Anreize wie z. B. Leistungslöhne waren keineswegs üblich, obwohl Akkordarbeit (»piece-work«) die Art von Lohnzahlung war, die dem Kapitalismus am meisten entsprach (wie Karl Marx überzeugend darlegen sollte). Das einzige allgemein anerkannte Anreizmittel war der Profit. Denjenigen, die nicht als Unternehmer Profite machten, blieb nichts anderes übrig, als nach dem Tempo zu arbeiten, das ihnen die Maschine, die Arbeitsdisziplin oder die Arbeitgeber diktierten. Obwohl man bereits wußte, daß höhere Löhne und kürzere Arbeitszeit

18 Obwohl Kartelle, preisfestsetzende Abmachungen usw. damals – außer im Zusammenhang mit Regierungsaufträgen – selten von Dauer waren oder Wirksamkeit besaßen.

die Produktivität steigern können, trachteten die Arbeitgeber nach wie vor, die Löhne zu senken und die Arbeitszeit zu verlängern. Rationale Preisberechnungen oder Betriebsleitung waren selten, und diejenigen, die sie empfahlen, wie der Naturwissenschaftler Charles Babbage (der Pionier des Computers), galten als unpraktische Exzentriker. Von den Gewerkschaften meinte man, daß sie zum Mißerfolg verurteilt seien und zur wirtschaftlichen Katastrophe führen müßten; obschon sie seit 1824 nicht mehr in der Illegalität wirkten[19], wurden alle erdenklichen Anstrengungen gemacht, sie zu behindern oder zu zerstören.

Unter diesen Umständen nimmt es nicht wunder, daß die Arbeiter den Kapitalismus ablehnten. Er bot ihnen in der Praxis wenig. Im Widerspruch zu den Apologeten des Systems bot er ihnen auch in der Theorie wenig, jedenfalls *solange sie Arbeiter blieben* – wozu die meisten von ihnen verurteilt waren. Bis zum Eisenbahnzeitalter garantierte er ihnen keinerlei Sicherheit, nicht einmal die seiner eigenen Kontinuität. Er konnte zusammenbrechen. Er konnte gestürzt werden. Es konnte sein, daß er nur eine Episode und keine Epoche markierte. Zur Zeit des großen Generalstreiks der Chartisten (1842) konnte jeder Erwachsene in einer Stadt wie Blackburn sich an die Zeit erinnern, als die erste Spinnfabrik und der erste mechanische Webstuhl in der Stadt eingerichtet worden waren. Auch wenn die Arbeiterschaft das System zögernd als dauerhaft anerkannte, so war es doch unwahrscheinlich, daß sie sich ihm – außer unter Zwang – anpassen würde, zum Beispiel in ihren Kämpfen. Sie mochte wie die frühen Sozialisten versuchen, es durch freie, kooperative Produktionsgemeinschaften zu umgehen. Sie mochte versuchen, ihm für kurze Zeit zu entkommen, wie es die frühen Gewerkschaften taten, wenn sie ihre arbeitslosen Mitglieder »auf Wanderschaft« in eine andere Stadt schickten, bis sie merkte, daß »schlechte Zeiten« in der neuen Wirtschaft periodisch und universal auftraten. Sie mochte versuchen, es zu vergessen, indem sie von einer Rückkehr zum bäuerlichen Eigentum träumte. Es ist kein Zufall, daß der größte Massenführer jener Zeit, der

19 Dank den Bemühungen der »Philosophic Radicals«, die sagten, daß, wenn sie einmal legal seien, sich bald ihre totale Unwirksamkeit offenbaren müsse und die Arbeiter deshalb aufhören würden, sich von ihnen verführen zu lassen.

chartistische Tribun Feargus O'Connor, ein Ire war, dessen konstruktives Wirtschaftsprogramm für die, die ihm anhingen, in einem Plan zur Ansiedlung auf dem Lande bestand.

Irgendwann im Laufe der 1840er Jahre begann sich das alles zu ändern, und zwar rasch zu ändern, freilich eher durch örtlich beschränkte und inoffizielle Aktionen als durch umfassende nationale Gesetze oder Organisationen. Die Arbeitgeber gaben einige »extensive« Ausbeutungsmethoden wie die Verlängerung der Arbeitszeit und die Kürzung der Löhne auf und ersetzten sie durch »intensive«. Das Zehnstundengesetz von 1847 führte in der Baumwollindustrie diese Änderungen herbei. Was die Kontinentaleuropäer später die »englische Woche« nannten, das freie Wochenende ab Samstag mittag, wurde in Lancashire in den 1840er, in London in den 1850er Jahren eingeführt. Die Bezahlung nach Leistung wurde immer populärer, die Arbeitsverträge wurden flexibler. Der außerwirtschaftliche Zwang nahm ab; die Bereitschaft, eine gesetzliche Überwachung der Arbeitsbedingungen zu akzeptieren – durch Fabrikinspektoren – nahm zu. All dies signalisierte nicht so sehr einen Sieg der Vernunft, als vielmehr ein Nachlassen der Spannung. Die britischen Industriellen fühlten sich jetzt reich und selbstsicher und meinten, sich solche Veränderungen leisten zu können. Es ist häufig betont worden, daß die Arbeitgeber, die eine Politik relativ hoher Löhne und der Beschwichtigung der Arbeiter durch Reformen in den 1850er und 1860er Jahren befürworteten, oft alte, etablierte und blühende Firmen vertraten, die nicht mehr vom Konkurs bedroht waren. Die Arbeitgeber »neuen Stils« waren selbstbewußte Männer wie die Brüder Bass (Brauerei), Lord Elcho (Kohle und Eisen), Thomas Brassey (Eisenbahnbau), Titus Salt, Alfred Illingworth, die Brüder Kell aus der Gegend von Bradford, A. J. Mundella und Samuel Morley (Strumpfwirkerei). Ist es Zufall, daß Bradford, woher mehrere dieser Männer stammten, den Prestigewettbewerb im West Riding von Yorkshire für Gemeindemonumente durch die Errichtung eines pompösen Gebäudes veranlaßte (mit einem Restaurant »zur Unterbringung der Handelsleute«, einem Saal für 3100 Menschen, einer Riesenorgel und einer Beleuchtung durch eine ununterbrochene Reihe von 1750 Gasleuchten) und so seinen Rivalen Leeds zu der ungeheuerlichen Ausgabe von 122 000 Pfund für ein Rathaus antrieb?

Gegen Ende der 1860er Jahre traten diese Veränderungen deutlicher in Erscheinung; sie wurden förmlicher und offizieller. 1867 wurde die Fabrikgesetzgebung erstmals in ernst zu nehmender Weise über die Textilindustrien hinaus ausgedehnt, ja man gab nun sogar die Fiktion auf, ihr einziger Zweck bestehe im Schutz von Kindern – da Erwachsene theoretisch ja in der Lage seien, sich selbst zu schützen. Selbst in der Textilindustrie, in der die Geschäftsleute generell der Ansicht waren, die Neuerungen von 1833 und 1847 (das Zehnstundengesetz) seien rücksichtslose und bedenkliche Einmischungen in die Privatwirtschaft, söhnte man sich mit diesen Gesetzen aus. »Niemand«, so schrieb der *Economist*, »würde *heute* an der Weisheit jener Maßnahmen zweifeln.«[20] In den Bergwerken erfolgte der Fortschritt langsamer, obwohl 1872 der einjährige Arbeitsvertrag in Nordostengland abgeschafft und theoretisch den Bergleuten das Recht zugestanden wurde, die Billigkeit ihrer Leistungslöhne durch einen gewählten Kontrolleur (»checkweighman«) nachzuprüfen. Das ungerechte Herr-und-Diener-Gesetz wurde 1875 außer Kraft gesetzt. Noch wichtiger war, daß den Gewerkschaften ein Gesetzesstatus zugestanden wurde, d. h. sie wurden als Bestandteile der industriellen Szenerie akzeptiert. Diese Veränderung kam deshalb so überraschend, weil die Royal Commission von 1867, die sie anregte, eine Reaktion auf einige gänzlich ungerechtfertigte Terrorakte kleiner Handwerksvereine in Sheffield (der »Sheffield Outrages«) war, Aktionen, von denen man zunächst annahm, daß sie heftige antigewerkschaftliche Maßnahmen provozieren würden, was zwanzig Jahre früher wahrscheinlich auch der Fall gewesen wäre. Tatsächlich aber verliehen die Gesetze von 1871 und 1875 den Gewerkschaften ein außerordentliches Maß gesetzlicher Freiheit, das konservative Juristen seitdem immer wieder zu beschneiden gesucht haben.

Das augenfälligste Anzeichen für die Veränderung war indes politischer Art: das Reformgesetz von 1867 (dem, wie wir sahen, eine ganze Reihe wichtiger Gesetzesänderungen folgte) etablierte ein Wahlsystem, das die Stimmen der Arbeiterklasse einschloß. Es führte zwar nicht die parlamentarische Demokratie ein, aber es schuf die Voraussetzung, daß sich die herr-

20 Zitiert bei J. H. Clapham, *An Economic History of Modern Britain*, II, S. 41.

schenden Klassen Großbritanniens mit deren schließlicher Einführung abfinden mußten, was mit den späteren Reformen (1884/85, 1918 und 1929) dann auch erreicht wurde.[21] Zwanzig Jahre früher hatte man dem Chartismus Widerstand geleistet in der Befürchtung, daß Demokratie zur Sozialrevolution führe. Noch 1817 hatte George Canning Gott dafür gedankt, »daß das Unterhaus noch nicht genügend mit dem Volk identisch geworden ist, um jeden seiner Wünsche im Entstehen aufzugreifen [...]. Keinem Prinzip unserer Verfassung entsprechend hat es das jemals sein sollen, [...] es hat nie vorgegeben noch kann es je vorgeben, es zu sein, ohne das Königreich in Verderben und Elend zu stürzen.«[22] Cecil, der in den Debatten von 1866/67, in denen so viel von den Vorurteilen der Oberschicht zum Vorschein kam, für die Nachhut sprach, warnte seine Hörer noch immer davor, daß Demokratie gleichbedeutend mit Sozialismus sei. Die herrschenden Klassen Großbritanniens hießen die Reform nicht willkommen. Im Gegenteil, ohne die Massenagitation der Armen hätten sie wohl keine Zugeständnisse gemacht; ihre Bereitwilligkeit zum Kompromiß im Jahre 1867 stand in deutlichem Gegensatz zu der von ihnen propagierten Gewaltanwendung gegen den Chartismus in den Jahren 1839, 1842 und 1848. Warum also akzeptierten sie den Kompromiß? Weil sie die britische Arbeiterklasse nicht mehr für revolutionär hielten. Jedenfalls sahen sie sie jetzt geteilt in eine politisch gemäßigte Arbeiteraristokratie, die bereit war, den Kapitalismus gutzuheißen, und in ein politisch einflußloses, da unorganisiertes und führerloses Proletariat, von dem keine Gefahr ausging. Die großen Massenbewegungen, die, wie der Chartismus, die gesamte Arbeiterschaft gegen die Klasse der Unternehmer mobilisiert hatten, waren tot. Der Sozialismus war aus seinem Geburtsland emigriert. »Meine traurigen Eindrücke«, schrieb ein alter Chartist 1870, »bestätigten sich. Es ist wahr, daß zu unserer alten chartistischen Zeit die Arbeiter von Lancashire oft zu Tausenden in Lumpen gingen und daß viele von ihnen oft nichts zu essen hatten. Aber wohin man auch kam, sah man Beweise ihrer Intelligenz. Man konnte sie in Gruppen beisammen stehen und die große Lehre der politischen Gerechtigkeit diskutieren sehen [...]. *Jetzt* sieht man solche

21 Die *Times* hielt die Demokratie erst 1914 für akzeptabel.
22 Zitiert bei W. Smart, *Econ. Annals of the 19th century*, 1910, I, S. 54.

Gruppen in Lancashire nicht mehr. Statt dessen kann man gutgekleidete Arbeiter, die mit den Händen in den Hosentaschen einhergehen, von ›Co-ops‹ (Konsumgenossenschaften) und ihren Anteilen darin oder in Bausparkassen reden hören. Und man kann andere sehen, die wie die Idioten kleine Windhunde spazieren führen.«[23]
Der Wohlstand bzw. das, was an Hunger gewöhnte Menschen als behagliches Auskommen betrachteten, hatte das Feuer ausgelöscht. Überdies hatte die Entdeckung, daß der Kapitalismus keine Katastrophe, sondern ein System mit einigen Möglichkeiten zur Verbesserung war, die Kampfziele der Arbeiter verändert. Es gab keine Sozialisten mehr, die von einer neuen Gesellschaft träumten; es gab Gewerkschaften, die die Gesetze der Nationalökonomie dazu benutzten, die Löhne ihrer Mitglieder zu erhöhen.

Der britische mittelständische Bürger, der zu Beginn der 1870er Jahre die Lage betrachtete, mochte glauben, alles stehe zum Besten in der besten aller möglichen Welten. Mit der britischen Wirtschaft konnte nichts sonderlich Schlimmes geschehen. Aber dennoch geschah es. Gerade so, wie die erste Phase der Industrialisierung in ihre selbstgemachte Depression und Krise mündete, so warf auch die zweite Phase ganz besondere Schwierigkeiten auf. Die Jahre zwischen 1873 und 1896 sind bei Wirtschaftshistorikern, die sich mit ihnen eifriger als mit irgendeiner anderen Phase der wirtschaftlichen Konjunktur des 19. Jahrhunderts befaßt haben, als die »Große Depression« bekannt. Dieser Begriff ist irreführend. Was die Arbeiter betrifft, so kann diese Zeit mit den Verheerungen der 1830er und 1840er oder der 1920er und 1930er Jahre nicht verglichen werden. Sofern aber mit »Depression« eine allgemeine – und für die Generationen nach 1850 eine neue – Verdüsterung der Aussichten der britischen Wirtschaft gemeint ist, trifft die Bezeichnung zu. Nach einem glanzvollen Aufstieg kam die Wirtschaft zum Stillstand. Obwohl die britische Hochkonjunktur der frühen 1870er Jahre nicht ganz so dramatisch wie in den USA und in Mitteleuropa einbrach, ging es inmitten des Trümmerschutts der bankrotten Finanziers und der erkaltenden Hochöfen unerbittlich mit ihr bergab. Im Gegensatz zu anderen Industrie-

23 *The Life of Thomas Cooper, Written by Himself*, 1872, S. 393.

mächten konnte sich die britische Wirtschaft nicht wirklich wieder erholen. Preise, Profite und Zinssätze fielen oder blieben rätselhaft niedrig. Einige wenige kleine, hektische Booms vermochten diesen langen, frustrierenden Niedergang nicht aufzuhalten. Erst Mitte der 1890er Jahre trat eine Wende ein. Und als die wirtschaftliche Sonne der Inflation abermals durch den Nebel brach, schien sie auf eine sehr veränderte Welt. Zwischen 1890 und 1895 überholten die USA und Deutschland Großbritannien in der Stahlerzeugung. Während der »Großen Depression« hörte Großbritannien auf, die »Werkstatt der Welt« zu sein; sie war nur noch eine ihrer drei größten Industriemächte und in einigen heiklen Punkten die schwächste von ihnen.
Die »Große Depression« läßt sich aus den Voraussetzungen Großbritanniens allein nicht erklären, da es sich bei ihr um eine weltweite Erscheinung handelte, obwohl sie sich in den einzelnen Ländern verschieden auswirkte und in einigen, namentlich den USA, Deutschland und den jungen Industrieländern wie denen Skandinaviens, alles in allem eher eine Periode des außerordentlichen Fortschritts als der Stagnation war. Doch stellte sie im ganzen das Ende einer Phase der Wirtschaftsentwicklung, der ersten oder, wenn wir das vorziehen, der »britischen« Phase der Industrialisierung und den Anbruch einer neuen dar. Grob gesprochen war die Konjunktur der Jahrhundertmitte das Ergebnis der beginnenden bzw. der faktisch beginnenden Industrialisierung der wichtigsten »fortgeschrittenen« Wirtschaftsmächte und der Erschließung von bisher nicht ausgebeuteten, da unzugänglichen oder unentwickelten Gebieten der Grundstoffproduktion und Landwirtschaft.[24] Im Fall der Industrieländer handelte es sich um so etwas wie die Erweiterung der britischen Industriellen Revolution und der Technologie, die ihr zugrunde lag; im Fall der Grundstoffproduzenten um die Errichtung eines globalen Transportsystems, das auf der Eisenbahn und der verbesserten – und zunehmend mit Dampf betriebenen – Schiffahrt basierte und Gebiete mit

24 Damit soll die industrielle Entwicklung außerhalb Großbritanniens vor den 1840er Jahren nicht bestritten werden, nur ihre Vergleichbarkeit mit der britischen Industrialisierung. So betrug beispielsweise 1840 der Wert aller in den USA und in Deutschland hergestellten Metallwaren jeweils etwa ein Sechstel der britischen; der Wert aller Textilerzeugnisse etwas über ein Sechstel bzw. Fünftel; die Roheisenerzeugung ein wenig über ein Fünftel bzw. etwa ein Achtel.

relativ einfacher wirtschaftlicher Nutzungsmöglichkeit sowie verschiedene Bergwerksgebiete mit ihren Absatzmärkten im verstädterten, industriellen Teil der Welt zu verbinden imstande war. Beide Prozesse gaben der britischen Wirtschaft einen ungeheuren Auftrieb, ohne ihr merklich Schaden zuzufügen. Doch konnte beides nicht endlos andauern.

Die starke Kostensenkung in der Industrie und (durch die Transportrevolution) bei den Grundstoffen mußte sich zwangsläufig in Preissenkungen bemerkbar machen, sobald die neuen Fabrikanlagen selber produzieren, die neuen Eisenbahnstrecken in Betrieb sein, die neuen landwirtschaftlichen Gebiete bebaut würden. Sie nahm dann auch wirklich die Gestalt einer spektakulären, zwanzig Jahre dauernden Deflation an, die das allgemeine Preisniveau um etwa ein Drittel senkte und die die meisten Geschäftsleute meinten, wenn sie von »permanenter Depression« sprachen. Sie wirkte sich katastrophal auf die Interessen der britischen Landwirtschaft aus. Als billige Nahrungsmittel massenhaft die verstädterten Gebiete Europas in den 1870er Jahren überschwemmten, verlor der landwirtschaftliche Markt den Boden unter sich, und zwar nicht nur in den Aufnahme-, sondern auch in den miteinander konkurrierenden überseeischen Herstellergebieten. Die wachsende Unzufriedenheit populistischer Farmer auf dem nordamerikanischen Kontinent, das gefährliche agrarrevolutionäre Donnergrollen im Rußland der 1880er und 1890er Jahre (ganz zu schweigen von der plötzlichen agrarischen, nationalistischen Unruhe in Irland in der Ära des Parnellismus und der Land League des Michael Davitt[25]) legen Zeugnis ab von der Auswirkung auf Gebiete mit bäuerlicher Landwirtschaft oder landwirtschaftlichen Familienbetrieben, die direkt oder indirekt auf die Weltmarktpreise angewiesen waren. Importländer, die bereit waren, ihre Bauern durch Zölle zu schützen, wie es mehrere nach 1879 taten, meinten, sich so einigermaßen verteidigen zu können. Die britische Landwirtschaft war zu diesem Zeitpunkt insofern bereits geschlagen, als sie sich auf Getreide spezialisiert hatte, das jetzt dem Wettbewerb nicht standzuhalten ver-

25 Diese fand ein schwächeres, da örtlich begrenztes Echo in den wenigen bäuerlichen Gegenden Großbritanniens, namentlich in der Agitation der Crofter (Kleinpächter) im schottischen Hochland und den entsprechenden Bewegungen der walisischen Bergbauern.

mochte; sie besaß zu wenig Bedeutung, um sich Schutz erwirken zu können, und verlegte sich schließlich auf Produkte, die von der Konkurrenz überseeischer Produzenten weder angegriffen wurden noch angegriffen werden konnten.
Die unmittelbaren Vorteile der ersten Industrialisierungsphase schmolzen dahin. Die Möglichkeiten zu technologischen Neuerungen, die in der ursprünglichen (britischen) industriellen Ära bestanden hatten, erschöpften sich allmählich, am spürbarsten in denjenigen Ländern, die während dieser Phase am gründlichsten umgewandelt worden waren. Eine neue Phase der Technologie eröffnete in den 1890er Jahren neue Möglichkeiten. In der Zwischenzeit machte sich Unsicherheit breit. Dies war um so beunruhigender, als sich neue wie alte Industriewirtschaften Markt- und Profitproblemen gegenüber sahen ähnlich denen, die Großbritannien vierzig Jahre zuvor erschüttert hatten. Je mehr das Bedarfsvakuum gefüllt wurde, desto mehr wurden die Märkte überschwemmt. Als die Riesenprofite der industriellen Wegbereiter abnahmen, zerdrückt zwischen der Konkurrenz, die den Preis senkte, und der Fabrikanlage, die immer teurer und mechanisierter wurde bei immer höheren Gesamtunkosten, waren die Geschäftsleute ängstlich bestrebt, einen Ausweg zu finden. Und während sie ihn suchten, schlossen sich die Arbeitermassen der Landbevölkerung in deren Agitation für Fortschritt und Veränderung an, so wie sie es in der Ära der britischen Industrialisierung ebenfalls getan hatten. Die Zeit der Großen Depression war zugleich die Zeit der Entstehung sozialistischer (d. h. hauptsächlich marxistischer) Massenarbeiterparteien in ganz Europa, gemeinsam organisiert in einer marxistischen Internationale.
In Großbritannien war die Auswirkung dieser globalen Veränderungen einerseits größer, anderseits geringer als anderswo. Die Agrarkrise berührte das Land (allerdings nicht Irland) nur am Rande, und der Zustrom billiger Importe an Nahrungsmitteln und Rohmaterial hatte durchaus seine Vorteile. Anderseits war das, was anderswo nur ein Straucheln und ein Standortwechsel innerhalb der fortschreitenden Industrialisierung war, in Großbritannien weit ernsterer Natur. Das lag daran, daß die britische Wirtschaft ursprünglich auf eine ungebrochene Expansion im Ausland, insbesondere in den USA, abgestimmt gewesen war. Der Bau des Welteisenbahnnetzes war in den

1870er Jahren noch längst nicht abgeschlossen. Dennoch hatte sich der Bruch in der Baukonjunktur zu Beginn der 1870er Jahre[26] auf die britische Ausfuhr von Kapital und Produktionsgütern so sehr ausgewirkt, daß ein Historiker die Große Depression mit dem Satz erklären konnte: »Das, was geschah, als die Eisenbahnen fertig waren.«[27] Die britischen Rentiers hatten sich an ihre regelmäßigen Einkünfte aus Nordamerika und den unentwickelten Teilen der Erde so sehr gewöhnt, daß die Nichterfüllung der Zahlungsverpflichtungen ihrer ausländischen Schuldner in den 1870er Jahren, z. B. der Finanzzusammenbruch in der Türkei 1876, zu einer vorübergehenden Stockung der Bautätigkeit an Orten wie Bournemouth und Folkstone führte. (Genauer gesagt: er mobilisierte jene militanten Vereinigungen ausländischer Aktionäre bzw. die Regierungen, die für ihre Kapitalanleger eintraten und nominell unabhängige Gebiete in Protektorate oder Kolonien der europäischen Mächte verwandelten, so wie Ägypten und die Türkei nach 1876.)

Aber der Bruch war nicht nur temporär. Er offenbarte, daß andere Länder jetzt fähig waren, das für sich selbst, vielleicht sogar für den Export zu produzieren, was bisher praktisch nur von Großbritannien zu bekommen gewesen war. Und er offenbarte auch, daß Großbritannien bislang nur auf eine der möglichen Methoden, mit dieser Situation fertig zu werden, vorbereitet war. Im Unterschied zu anderen Ländern, die jetzt Zölle einführten, um ihre Landwirtschaft und ihre industriellen Binnenmärkte zu schützen (z. B. Frankreich, Deutschland und die USA), hielt Großbritannien am Freihandel fest. Es weigerte sich, den Weg einer konsequenten Wirtschaftskonzentration einzuschlagen, der Bildung von Trusts, Kartellen, Syndikaten etc., wie sie für Deutschland und die USA in den 1880er Jahren so bezeichnend waren, zuzustimmen. Es war der Technologie und Wirtschaftsorganisation der ersten Phase der Industrialisierung, die ihm so gute Dienste geleistet hatten, zu fest verhaftet, um sich leichten Herzens der neuen revolutionären Technologie und dem Industriemanagement anzuschließen, das in den 1890ern aufkam. So blieb ihm eigentlich nur ein Ausweg, und

26 In den USA und in Deutschland war der »Zusammenbruch« weitgehend ein Zusammenbruch des Eisenbahnbaus.

27 W. W. Rostow, *British Economy in the 19th Century*, 1948, S. 88.

zwar einer, der für Großbritannien traditionell war, obwohl ihn jetzt auch seine Konkurrenten benutzten: die wirtschaftliche (und zunehmend auch die politische) Eroberung von bis dahin unausgebeuteten Gebieten der Erde; mit anderen Worten: der Imperialismus.

Damit gab die Ära der »Großen Depression« den Anstoß zur Ära des Imperialismus: des formalen Imperialismus der »Teilung Afrikas« in den 1880er Jahren, des halbformalen Imperialismus der nationalen oder internationalen Konsortien, die die Verwaltung finanzschwacher Länder übernahmen, und des nichtformalen Imperialismus der Auslandsinvestitionen. Politische Historiker haben bekannt, keine wirtschaftlichen Ursachen für diese Aufteilung der Erde unter ein paar westeuropäische Mächte (plus USA) während der letzten Jahrzehnte des 19. Jahrhunderts erkennen zu können. Die Wirtschaftshistoriker haben keine derartigen Schwierigkeiten. Der Imperialismus war für Großbritannien nichts Neues; neu war lediglich das Ende der faktischen Monopolstellung Großbritanniens in der unentwickelten Welt und die daraus sich ergebende Notwendigkeit, imperiale Einflußgebiete förmlich gegen potentielle Konkurrenten abzugrenzen, oft allen Aussichten auf wirtschaftliche Vorteile weit voraus, oft auch, so muß zugegeben werden, mit enttäuschenden wirtschaftlichen Ergebnissen.[28]

Eine weitere Folge der Ära der »Großen Depression«, d. h. des Entstehens einer *konkurrierenden Gruppe* von industriell und wirtschaftlich fortgeschrittenen Mächten, muß erwähnt werden. Sie besteht in der Verschmelzung der politischen mit der wirtschaftlichen Rivalität, der Verschmelzung von Privatwirtschaft und staatlicher Subvention, was schon in der Zunahme des Protektionismus und der imperialistischen Reibereien sichtbar wird. Immer mehr wandte sich die Wirtschaft auf die eine oder andere Weise an den Staat, nicht nur, damit er ihr freie Hand ließe, sondern damit er sie schütze. Die internationale Politik gewann eine neue Dimension. Und bezeichnenderweise gingen die großen Mächte nach einer langen Periode des Friedens auf ein Zeitalter von Weltkriegen zu.

28 Doch selbst das war nicht neu. Die britischen Geschäftsleute setzten in den Jahren nach 1820 große Hoffnungen auf Lateinamerika, wo sie durch die Errichtung unabhängiger Republiken ein nichtformales Imperium aufzubauen hofften. Sie wurden, zumindest anfangs, enttäuscht.

In der Zwischenzeit begann das Ende des Zeitalters der unangefochtenen Expansion und der Zweifel an den Zukunftsaussichten der britischen Wirtschaft die britische Politik von Grund auf zu verändern. 1870 war Großbritannien parteipolitisch liberal gewesen. Der Großteil der britischen Bourgeoisie, der Großteil der politisch bewußten Arbeiter und sogar die ehemaligen Whigs innerhalb des grundbesitzenden Adels fanden politisch und ideologisch ihre Heimat in der Partei von William Ewart Gladstone, der auf Frieden, Sparsamkeit und Reform, auf die gänzliche Beseitigung der Einkommenssteuer und der nationalen Schulden hinarbeitete. Diejenigen, die das nicht taten, hatten kein wirkliches Alternativprogramm. Um die Mitte der 1890er Jahre hatte sich die große Liberale Partei gespalten, wobei fast alle ihre Aristokraten und ein großer Teil ihrer Kapitalisten zu den Konservativen oder den »Liberal Unionists« übergegangen waren, die sich später mit den Konservativen zusammenschlossen. Die Londoner City, bis 1874 eine Hochburg der Liberalen, hatte eine konservative Färbung angenommen. Eine unabhängige Arbeiterpartei (Labour Party), die sich auf die Gewerkschaften stützte und von den Sozialisten inspiriert war, bildete sich. Der erste proletarische Sozialist in Arbeitermütze saß bereits im Unterhaus. Einige Jahre früher (1885) hatte ein Beobachter über die britischen Arbeiter geschrieben: »Es besteht hier weniger Neigung zum Sozialismus als in anderen Nationen der Alten oder der Neuen Welt. Der englische Arbeiter [...] stellt keine jener extravaganten Forderungen an den Schutz des Staates bei der Festsetzung seiner Tagesarbeit und der Höhe seines Lohnes, wie sie bei den Arbeiterklassen Amerikas und Deutschlands im Schwange sind und in beiden Ländern eine bestimmte Art Sozialismus gleichermaßen zur Plage werden lassen.«[29]

Gegen Ende der »Großen Depression« hatte sich die Lage gewandelt.

29 T. H. S. Escott, *England*, Ausgabe von 1885, S. 135–136.

7. Großbritannien in der Weltwirtschaft[1]

Die Mitte der viktorianischen Zeit bietet einen guten Ausgangspunkt, die Merkmale und Probleme der Wirtschaftsbeziehungen Großbritanniens zur übrigen Welt zu betrachten.

Im wörtlichen Sinn war Großbritannien wohl niemals die »Werkstatt der Welt«, aber die dominierende Stellung seiner Industrie um die Mitte des 19. Jahrhunderts rechtfertigte diese Bezeichnung. Es produzierte etwa zwei Drittel aller Kohle der Erde, etwa die Hälfte allen Eisens, fünf Siebtel der noch geringen Stahlproduktion, etwa die Hälfte des zu kommerziellen Zwecken hergestellten Baumwolltuchs und (dem Wert nach) vierzig Prozent aller Eisenwaren. Andererseits produzierte Großbritannien selbst 1840 nur etwa ein Drittel aller Dampfenergie der Erde und wahrscheinlich etwas weniger als ein Drittel ihrer gesamten Fabrikerzeugnisse. Hauptrivalen waren schon damals die USA oder vielmehr die Nordstaaten der USA, neben Frankreich, dem Deutschen Bund und Belgien. Sie alle, mit Ausnahme zum Teil des kleinen Belgien, lagen hinter der britischen Industrialisierung zurück. Es war jedoch bereits deutlich, daß Großbritanniens Vorsprung geringer werden mußte, wenn diese und andere Länder sich weiter industrialisierten. Und so geschah es auch. Obwohl Großbritannien seine Stellung in der Baumwollproduktion einigermaßen halten und die in der Produktion von Roheisen sogar stärken konnte, produzierte die »Werkstatt der Welt« 1870 nur noch zwischen einem Viertel und einem Fünftel aller Dampfenergie der Erde und

1 Ashworth, Landes, Deane und Cole (vgl. Weitere Literatur 3). M. Barratt Brown, *After Imperialism*, 1963, gibt eine vorzügliche Einführung. S. B. Saul, *Studies in British Overseas Trade 1870–1914*, 1960, und A. Imlah, *Economic Elements in the Pax Britannica*, 1958, Charles Feinstein, *Income and Investment in the UK 1856–1914*, in: *Econ. Journal* 1961, sind stärker fachwissenschaftlich. L. H. Jenks (vgl. 6. Kapitel, Anm. 1) bleibt unentbehrlich. Grundlegendes Material über den Handel enthält W. Schlote, *British Overseas Trade* (englische Ausgabe 1952). W. A. Lewis, *Economic Survey 1919–1939*, 1949, stellt die Zwischenkriegszeit dar. Über den Einfluß der britischen Industrie im Ausland W. O. Henderson, *Britain and Industrial Europe 1750–1870*, 1954. M. Greenberg, *British Trade and the Opening of China*, 1951, und H. S. Ferns, *Britain and Argentina in the 19th Century*, 1960, sind Einzelfallstudien. Vgl. auch die Tabellen im Anhang.

weit weniger als die Hälfte ihres Stahls. Gegen Ende der 1880er Jahre machte sich die Rezession selbst in den ehemals dominierenden Produktionszweigen bemerkbar. Zu Beginn der 1890er Jahre überholten sowohl die USA als auch Deutschland Großbritannien in der Stahlproduktion. Fortan war Großbritannien nur einer unter mehreren großen Industriestaaten, aber nicht mehr der Schrittmacher der Industrialisierung.

Internationale Vergleiche dieser Art waren nicht einfach nur eine Angelegenheit nationalen Stolzes (oder Unbehagens), sie hatten eine erhebliche praktische Bedeutung. Wie wir sahen, war die Expansion der britischen Industriewirtschaft anfangs deutlich vom Außenhandel abhängig gewesen; mit Ausnahme der Kohle besaß es keine gewichtigen heimischen Rohstoffvorkommen, und einige seiner bedeutendsten Industrien, wie die Baumwollindustrie, waren ganz auf Importe angewiesen. Darüber hinaus war das Land seit Mitte des 19. Jahrhunderts nicht mehr in der Lage, sich von seiner eigenen landwirtschaftlichen Produktion zu ernähren. Die Bevölkerung, obwohl sie rasch zunahm, war zunächst rein zahlenmäßig dem Arbeitskräftebedarf in Industrie und Handel nicht gewachsen, zumal sie in ihrer Mehrheit arm und daher außerstande war, einen intensiven Markt für nichtelementare Güter zu bilden. Der Binnenmarkt entwickelte sich nur langsam, löste sich nie aus der Abhängigkeit vom Überseehandel; dadurch verstärkte sich wiederum der Einfluß der internationalen Märkte auf das Land. Großbritanniens florierender Außenhandel war eine Folge seiner Monopolstellung bei der Industrialisierung und seiner Beziehungen zur unterentwickelten Welt in Übersee. Seine Industrie stieß mit Hilfe der Flotte in ein internationales Vakuum vor, das nur deshalb ein Vakuum blieb, weil die miteinander rivalisierenden Handelsmächte sich unfähig erwiesen, die britische Kontrolle der Meere zu überwinden.

Unter diesen Umständen entwickelte die britische Wirtschaft ein eigentümliches Gefüge internationaler Beziehungen. Sie tauschte ihre eigenen Fabrikerzeugnisse, Waren und Dienstleistungen (Kapital, Schiffahrt, Bankwesen, Versicherung etc.) gegen ausländische Grundstoffe (Rohmaterialien und Nahrungsmittel) ein. 1870 betrug der britische Handel pro Kopf (ausgenommen die »unsichtbaren« Posten) 17 Pfund 7 Schilling, gegenüber 6 Pfund 4 Schilling pro Franzose, 5 Pfund 6 Schilling pro Deutscher und 4 Pfund 9 Schilling pro US-Bürger. Nur Belgien, das zweite industrielle Pionierland, hatte damals unter den Industriestaaten vergleichbare Zahlen vorzuweisen. Überseeische Absatzmärkte für Produkte und überseeische Absatzmöglichkeiten für Kapital spielten in der Wirtschaft eine immer wichtigere Rolle. Ende des 18. Jahrhunderts beliefen sich die im Inland erzeugten Exporte auf etwa 13 Prozent des Volkseinkommens, zu Beginn der 1870er Jahre auf etwa 22 Prozent und danach auf durchschnittlich 16 Prozent bis 20 Prozent (außer in der Zeit zwischen der Krise von 1929 und dem Beginn der 1950er Jahre). Bis zur »Großen Depression« des 19. Jahrhunderts nahm die Ausfuhr im allgemeinen rascher zu als das reale Volkseinkommen. In den größeren Industrien spielte der Auslandsmarkt eine noch entscheidendere Rolle, am deutlichsten in der Baumwollindustrie, die zu Beginn des 19. Jahrhunderts über die Hälfte des gesamten Wertes ihrer Erzeugung und am Ende fast vier Fünftel exportierte, und bei Eisen und Stahl, die damals mit etwa 40 Prozent ihrer Bruttoproduktion von überseeischen Märkten abhingen.

Das »ideale« Ergebnis dieses Austausches wäre gewesen, die Erde in ein System von Wirtschaften umzuwandeln, die von der britischen Wirtschaft abhängig waren und sie ergänzten und deren jede ihre Grundstoffe (so jedenfalls argumentierten die naiveren Ökonomen jener Zeit) gegen die Fabrikerzeugnisse der »Werkstatt der Welt« eintauschten. Tatsächlich entstand eine solche Komplementärwirtschaft in mehreren Ländern zu verschiedenen Zeiten, hauptsächlich auf der Grundlage einiger örtlicher Produkte, deren Hauptabnehmer die Briten waren: Baumwolle in den Südstaaten der USA bis zum Amerikanischen Bürgerkrieg, Wolle in Australien, Nitrate und Kupfer in Chile, Guanodünger in Peru, Wein in Portugal usw. – Nach 1870 dehnte dieses Wirtschaftsimperium mit Hilfe des internationalen Handels mit Nahrungsmitteln seinen Einflußbereich weiter aus, namentlich in Argentinien (Weizen, Rindfleisch), Neuseeland (Fleisch, Milcherzeugnisse), im Agrarsektor der dänischen Wirtschaft (Milcherzeugnisse, Speck). Eine ähnliche Beziehung entwickelte sich zu Südafrika und dessen Gold- und Diamantenindustrie sowie zu verschiedenen tropischen Ländern, die Pflanzenprodukte herstellten (z. B. Palmöl, Kautschuk).

Natürlich ließ sich nicht die ganze Erde in eine Art Planetensystem, das um die Wirtschaftssonne Großbritannien kreiste, verwandeln, schon deshalb nicht, weil Großbritannien nicht das einzige wirtschaftlich entwickelte bzw. in der Industrialisierung begriffene Land war. Die anderen fortgeschrittenen Wirtschaftsmächte, jede mit ihrem eigenen System internationaler Beziehungen, waren Großbritanniens Handelspartner und sogar potentiell wichtigere Kunden für seine Waren als die unentwickelte Welt. Es ist ein Gemeinplatz, daß der Handel zwischen zwei entwickelten Ländern in der Regel intensiver ist als der zwischen einem entwickelten und einem rückständigen oder als der zwischen lauter rückständigen Ländern. Allerdings war der Handel dieser Art auch viel verwundbarer, weil er weder durch wirtschaftliche noch durch politische Kontrolle geschützt wurde. Ein fortgeschrittenes Land, das im Begriff stand, sich zu industrialisieren, bedurfte im allgemeinen zunächst der Unterstützung Großbritanniens und suchte von dessen einzigartigem Vorrat an Kapital, Maschinen und technischen Fachkenntnissen zu profitieren; manchmal blieb ihm gar keine andere Wahl. Immer wieder bestätigte sich, daß auf dem europäischen Kontinent Fabriken oder Maschinenwerkstätten von einem Engländer errichtet wurden, daß die ersten einheimischen Maschinen einem britischen Muster nachgebaut wurden (das vor 1825 illegal geschmuggelt, danach legal erworben worden war). In Europa dominierten britische Firmen: Thornton (Österreich und Rußland), Evans und Thomas (Tschechoslowakei), Cokkerill (Belgien), Manby und Wilson (Frankreich) oder Mulvany (Deutschland). Die allgemeine Verbreitung des Fußballspiels im 20. Jahrhundert ist weitgehend auf Fabrikmannschaften zurückzuführen, die von britischen Eigentümern, Managern oder Facharbeitern in allen Teilen des Kontinents ins Leben gerufen wurden. Und natürlich wurden die ersten Eisenbahnen von britischen Firmen gebaut und mit britischen Lokomotiven, Schienen, technischem Personal und Kapital ausgestattet.

Aber ebenso natürlich suchte jede in der Industrialisierung begriffene Wirtschaft sich gegen die britische abzugrenzen, um gegenüber den britischen Industrien in ihrem eigenen Land und im Ausland wettbewerbsfähig zu werden. Nationalökonomen in den USA und Deutschland liebäugelten häufig mit protektionistischen Maßnahmen, ebenso Industrielle, deren Produktionszweig mit Großbritannien konkurrierte. Selbst strenge Verfechter des Freihandels wie John Stuart Mill sahen Ausnahmeregelungen zugunsten »junger Industrien« als legitim an. Ob nun legitim oder nicht, nichts konnte souveräne und wirtschaftlich wie politisch unabhängige Staaten daran hindern, sich gegen den britischen Einfluß zur Wehr zu setzen, wie die USA es seit 1816 und die meisten anderen fortgeschrittenen Länder seit den 1880er Jahren taten. Doch auch ohne derlei diskriminierende Maßnahmen verlor Großbritannien für ein Land, sobald dessen Wirtschaft einmal auf eigenen Füßen stand, rapide an Bedeutung. Das wurde Mitte des 19. Jahrhunderts klar. Die britischen Warenexporte an die »fortgeschrittene« Welt stagnierten bzw. gingen zurück. In den Jahren von 1860 bis 1870 waren 52 Prozent der britischen Kapitalinvestitionen nach Europa und in die USA gegangen, 1911/13 nur noch 25 Prozent.

Die britische Hegemonie in der unentwickelten Welt beruhte also auf der permanenten wechselseitigen Ergänzung der einzelnen Volkswirtschaften, in der in der Industrialisierung begriffenen Welt auf potentieller oder tatsächlicher Konkurrenz. Die erstere würde aller Wahrscheinlichkeit nach andauern, die letztere war eindeutig zeitbedingt. Selbst »fortgeschrittene« Wirtschaften, sofern sie noch zu kämpfen hatten, erlebten den Konflikt zwischen dem Wunsch einerseits, ihre eigene Entwicklung durch Verwendung der Hilfsmittel Großbritanniens zu beschleunigen, und der Notwendigkeit andererseits, sich gegen die Überlegenheit der britischen Industrie zu schützen. Nachdem sie dann den größtmöglichen Nutzen aus Großbritannien gezogen hatten, gingen sie zwangsläufig zum Protektionismus über, es sei denn, sie vermochten die Briten zu unterbieten. In diesem Fall waren die Briten ihrerseits gezwungen, sich selbst und ihre Märkte in Drittländern zu schützen.

Genau genommen gab es überhaupt nur eine vergleichsweise kurze Zeitspanne in der Geschichte, in der die entwickelten und die unterentwickelten Zonen der Welt gleichermaßen daran interessiert waren, mit der britischen Wirtschaft zusammen und nicht gegen sie zu arbeiten: die Jahrzehnte zwischen der Abschaffung der Getreidezölle 1846 und dem Ausbruch der »Großen Depression« 1873. Für viele unterentwickelte Gebiete war Großbritannien der einzige Abnehmer, da es die einzige moderne Wirtschaft besaß.[2] Die fortgeschrittenen Länder traten in die Periode rascher Industrialisierung ein, als ihr Bedarf an Importen, besonders an Kapital- und Produktionsgüterimporten, so gut wie unbegrenzt schien. Und wenn ein Land mit der fortgeschrittenen Welt (d. h. vor allem mit Großbritannien) keine Beziehungen anknüpfen wollte, so wurde es mit Kanonenbooten und Marineinfanteristen dazu gezwungen; auf diese Weise hat man die letzten »geschlossenen« Länder der Erde, China und Japan, zwischen 1840 und 1860 zum uneingeschränkten Handel mit den modernen Wirtschaftsländern »veranlaßt«.

Sowohl vor als auch nach dieser kurzen Periode wandelte sich Großbritanniens Situation innerhalb der Wirtschaftswelt in wichtigen Punkten. Vor 1840 waren Größe und Umfang internationaler Wirtschaftsgeschäfte vergleichsweise gering, der Spielraum für einen massiven internationalen Handelsverkehr begrenzt, teils weil keine adäquaten Produktionsüberschüsse für den Export vorhanden waren (außer in Großbritannien), teils weil es technische Schwierigkeit machte, Menschen und Güter zu befördern, teils weil das für Auslandsinvestitionen verfügbare Vermögen zu diesem Zeitpunkt selbst in Großbritannien relativ bescheiden war. Zwischen 1800 und 1830 nahm der gesamte internationale Handel um rund 30 Prozent von etwa 300 auf etwa 400 Millionen Pfund zu. Zwischen 1840 und 1870 steigerte er sich jedoch um mehr als das Fünffache, und 1870 überschritt er die zwei Milliarden-Grenze. Zwischen 1800 und 1840 wanderte wenig mehr als eine Million Europäer in die USA aus, von 1840 bis 1870 aber zogen fast sieben Millionen über den Nordatlantik. Zu Beginn der 1840er Jahre besaß Großbritannien etwa 160 Millionen Pfund an Auslandsguthaben, zu Beginn der 1850er Jahre rund 250 Millionen. Es investierte zwischen 1855 und 1870 durchschnittlich 29 Millionen Pfund pro Jahr im Ausland, 1873 hatten seine Guthaben fast eine Milliarde Pfund erreicht. All das mag verdeut-

2 Z. B. verbrauchte Großbritannien in den Jahren von 1881 bis 1884 mit mehr als dem doppelten Pro-Kopf-Verbrauch fast die Hälfte des in Europa konsumierten Zuckers und, da mehrere kontinentaleuropäische Länder ihren Bedarf durch heimische Produktion (Rübenzucker) deckten, den weitaus größten Teil des nach Europa importierten überseeischen Rohrzuckers.

lichen, wie eng der Spielraum für die Weltwirtschaft und damit für Großbritannien vor dem Zeitalter der Eisenbahn und des Dampfschiffs gewesen ist.

Nach 1873 war die Situation der »fortgeschrittenen« Welt durch die Rivalität unter den entwickelten Ländern gekennzeichnet, Länder, von denen einzig Großbritannien ein ausgeprägtes Interesse an völliger Handelsfreiheit besaß. Weder die USA noch Deutschland noch Frankreich waren damals wesentlich auf die Einfuhr von Nahrungsmitteln und Rohmaterial angewiesen, ja, abgesehen von Deutschland waren sie selbst wichtige Nahrungsmittelexporteure. Das gleiche gilt für den Absatz bzw. den Export von Industrieerzeugnissen. Die USA stützten sich fast vollständig auf ihren einheimischen Markt, auch Deutschland, zumindest in großem Umfang. Ein die ganze Welt umspannendes Netz uneingeschränkten Verkehrs von Kapital, Arbeitsleistung und Waren hat in Wirklichkeit nie bestanden. Aber zwischen 1860 und 1875 entstand etwas, das nicht allzu weit davon entfernt war. »1866«, so hat ein Historiker geschrieben, »war der größere Teil Westeuropas dem Freihandel sehr nahe, jedenfalls näher als zu irgendeiner anderen Zeit in der Geschichte.«[3] Die USA waren die einzige größere Wirtschaftsmacht, die an einem systematischen Protektionismus festhielt; doch selbst dieser Staat senkte zwischen 1832 und 1860 und nochmals nach dem Bürgerkrieg (1861–65) seine Zölle. Zur gleichen Zeit, nämlich zwischen 1863 und 1874, erleichterte die generelle Annahme des Goldstandards – wiederum teilweise mit Ausnahme der USA – durch die wichtigsten europäischen Nationen die Handelsgeschäfte innerhalb eines einheitlichen, freien, multilateralen Welthandelssystems, das deutlich um London zirkulierte. Aber es war nicht von Dauer. Als erstes wurde der freie Warenverkehr durch Zollschranken und diskriminierende Maßnahmen eingeschränkt, die nach 1880 mit wachsender Häufigkeit getroffen wurden. Der freie Verkehr von Menschen blieb bis zum Ersten Weltkrieg (und seinen Nachwirkungen) unbehindert.[4] Einzig der freie Kapital- und Zahlungsverkehr überdauerte bis 1931, obwohl er und mit ihm die Vorrangstellung Londons und die Ideologie der liberalen

3 Hauser, Maurain, Benaerts, *Du Libéralisme à l'Impérialisme*, 1939, S. 62–3.

4 Dies war für Großbritannien nicht besonders wichtig.

Weltwirtschaft seit 1914 mehr und mehr ins Wanken gerieten. Wenn für diese Ideologie jemals eine praktische Chance bestanden hat, was zu bezweifeln ist, so allenfalls vor Ende der 1870er Jahre.

Hauptmaßstab für die Wirtschaftsbeziehungen eines Landes zur übrigen Welt ist seine Zahlungsbilanz, d. h. seine Einnahmen aus dem Ausland und seine Ausgaben in anderen Ländern. Was diese Zahl auch immer bedeuten mag – wie alle Formen der Buchhaltung erfordert sie eine sehr sachverständige Interpretation –, sie wirft ein Licht auf das Wesen und Gefüge des internationalen Geschäftsverkehrs eines Landes. Diese Bilanz besteht aus »sichtbaren« und »unsichtbaren« Posten. Die »sichtbaren« Posten auf der Kreditseite sind die Exporte von Handelsgütern (eingeschlossen Waren, die nach Großbritannien eingeführt und wieder ausgeführt werden) und die Verkäufe von Gold und Silber. Die »unsichtbaren« Posten bestehen aus den Gewinnen aus dem Außenhandel und den Dienstleistungen (z. B. von britischen Firmen, die für Briten und andere den Ankauf und Verkauf im Ausland tätigen), Einnahmen aus Versicherungen, Maklergeschäften usw., aus der Schiffahrt, aus den persönlichen Ausgaben von Ausländern in Großbritannien (z. B. Tourismus) und Geldüberweisungen von Auswanderern sowie aus von Natur aus unsichtbaren und oft nicht meßbaren Posten wie den Gewinnen von Schmugglern. Hinzu kommt das »unsichtbare« Einkommen aus Zinsen und Dividenden aus dem Ausland. Die Rechnungsposten auf der Debetseite sind die gleichen umgekehrt: die Kosten für Güterimporte, Zahlungen an ausländische Firmen und Spediteure, Überweisungen von Dividenden und Zinsen ins Ausland und so fort. Beide Seiten sollten einander das Gleichgewicht halten, obwohl das kaum je der Fall und wahrscheinlich auch gar nicht wünschenswert ist. Wenn ein Überschuß oder ein Defizit entsteht, so sind nach der klassischen Theorie des internationalen Handels früher oder später Gold- oder Silbertransfers notwendig (wenn das der internationale Zahlungsstandard ist); aber natürlich läßt sich die Lücke durch Anleihen schließen. Im Idealfall – nochmals sei es gesagt – impliziert die globale Zahlungsbilanz ein weltweites Verrechnungs- und Zahlungssystem, d. h. ein System, in dem die Überschüsse in den Geschäften mit einigen

Ländern von den Defiziten in denen mit anderen aufgewogen werden. Es ist äußerst unwahrscheinlich, daß sich der Kontostand mit allen Ländern im Gleichgewicht befindet. Tatsächlich hat es schon immer Gebiete der Erde gegeben, wo der sichtbare britische Handel ziemlich beständig ein Defizit aufgewiesen hat, z. B. Frankreich, die baltischen Länder, Osteuropa und vor allem Indien, was Ökonomen und Politiker der vorliberalen Ära nachhaltig beunruhigte.

Die (sichtbare) Zahlungsbilanz zeigt nicht nur die importierten und exportierten Gütermengen etc. auf, sondern auch deren Preise, d. h. die sogenannten »terms of trade«. »Verbessern« diese sich, so können für eine bestimmte Menge exportierter Waren mehr Importe gekauft werden; »verschlechtern« sie sich, so kann dafür weniger gekauft werden.[5] Für ein Land wie Großbritannien drücken sie im wesentlichen das Verhältnis zwischen dem Preis für (britische) Industrieerzeugnisse und dem für (ausländische) Rohmaterialien und Nahrungsmittel aus. Jedenfalls bestanden während der Zeit der industriellen Überlegenheit Großbritanniens über 90 Prozent seiner Nettoimporte aus Grundstoffen, 75 bis 90 Prozent seiner im Inland erzeugten Exporte aus Fabrikerzeugnissen sowie ein Großteil seiner Wiederausfuhr aus Waren, die von der britischen Industrie bearbeitet (raffiniert, destilliert etc.) worden waren. Aber an diesem Punkt zeigt sich ein merkwürdiger Sachverhalt.

Angenommen, die »terms of trade« entwickelten sich zugunsten Großbritanniens, d. h. es bekäme seine Grundstoffe billiger als vorher und verkaufte seine Fertigwarenexporte teurer oder beides. Die Hauptabnehmer britischer Waren, nämlich die Grundstoffe produzierenden Länder, könnten dann *weniger* britische Waren kaufen, da sie weniger Einnahmen hätten, um sie zu bezahlen. Doch hätte eine Verschlechterung der »terms of trade« nicht zwangsläufig die gegenteilige Wirkung, da Großbritannien darauf angewiesen wäre, eine ziemlich gleichbleibende Menge von Nahrungsmitteln und Rohmaterial zu importieren (ganz gleich, was geschieht), um seine Bevölkerung ernähren und seine Fabriken in Betrieb halten zu können. In jedem Fall bestünde eine Tendenz zu gleichbleibend hohen Importen:

5 Normalerweise werden sie gemessen, indem man das Verhältnis zwischen Ausfuhr und Einfuhr für ein Basisjahr gleich 100 setzt und es für andere Jahre in Prozenten dazu ausdrückt.

wären die »terms of trade« für Großbritannien günstig, so würde es vermutlich mehr kaufen; wären sie ungünstig, so würde es deshalb nicht weniger importieren. Außerdem stellte sich eine natürliche Tendenz zur Intensivierung seiner Exporte ein, sobald sich die »terms of trade« verschlechterten. Und das geschah wirklich. Wo sie sich zu Ungunsten Großbritanniens entwickelten, wuchs der Anteil seiner Industrieexporte, und umgekehrt. Vom Standpunkt der industriellen Überlegenheit Großbritanniens aus war es wünschenswerter, teuer einzukaufen als billig.

Im großen und ganzen unterlag freilich die Industrie einem fortgesetzten Prozeß der Verbilligung – eine Folge der technologischen Revolution. Die landwirtschaftliche Produktion indes, die bis zum Ende des Jahrhunderts das Gros an Nahrungsmitteln und Rohmaterial lieferte – bis zu Beginn der 1880er Jahre bestanden diese zu 60 bis 70 Prozent in Material für die Textilindustrie –, wurde zwar allmählich billiger, aber nicht in einem der Industriellen Revolution adäquaten Grad. Vor der Erfindung der Eisenbahn und des Dampfschiffs (die neue, billige Vorratsquellen wie den amerikanischen mittleren Westen erschlossen) veränderte sich der Grundstoff produzierende Sektor der Wirtschaft fast ausschließlich durch die Ausstattung der Landwirtschaft mit Maschinen, wie den dampfbetriebenen Zuckerrohrmühlen, sowie durch den zunehmenden Bedarf an nichtlandwirtschaftlichen Rohmaterialien, wie z. B. an Erzeugnissen des Bergbaus und der Ölfirmen. Die »terms of trade« waren also den rapide billiger werdenden Industrieerzeugnissen abträglich. Die entscheidende Umwandlung der Landwirtschaft fand erst im letzten Drittel des 19. Jahrhunderts statt. Daher funktionierte der Ankurbelungsmechanismus für die britische Ausfuhr während der ersten sechzig Jahre des Jahrhunderts gut. Danach hörte das auf, nicht nur, weil sich bei den Grundstoffen, sondern auch, weil sich die Lage Großbritanniens insgesamt gewandelt hatte. Die britische Ausfuhr beruhte nun im wesentlichen nicht mehr auf Textilien, sondern zunehmend auf den teuren Produktionsgütern und Rohmaterialien wie Eisen, Stahl, Kohle, Schiffe, Maschinen. Der Anteil der Textilien am Export von Fertigwaren, der 1867/69 72 Prozent ausgemacht hatte, sank am Vorabend des Ersten Weltkriegs auf 51 Prozent, während der Anteil der Produktionsgüter von 20 auf 39 Prozent anstieg. Die Ausdehnung des Binnenmarktes – eine Folge des gestiegenen Lebensstandards, der billigeren Nahrungsmittelimporte und der relativen Verminderung der Bedeutung der Baumwolle – reduzierte den Anteil der Nettoeinfuhr an Rohmaterial von über 70 auf etwa 40 Prozent und steigerte die Nahrungsmitteleinfuhr von weniger als 25 auf etwa 45 Prozent, wobei die Veränderung im wesentlichen nach 1860 erfolgte; und natürlich bestand ein beträchtlicher Anreiz, die Einfuhr von Nahrungsmitteln billiger als die von Rohmaterial zu halten, denn hohe Nahrungsmittelpreise konnten nicht wie hohe Preise für Rohmaterial durch Verbesserungen der industriellen Leistung ausgeglichen werden. Ein dritter Faktor betraf das Verhältnis der beiden Preisniveaus zueinander. Hinfort kollabierten die Grundstoffpreise in den periodischen Krisen dramatischer als die Preise für Industrieerzeugnisse, während in der ersten Hälfte des 19. Jahrhunderts eher das Gegenteil der Fall gewesen war.[6] Schließlich führte auch die Zunahme von Grundstoff produzierenden Satelliten, abhängigen Kolonien und Halbkolonien dazu, daß deren »terms of trade« in starkem Maß unter die Kontrolle der dominierenden Wirtschaftsmächte, insbesondere Großbritanniens, gerieten.

So folgte einer Periode, in der die »terms of trade« für Großbritannien ungünstig gewesen waren, nach 1860 eine, während der sie sich zunächst schnell, danach langsamer zu seinen Gunsten entwickelten (bis 1896–1914), und nach dem Ersten Weltkrieg eine weitere, in der sie äußerst günstig standen. Seit dem Zweiten Weltkrieg zeigt sich wieder eine Tendenz zur Verschlechterung. Infolgedessen war in dieser langen Zeit der Exportanreiz schwach, obschon von Zeit zu Zeit massive britische Investitionen in Übersee den Kunden Großbritanniens Geldmittel zur Verfügung stellten und Preissenkungen (z. B. der

6 Für diese wichtige Erscheinung lassen sich verschiedene Gründe annehmen. Zwei davon, die relevant sind, besagen a) daß bis zur zweiten Hälfte des 19. Jahrhunderts die Krisen häufig in der Landwirtschaft ihren Ausgang nahmen, z. B. von schlechten Ernten, später aber in der Industrie, und b) daß der »Monopolgrad« (d. h. die Fähigkeit, Preise stabil zu halten und Krisen zu bekämpfen, indem man die Produktion in einer anderen Weise einschränkt) auf dem industriellen Sektor stärker als auf dem landwirtschaftlichen zunahm. Die Landwirtschaft neigte bisweilen sogar dazu, Krisen durch Produktions*steigerung* zu begegnen.

Frachtgebühren) die Lage konsolidierten. Gleichwohl verstärkte sich in dieser Phase das Interesse der britischen Industrie, sofern sie nicht auf Exporte festgelegt war, am einheimischen Markt.

Für die Zeit nach 1860 ist daher ein zunehmender Überschuß von Importen gegenüber den Exporten kennzeichnend. Zugleich aber, und das ist seltsam, besaß Großbritannien im 19. Jahrhundert zu *keiner* Zeit einen Überschuß von Warenexporten, und das trotz seiner industriellen Monopolstellung, seiner ausgeprägten Exportorientiertheit und seinem bescheidenen einheimischen Verbrauchermarkt.[7] Vor 1846 behaupteten die Verfechter des Freihandels, das läge daran, daß die Getreidezölle Großbritanniens potentielle Kunden hinderten, durch ihre Exporte ausreichend zu verdienen, um für die Großbritanniens zahlen zu können; doch das ist sehr zweifelhaft. Die Absatzgebiete für die britischen Exporte waren im wesentlichen Länder, die nur sehr begrenzt britische Textilien aufnehmen wollten oder zu arm waren, mehr als einen winzigen Pro-Kopf-Bedarf zu befriedigen. Darin zeigt sich freilich die traditionelle »unterentwickelte« Struktur der britischen Wirtschaft und zu einem gewissen Grad auch der Bedarf an Luxuswaren in den Ober- und Mittelklassen Großbritanniens. Wie wir schon sahen, bestanden zwischen 1814 und 1845 etwa 70 Prozent seiner Nettoimporte (im Wert) aus Rohmaterialien und etwa 25 Prozent aus Nahrungsmitteln, überwiegend tropischen und ähnlichen Erzeugnissen (Tee, Zucker, Kaffee) und Alkohol. Es leidet keinen Zweifel, daß Großbritannien so viel davon verbrauchte, weil es eine traditionell wichtige Wiederausfuhr mit ihnen betrieb. So wie die Baumwollproduktion sozusagen als Nebenerzeugnis eines umfangreichen internationalen Transit-

7 Die Interpretation dieser Statistik ist heikel. Einige Forscher bestreiten, daß es keinen Exportüberschuß gegeben habe. Sie sagen, daß die Waren, da sie auf britischen Schiffen befördert wurden, logischerweise in den ausländischen Häfen abgemessen wurden, und dann ist der Wert von exportierten Gütern oft größer als der von Importen. Andererseits mag darin ein Vorteil gelegen haben, wenn es nicht beständig einen Überschuß in den sichtbaren und den unsichtbaren Geschäften gab. Hätte es ihn gegeben, so hätte Großbritannien ungeheure Goldreserven akkumuliert oder eine Liquiditätskrise verursacht, außer wenn es den Exportüberschuß durch noch mehr Auslandsdarlehen, als es anscheinend ohnehin gewährte, finanziert hätte. Ich verdanke diesen Gedanken K. Berrill.

handels zunahm, so auch der Verbrauch von Zucker, Tee etc., was, wenigstens zum Teil, das Verrechnungsdefizit erklärt. Heutzutage würde sich eine Regierung über ein solches Defizit sehr beunruhigen. Im 19. Jahrhundert tat sie es nicht, und das nicht nur deshalb, weil sie es nicht wahrgenommen hätte.[8] In Wirklichkeit verschafften die »unsichtbaren« Geschäfte Großbritannien gegenüber der übrigen Welt einen Überschuß und kein Defizit. Wahrscheinlich kamen die wichtigsten Einnahmen dieser Art ursprünglich aus der britischen *Schiffahrt*, die zwischen einem Drittel und der Hälfte der gesamten Welttonnage ausmachte. Noch in den 1870er Jahren überstiegen ihre Einnahmen die *Zinsen und Dividenden* aus britischen Auslandsinvestitionen. Diese Einnahmequelle – ein zunehmend wichtiges Mittel, die Lücke zwischen Ein- und Ausfuhr zu füllen –, floß noch spärlich nach den Napoleonischen Kriegen, gewann aber gegen Ende der 1840er Jahre gleiche Bedeutung wie die dritte Hauptquelle für unsichtbare Einkünfte, die *Profite aus Handel und Dienstleistungen im Ausland*, und übertraf sie Ende der sechziger Jahre. In den mittleren Jahrzehnten des Jahrhunderts wurde noch eine vierte Quelle bedeutsam, die Einnahmen aus *Versicherungen, Maklergeschäften* etc., kurz: aus der dominierenden Finanzposition der Londoner City.

Im großen und ganzen reichte das unsichtbare Einkommen, Zinsen und Dividenden nicht mitgerechnet, während des ersten Viertels des Jahrhunderts gut aus, um das Handelsdefizit auszugleichen. Aber zwischen 1825 und 1850, den schwierigen Jahren für die frühe Industriewirtschaft, war das schon nicht mehr der Fall, und nach 1875 kam es zu ernsten Schwierigkeiten. Allerdings erbrachten die Einnahmen aus vorher exportiertem Kapital einen bescheidenen und nach 1875, als die Dividenden aus den riesigen früheren Investitionen einliefen, einen beträchtlichen Überschuß. Die internationale Lage der britischen Wirtschaft wurde schließlich mehr und mehr davon abhängig, daß Briten ihr überschüssiges Vermögen im Ausland anzulegen oder auszuleihen bereit waren.

So wie Großbritanniens sichtbarer Handel geriet auch diese Art Geschäft in immer engere Verflechtung mit der unterentwickelten Welt, insbesondere mit dem Teil, der effektiv von

8 Wegen der eigentümlichen, irreführenden Weise, in der damals Handelsstatistiken aufgestellt wurden.

Großbritannien wirtschaftlich oder politisch kontrolliert wurde: dem formalen bzw. dem nichtformalen Empire; genauer gesagt: die besondere Stellung Großbritanniens gab dem sichtbaren ebenso wie dem unsichtbaren Handel automatisch eine solche Richtung.
Der sichtbare Handel war der geringeren Schwierigkeiten wegen nach 1820 stärker in die unterentwickelte Welt als in die lukrativeren, aber auch stärker widerstrebenden entwickelten Konkurrenzmärkte vorgedrungen. Das entsprach einer alten Tradition, wie man der folgenden Tabelle entnehmen kann:

Ausfuhr von Baumwollstoffen (Millionen Yards) in Prozenten

Jahr	*Europa und USA*	*Unterentwickelte Welt*	*Sonstige Länder*
1820	60,4	31,8	7,8
1840	29,5	66,7	3,8
1860	19,0	73,3	7,7
1880	9,8	82,0	8,2
1900	7,1	86,3	6,6

Die britische Ausfuhr insgesamt zeigte ein ähnliches Bild, obwohl nicht ganz so extrem in den Details wie bei der Baumwolle: eine beständig anhaltende Flucht von den modernen, Widerstand leistenden konkurrierenden zu den unterentwikkelten Märkten. In dieser Beziehung waren zwei Gebiete der Erde für Großbritannien von besonderer Bedeutung. Das *erste* war Lateinamerika, das, so kann man sagen, die britische Baumwollindustrie während der ersten Hälfte des 19. Jahrhunderts am Leben erhielt, als es der größte Einzelabnehmer für ihre Exporte wurde, mit 35 Prozent im Jahr 1840, hauptsächlich Brasilien. Später verlor es einiges von dieser Bedeutung (wenngleich die nicht formale Kolonie Argentinien gegen Ende des Jahrhunderts einen wichtigen Absatzmarkt darstellte). Das *zweite* Gebiet war Ostindien (das bald darauf in Indien und den Fernen Osten aufgeteilt wurde). Die britische Baumwollausfuhr in dieses Gebiet stieg von 6 Prozent nach den Napoleonischen Kriegen auf 22 Prozent im Jahr 1840, 31 Prozent 1850 und 60 Prozent nach 1873 an. Das meiste davon, etwa 40 bis 45 Prozent, ging nach Indien. In dieser schweren Zeit rettete Asien Lancashire, und zwar eindeutiger, als es Lateinamerika zu Anfang des Jahrhunderts getan hatte. Es gibt also gute Gründe dafür, daß die auswärtige Politik Großbritanniens in der ersten Hälfte des 19. Jahrhunderts für die Unabhängigkeit Lateinamerikas und die »Öffnung« Chinas eintrat. Noch überzeugender sind die Gründe dafür, daß Indien für die britische Politik diese ganze Zeit hindurch eine lebenswichtige Rolle spielte.

Die Ausfuhr von Kapital, eingeschlossen die in die unterentwickelte Welt und in das britische Empire, gewann erst später an Bedeutung. Vor den 1840er Jahren bestand sie im wesentlichen aus Regierungsdarlehen, danach zusätzlich aus Aktien der Eisenbahnen und der öffentlichen Versorgungsbetriebe. Um 1850 gingen die Investitionen zu mehr als der Hälfte nach Europa und den USA; zwischen 1860 und 1890 ging der Anteil Europas drastisch zurück (von 25 auf 8 Prozent), und auch jener der USA wurde allmählich geringer, bis er während des Ersten Weltkriegs ebenfalls dramatisch sank (von 19 auf 5,5 Prozent). Lateinamerika und Indien sprangen wie gewöhnlich in die Bresche, doch – wenn wir die enttäuschenden Investitionen dort nach dem Kampf um die Unabhängigkeit ausnehmen – in umgekehrter Reihenfolge. In den 1850er Jahren übernahm Indien aufgrund von massiven und (entgegen der laissez-faire-Theorie) mit Regierungsgarantien versehenen Emissionen für Eisenbahnen und anderes mit etwa 20 Prozent der gesamten britischen Investitionen die Führung; danach sank sein Anteil wieder ab. Lateinamerika jedoch verdoppelte dank der Entwicklung Argentiniens und anderer wirtschaftlich abhängiger Länder seinen Anteil an britischen Wertpapieren bis zu den 1880er Jahren und stellte danach seinerseits etwa 20 Prozent.[9] Aber wirklich bedeutsam war die Zunahme eher in den sich entwickelnden als in den rückständigen Gebieten der unterentwickelten Welt, insbesondere des britischen Empire. Die »weißen« Dominien (Kanada, Australien, Neuseeland, Süd-

9 1890 verteilten sich die in Lateinamerika investierten rund 424 Millionen Pfund folgendermaßen: etwa 157 Millionen Pfund in Argentinien, rund 69 Millionen in Brasilien, der größte Posten, Mexiko 60 Millionen Pfund, Uruguay 28 Millionen Pfund, Kuba 27 Millionen Pfund und Chile 25 Millionen Pfund.

afrika) steigerten ihren Anteil von 12 Prozent in den 1860er Jahren auf fast 30 Prozent in den 1880ern; und wenn wir Argentinien, Chile und Uruguay als »Ehren«-Dominien dazurechnen – sie waren ihnen in ihrer Wirtschaft nicht unähnlich –, so ergibt sich ein noch sensationelleres Bild. Nach dem Ersten Weltkrieg erreichte der Anteil der Dominien nahezu 40 Prozent. Nimmt man das Empire und Lateinamerika als Ganzes, so sieht die Entwicklung folgendermaßen aus:

Jahr	*Empire (%)*	*Lateinamerika (%)*	*Insgesamt (%)*
1860–70	36	10,5	46,5
1880–90	47	20	67
1900–13	46	22	68
1927–29	59	22	81

Mit einer Ausnahme vollzogen sich diese Entwicklungen, zumindest zu Beginn, unabhängig von der Politik. Großbritanniens anfängliche Wirtschaftshegemonie verursachte gewissermaßen ein Gefälle in der internationalen Wirtschaftslandschaft, das seinen eigenen Wirtschaftslauf mitbestimmte. Die eine Ausnahme bildete Indien. Es war der einzige Teil des britischen Empire, auf den die laissez-faire-Theorie niemals zutraf. Deren begeistertste Verfechter in Großbritannien wurden zu bürokratischen Planern, sobald sie nach Indien kamen, und die überzeugtesten Gegner der politischen Kolonisierung schlugen so gut wie niemals den Abbau der britischen Herrschaft dort vor. Das »formale« britische Empire entfaltete sich in Indien selbst zu einer Zeit, als keines seiner übrigen Teile es tat. Die wirtschaftlichen Gründe für diese Anomalie waren zwingend.
Wie wir gesehen haben, wurde Indien immer mehr zu einem lebenswichtigen Absatzmarkt für den britischen Hauptausfuhrartikel, Baumwollwaren, und zwar deshalb, weil die britische Politik im ersten Viertel des 19. Jahrhunderts das einheimische Textilgewerbe als Konkurrenten Lancashires zerstörte. Zweitens kontrollierte Indien den Handel des Fernen Ostens durch seinen Exportüberschuß gegenüber diesem Gebiet, wobei die Exporte weitgehend aus Opium bestanden, einem Staatsmonopol, das die Briten fast von Anbeginn systematisch gefördert hatten (hauptsächlich aus fiskalischen Gründen). Noch 1870 bestand fast die Hälfte aller Importe Chinas aus diesem Nar-

kotikum, mit dem die liberale Wirtschaft des Westens es freundlicherweise belieferte. Diese beiden Überschüsse sowie der Handelsüberschuß Indiens gegenüber der übrigen Erde wurde selbstverständlich abgesogen durch Großbritanniens Vorteile aus dem (politisch etablierten) indischen Handelsdefizit gegenüber Großbritannien, durch die »Home Charges«, d. h. Indiens Zahlungen für den Vorzug, von Großbritannien verwaltet zu werden, und durch die immer höher werdenden Zinszahlungen für die indischen Staatsschulden. Gegen Ausgang des Jahrhunderts gewannen diese Punkte an spezifischem Gewicht. Vor dem Ersten Weltkrieg »lag der Schlüssel zur gesamten britischen Zahlungsstruktur in Indien, das wahrscheinlich über zwei Fünftel des gesamten britischen Defizits finanzierte«.[10] Ein anderer Autor hat das folgendermaßen ausgedrückt: »So stellte Indien nicht nur die Geldmittel zur Investition in Indien zur Verfügung, sondern einen großen Teil der gesamten Investitionseinnahmen von Übersee, die im letzten Viertel des 19. Jahrhunderts Großbritanniens Zahlungsbilanzüberschuß verursachten. Indien war wahrhaft das Juwel im imperialen Diadem.«[11] Es überrascht nicht, daß nicht einmal die Freihändler diese Goldgrube der politischen Kontrolle Großbritanniens entgleiten lassen mochten und daß die britische Militär- bzw. Flottenpolitik dem Zweck diente, dies zu verhindern.

In Indien blieb das formale Empire für die britische Wirtschaft lebenswichtig; auch anderswo schien es nach den 1870er Jahren eine neue Bedeutung zu erlangen, als die ausländische Konkurrenz sich fühlbar machte und Großbritannien ihr durch Flucht in die von ihm abhängigen Gebiete auszuweichen versuchte. Seit den 1880er Jahren wurde der »Imperialimus« – die Aufteilung der Erde in formale Kolonien und »Einflußsphären« der großen Mächte, im allgemeinen verbunden mit dem Versuch, bewußt jene Art von wirtschaftlichem Satellitensystem einzurichten, das Großbritannien spontan entwickelt hatte – unter den Großmächten populär. Für Großbritannien bedeutete das einen Schritt rückwärts. Es tauschte für die nichtformale Herrschaft über den größten Teil der unterentwickelten Welt die formale Herrschaft über ein Viertel von ihr ein; hinzu kamen die älteren Wirtschaftssatelliten. Dieser Tausch war weder

10 S. B. Saul, a. a. O., S. 62.
11 M. Barratt-Brown, a. a. O., S. 85.

leicht noch sonderlich verlockend. Denn die wirklich wertvollen Wirtschaftssatelliten befanden sich (mit Ausnahme von Indien) entweder außerhalb seiner politischen Kontrolle – wie Argentinien –, oder sie waren weiße Siedler-»Dominien« mit eigenen Wirtschaftsinteressen, die sich nicht notwendig mit denen Großbritanniens deckten, und sie verlangten Kompensationszugeständnisse für ihre eigenen Produkte in Großbritannien, falls sie ihre eigenen Märkte dem Mutterland völlig überlassen sollten. Hieran zerbrachen die Pläne Joseph Chamberlains für eine imperiale Integration im ersten Jahrzehnt des 20. Jahrhunderts. In gewisser Hinsicht schien es sinnvoll, möglichst viele jener rückständigen Gebiete zu annektieren, um sich die Kontrolle über ihre Rohmaterialien zu sichern, von denen schon im ausgehenden 19. Jahrhundert abzusehen war, daß sie für eine moderne Wirtschaft sehr wichtig werden würden und die es dann auch wirklich wurden. Ende des Zweiten Weltkriegs stellten Kautschuk und Zinn aus Malaya, die reichen Bodenschätze von Zentral- und Südafrika und vor allem die Erdölvorkommen des Mittleren Ostens entscheidende internationale Aktiva Großbritanniens und Hauptstützen seiner Zahlungsbilanz dar.

Für den sichtbaren Handel kam der Zusammenbruch nach dem Ersten Weltkrieg. Das lag sowohl an der allgemeinen Krise der Weltwirtschaft, die den Spielraum für internationale Wirtschaftsgeschäfte und damit auch den Großbritanniens einschränkte, dessen Lebensbasis sie bildeten, als auch an der verzögerten, aber unvermeidlichen Entdeckung, daß die britische Industrie veraltet und leistungsunfähig geworden war.

Großbritannien hatte intensiv in die wirtschaftlich rückständigen und Satellitengebiete exportiert (Baumwolle) und das Letzte aus der letzten seiner großen technischen Neuerungen, dem Eisendampfschiff, herausgeholt. Als dann die Großabnehmer von Baumwollwaren – Indien, Japan und China – ihre eigene Textilindustrie entwickelten, hatte die Stunde für Lancashire geschlagen. Es gelang nicht, Indien die politische Kontrolle über seine eigene Baumwollindustrie vorzuenthalten, obwohl die Lancashire vertretende Interessengruppe noch im letzten Jahrzehnt des 19. Jahrhunderts die Einführung von Schutzzöllen für die indische Baumwollindustrie verhindert hatte.[12]

12 Tatsächlich wurden derartige Zölle erst nach 1917 eingeführt.

Der Krieg, der den normalen Ablauf des internationalen Handels unterbrach und in vielen Ländern das industrielle Wachstum anregte, das dann geschützt werden mußte, offenbarte die neue Lage auf brutale Weise. Vorher hatte die indische Textilindustrie nur 28 Prozent des heimischen Textilbedarfs gedeckt, nachher 60 Prozent. Tüchtige Konkurrenten und mit Öl betriebene Schiffe irritierten die britische Kohlenausfuhr; sie war von etwa 20 Millionen Tonnen zu Beginn der 1880er Jahre auf 73 Millionen im Jahr 1913 emporgeschnellt, in den 1920er Jahren betrug sie durchschnittlich 49 Millionen, in den 1930ern 40 Millionen Tonnen. Das Defizit im sichtbaren Handel – die Lücke zwischen Einfuhr und Ausfuhr – war fast doppelt so groß wie in den schlimmsten Jahren vor 1913.

Großbritanniens unsichtbares Einkommen schien zunächst mehr als ausreichend, um diese Lücke zu füllen. Während seine Industrie erlahmte, florierten seine Finanzgeschäfte, und seine Dienstleistungen durch Schiffahrt, Handel und Vermittlung im Weltzahlungssystem wurden unentbehrlich. Wenn London wirklich jemals der Mittelpunkt der Weltwirtschaft und das Pfund Sterling deren Grundlage gewesen ist, dann zwischen 1870 und 1913.

Wie wir sahen, stiegen die Auslandsinvestitionen äußerst rasch an, hauptsächlich in den 1860er und 1870er Jahren, später durch die Neuanlage ihrer eigenen Zinsen und Dividenden. 1913 betrug der Wert dessen, was Großbritannien im Ausland besaß, vier Milliarden Pfund, verglichen mit knapp 5,5 Milliarden Pfund im Besitz von Frankreich, Deutschland, Belgien, Holland und den USA zusammen. Am Ende der 1850er Jahre hatten britische Schiffe etwa 30 Prozent der Kargos, die an französische und amerikanische Häfen gingen, befördert: 1900 beförderten sie 45 Prozent der französischen und 55 Prozent der amerikanischen Kargos.[13] Paradoxerweise verstärkte eben der Prozeß, der die britische Produktion schwächte – der Aufstieg neuer Industriemächte, die Minderung der britischen Wettbewerbsfähigkeit – die Entfaltung von Finanz und Handel. Die neuen Industriestaaten intensivierten ihre Grundstoffeinfuhren aus der unterentwickelten Welt. Da sie mit ihr nicht, wie Groß-

13 Nur Deutschland, das in den 1890er Jahren bewußt den maritimen Wettlauf mit Großbritannien aufnahm, senkte von da ab seine Inanspruchnahme der britischen Schiffahrt.

britannien, in einer Art Symbiose verbunden waren, entstand ein erhebliches Gesamtdefizit. Großbritannien füllte dieses Defizit aus a) durch seine eigenen zunehmenden Fertigwarenimporte aus den Industriestaaten, b) durch seine »unsichtbaren« Einkünfte aus seinen Schiffahrtsdienstleistungen und ähnlichem, und c) durch die Einkünfte, die es als größter Kreditgeber der Erde hatte. Die Fäden des Welthandels- und Finanznetzes liefen über London.

Der Erste Weltkrieg zerriß das Netz, obwohl die britischen Regierungen verzweifelte Anstrengungen unternahmen, es zu erhalten. Großbritannien hörte auf, die große Gläubigernation der Welt zu sein, hauptsächlich weil es etwa 50 Prozent seiner Investitionen in den USA liquidieren mußte (etwa eine Milliarde Pfund, vor allem in Eisenbahnaktien) und nun seinerseits zum Schuldner der USA wurde, die aus dem Krieg als größte Gläubigernation hervorgingen. Nach 1919 schien Großbritannien sich zu erholen; seine Regierungen machten einen heroischen Versuch, die Bedingungen von 1913 wiederherzustellen und damit das verlorene Paradies zurückzugewinnen. 1925 waren die Gewinne aus Investitionen und andere unsichtbare Einkünfte dem damaligen Wert nach höher denn je zuvor. Aber der Schein trog. Das Bruttoinvestitionseinkommen war von etwa 4,5 Prozent des Volkseinkommens in den 1870er Jahren auf etwa 9 Prozent in den Jahren 1910–13 gestiegen. Nach dem Ersten Weltkrieg war sein Prozentanteil im Durchschnitt auf den Stand der 1870er, nach dem Zweiten Weltkrieg auf den der 1860er Jahre zurückgegangen. Der Wirtschaftszusammenbruch von 1929 zerstörte die Illusion einer Rückkehr zur *belle époque*, der Zweite Weltkrieg begrub sie vollends. Großbritannien besaß jetzt weder sichtbare noch unsichtbare Einnahmen in ausreichender Menge. Die immer wiederkehrenden »Zahlungsbilanz«-Krisen, die den britischen Regierungen zum ersten Mal 1931 Sorgen bereitet hatten, sind die Symptome dieser mißlichen Lage.

8. Der Lebensstandard in der Zeit von 1850–1914[1]

Wir wollen hier innehalten und einen Blick auf Großbritannien auf dem Höhepunkt seiner kapitalistischen Laufbahn werfen, drei bis vier Generationen nach der Industriellen Revolution. Es war in erster Linie ein Land von Arbeitern. R. Dudley Baxter, der 1867 die zahlenmäßige Stärke der einzelnen britischen Gesellschaftsklassen errechnete, kam zu dem Ergebnis, daß mehr als drei Viertel (77 Prozent) von den 24,1 Millionen Einwohnern Großbritanniens der »Klasse der manuellen Arbeiter« angehörten. Zur »Mittelklasse« zählte er alle Büroangestellten und Verkäufer, alle Ladeninhaber, alle Vorarbeiter etc. Nur 15 Prozent der Arbeiter gehörten zu der gelernten bzw. gut bezahlten Arbeiteraristokratie – mit Löhnen von 28 Schilling bis zu zwei Pfund pro Woche –, mehr als die Hälfte zu den ungelernten, landwirtschaftlichen, weiblichen und anderen unterbezahlten Arbeitern – mit Löhnen in Höhe von etwa 10 bis 12 Schilling pro Woche. Ein Teil von ihnen – die Textilarbeiter, die Arbeiter in anderen »Fabriken und Werkstätten«, die gerade in den 1860ern in das System der Fabrikgesetzgebung einbezogen wurden, bis zu einem gewissen Grad auch die Bergarbei-

1 Briggs, Cole und Postgate, Kitson Clark (Weitere Literatur 2), Clapham, Checkland, Ashworth (Weitere Literatur 3). Das grundlegende Material über den Lebensstandard der Arbeiterklasse enthalten die Aufsätze von G. H. Wood, in: *Journal of the Royal Statistical Society*, 1899 und 1909. Asa Briggs, *Victorian Cities*, S. Pollard, *History of Labour in Sheffield*, H. J. Dyos, *Victorian Suburb*, 1961, behandeln die Probleme der Stadt, E. Phelps Brown, *Growth of British Industrial Relations*, 1959, die Sozialgesetzgebung und sozialen Verhältnisse, K. W. Wedderburn, *The Worker and the Law*, 1965, das Arbeitsrecht. J. B. Jefferys, *Retail Trading in Great Britain 1850–1950*, 1954, ist gut, aber statistisch. H. Pelling, *A History of Trade Unionism*, 1963, und *The Origins of the Labour Party*, bedürfen der Ergänzung durch R. Tressell, *The Ragged-Trousered Philanthropists* (Roman). G. und W. Grossmith, *Diary of a Nobody*, über die untere Mittelklasse. Über das Bildungswesen Brian Simon, *Education and the Labour Movement 1870–1920*, 1965. W. S. Adams, *Edwardian Portraits*, 1957 (über die oberen Klassen) ist ausgezeichnet. E. P. Thompson, *Homage to Tom Maguire* (in: A. Briggs und J. Saville, ed., *Essays in Labour History*, 1960), gibt eine großartige Einführung in den neubelebten Sozialismus. Vgl. auch die Tabellen im Anhang.

ter – genossen bereits eine gewisse gesetzliche Regelung ihrer Arbeitsbedingungen und – seltener – ihrer Arbeitszeit. Ab 1871 erlangten sie sogar die erste gesetzliche Anerkennung der »Bankfeiertage«. Überwiegend hingen jedoch ihre Löhne und Arbeitsbedingungen von den Vereinbarungen mit ihren Arbeitgebern ab, die sie selbst oder ihre Gewerkschaften für sie trafen. Zu Beginn der 1870er Jahre war das Gewerkschaftswesen überall dort offiziell akzeptiert, wo es ihm gelungen war, sich zu etablieren. Infolge der archaischen Struktur der britischen Wirtschaft war dies nicht nur bei den gelernten Handwerkern der manuellen Gewerbe der Fall (z. B. den Maurern, Schneidern, Druckern usw.), sondern auch im Kern der Grundindustrien wie den Baumwollfabriken und den Kohlenbergwerken sowie innerhalb des großen Komplexes des Maschinen- und Schiffbaus, wo der größte Teil der Facharbeit im wesentlichen nach wie vor von manuellen Handwerkern geleistet wurde. Trotzdem handelte es sich dabei um eine kleine Minderheit der britischen Arbeiter. Selbst die große Expansion der Gewerkschaften in den Jahren 1871–73 ließ die Zahl der Organisierten lediglich auf rund eine halbe Million ansteigen. Bedeutende Sektoren der Wirtschaft, zum Beispiel der Transportbereich, waren immer noch so gut wie unorganisiert. Immerhin war es dem altmodischen Gewerkschaftswesen, das oft noch Zunftcharakter besaß, gelungen, für weiteren Fortschritt in einigen Hauptbereichen der britischen Industrie ein dauerhaftes Fundament zu legen. Die Arbeiterbewegung hatte sich eine gewisse Machtposition schaffen können, allerdings um den Preis einer ziemlich ungeschmeidigen organisatorischen Struktur, von der sie die Befürworter einer rationaleren, wirksameren Gewerkschaftsorganisation (z. B. durch »Industrie«-Gewerkschaften) nie mehr haben befreien können.

Wenn ein Arbeiter seine Stelle verlor, was sozusagen stündlich passieren konnte, so besaß er nichts außer seinen Ersparnissen, seinem Arbeiterhilfsverein oder seiner Gewerkschaft, dem Kredit bei seinem Krämer, seinen Nachbarn, Freunden, dem Pfandleiher oder den Armengesetzen, welche die *einzige* öffentliche Form sozialer Vorsorge darstellten. Wurde er alt oder krank, so war er verloren, wenn ihm nicht seine Kinder halfen, denn nur wenige genossen einen wirksamen Versicherungsschutz oder hatten Anspruch auf eine Privatrente. Nichts ist typischer für das Leben der viktorianischen Arbeiterklasse (und für uns heute schwieriger vorstellbar) als dieser gravierende Mangel an sozialer Sicherheit. Gelernte Arbeiter oder Arbeiter in den sich entwickelnden Industrien hatten wahrscheinlich einige Vergünstigungen, weil (und solange) die Nachfrage nach Arbeitskräften größer war als das Angebot; sie zogen auch Nutzen aus den Gewerkschaften, den Arbeiterhilfsvereinen, Konsumgenossenschaften usw. Ungelernte Arbeiter hatten Glück, wenn sie mit ihrem Wochenlohn auskamen, und überbrückten wahrscheinlich die Nottage, indem sie immer wieder ihren kläglichen Besitz verpfändeten. In den 1850er Jahren bestanden in Liverpool 60 Prozent aller bei den Pfandleihern versetzten Gegenstände aus solchen im Wert von bis zu 5 Schilling, 27 Prozent aus solchen im Wert von bis zu $2^1/_2$ Schilling.

Im Unterschied zu anderen Ländern waren die Arbeiter in Großbritannien von den Mittelklassen kaum getrennt. Die »untere Mittelklasse« in ihrer damaligen Bedeutung schloß sowohl die Arbeiteraristokratie als auch die kleinen Ladeninhaber, Gastwirte, kleinen Unternehmer und die Büroangestellten mit ein. 1871 gab es 100 000 kaufmännische und Bankangestellte, die die Geschäfte der größten Handels- und Banknation der Erde leiteten: nicht mehr als ein Drittel aller Kohlenbergarbeiter. Ihre Stellung war geachtet, obwohl sie nicht sonderlich wohlhabend waren. Die Lebensweise der Mittelklasse bildete deutlich das Modell für Familien wie die Pooters aus Holloway in ihrem Haus »The Laurels« (in *The Diary of a Nobody* von George und Weedon Grossmith); erst allmählich entstanden die sogenannten Angestelltensiedlungen am Rande der großen Städte, namentlich seit den 1870ern, obschon der relativ wohlhabende Arbeiteraristokrat oder kleine Ladeninhaber die Nachahmung mittelständischer materieller Ansprüche (wie die Anschaffung von goldenen Taschenuhren und von Klavieren) mit anderen Gewohnheiten verbinden mochte, die seine Solidarität mit den übrigen manuellen Arbeitern aufrechterhielten, unter denen er meistens weiter wohnen blieb. Wurde er wirtschaftlich unabhängig oder selbständig, was in den kleineren Industrien wie im Baugewerbe und in der Metallverarbeitung oder im Kleingewerbe möglich war, so konnte es geschehen, daß er aus seiner Gewerkschaft ausschied. Solange er

jedoch Arbeiter blieb, bewirkte der Wohlstand bei ihm zwar politische Mäßigung, aber nicht Verbürgerlichung.
Selbstzufriedene Betrachter mochten Großbritannien um die Mitte der viktorianischen Zeit mittelständisch nennen; in Wirklichkeit war die Mittelklasse weder sonderlich einflußreich noch zahlenmäßig sehr stark. Dem Einkommen nach spiegelte sich ihr Status wohl in den 200 000 englischen und walisischen Einkommenssteuerveranlagungen mit jährlich über 300 Pfund nach dem Einkommenssteuerformular D (Geschäftsprofite, höhere Berufsgruppen und Investitionen) im Jahr 1865/6, von denen 7500 für Einkommen in Höhe von über 5000 Pfund im Jahr galten – einem für damalige Verhältnisse erheblichen Reichtum – und 42 000 für Einkommen in Höhe von 1000 bis 5000 Pfund. Zu dieser relativ kleinen Gruppe gehörten 1871 die rund 17 000 Großkaufleute und Bankiers, die 1700 Reeder, eine unbekannte Anzahl von Fabrik- und Grubenbesitzern, die meisten der 15 000 Ärzte, die 12 000 Solicitors und 3500 Barristers, die 7000 Architekten und 5000 Ingenieure – ein Beruf, der sich damals rasch ausbreitete, gegen Ende des Jahrhunderts jedoch zusehends an Attraktivität verlor.[2] Nicht dazu gehörten die intellektuellen oder »schöpferischen« Berufe. Es gab ganze 2148 »Autoren, Herausgeber und Journalisten« (verglichen mit 14 000 am Vorabend des Ersten Weltkriegs), keine eigens als solche eingestuften Wissenschaftler und eine gleichbleibende Anzahl Universitätslehrer, denn die viktorianische Gesellschaft war spießbürgerlich.
Das allgemeinste Kennzeichen der Mittelklasse bzw. derer, die sie zu imitieren trachteten, bestand darin, Hausangestellte zu beschäftigen. Deren Zahl stieg von 900 000 im Jahr 1851 auf 1,4 Millionen, fast ihr Maximum, im Jahr 1871 an[3], doch gab es 1871 nur 90 000 Köchinnen und nicht viel mehr Hausmädchen, was einen zuverlässigen, wenn auch wahrscheinlich zu engen Gradmesser für die wirkliche Stärke der Mittelklasse liefert. Wer sonst noch hielt sich Diener? In der Hauptsache wohl die ehrgeizigen Angehörigen der »unteren Mittelklasse«, die nach Rang und Ansehen strebten und gerade damals in der Geburtenkontrolle ein Mittel zur Beschleunigung ihres Erfolges ent-

2 1861 gab es 3329, 1881 7124 Bauingenieure; 1911 betrug ihre Zahl jedoch *mit den Bergbauingenieuren zusammen* nur 7208.
3 Gasthaus- und Hoteldiener ausgenommen.

deckten. Wie neuere Forschungen gezeigt haben, bestimmte die Wahl zwischen einem höheren Lebensstandard und einer großen Familie den Rückgang der Geburtenziffer (in den oberen und mittleren Schichten), der sich seit den 1870er Jahren feststellen läßt.

So also sah die soziale Schichtung um die Mitte der viktorianischen Ära aus. Sie trat am deutlichsten in den Städten oder, was die mittleren Schichten betrifft, den Vororten zutage, da die Abwanderung der Nichtproletarier in die Außenbezirke der Großstädte immer mehr zunahm, insbesondere in den 1860er Jahren und später in den 1890er Jahren. Die Einwohnerzahl der Städte überstieg die der Landbezirke erstmals 1851. 1881 lebten zwei von je fünf Engländern und Walisern in den sechs riesigen städtischen Ballungsgebieten (»conurbations«): London, dem Südosten von Lancashire, den westlichen Midlands, dem Westen von Yorkshire, Merseyside und Tyneside. Die ländliche Bevölkerung war nur noch zu einem kleinen Teil landwirtschaftlich tätig. 1851 arbeiteten zwei Millionen von den über neun Millionen erwerbstätigen Briten in der Landwirtschaft, 1881 nur 1,6 von 12,8 Millionen und kurz vor Ausbruch des Ersten Weltkriegs weniger als 8 Prozent. Die Großstädte, die jetzt das wirkliche Großbritannien ausmachten, waren nicht mehr jene öden und vernachlässigten Wüsten der Profitjägerei wie in der ersten Jahrhunderthälfte. Nach 1850 setzten – Reflexe der großen Epidemien jener Zeit – die ersten konsequenten Reformen der sanitären Verhältnisse ein (Kanalisation, Wasserversorgung, Straßenreinigung etc.). Städtische Gebäude entstanden, die ersten Parks wurden angelegt. Andererseits rissen Gleisanlagen und Bahnhöfe breite Streifen in die Stadtzentren hinein, trieben die Bevölkerung, die dort gewohnt hatte, in die Slums und bedeckten die Zurückbleibenden mit jener dichten Schicht aus Ruß und Schmutz, die noch heute in einigen Winkeln nordenglischer Städte zu sehen ist. Der beißende Nebel, den Ausländer so typisch fanden, zog sich immer dichter um das viktorianische Großbritannien.

Die Großstadt der Mitte der viktorianischen Zeit zeigte in vieler Hinsicht, mit Ausnahme vielleicht der ästhetischen, eine deutliche Verbesserung gegenüber den Städten der 1830er und 1840er Jahre, was freilich eher auf allgemeine Ausgaben für elementare Bedürfnisse und Versorgungseinrichtungen als auf öffentlichen Bemühungen um eine Besserung der Lebensbedingungen der Arbeiterklasse zurückzuführen war. Immerhin bestand eine Tendenz zu städtischen Reformen, die den Arbeitern zugute kam, und eine noch stärkere kommerzielle Bewegung, die das unbefriedigte Verlangen der Arbeiterschaft nach Unterhaltung und Ersatztrost ausnutzte mit Einrichtungen wie dem »gin palace« und dem viktorianischen Varietétheater. Wenn die britische Großstadt trotzdem unwirtlich blieb, nur von den rechtwinkligen Straßenzeilen aus niedrigen Hütten in den britischen Industrie- und Bergwerksdörfern übertroffen, so rührte das daher, daß die Planung mit der Expansion der Städte und der Industrie nicht Schritt zu halten vermochte. Die Einwohnerzahl Londons wuchs von zwei Millionen 1841 auf fast fünf Millionen 1881, die Sheffields von 111 000 auf 285 000, Nottinghams von 52 000 auf 187 000, Salfords von 53 000 auf 176 000. Unbestreitbare Verbesserungen gab es nur in den mittelständischen Vororten – Kensington ist weitgehend eine Schöpfung der sechziger und siebziger Jahre – und in den neuen Seebädern und Kurorten der Mittelklasse und der Rentiers, die sich, sobald sie mit der Eisenbahn erreichbar waren – oft auf die Initiative von Grundbesitzern hin, die darauf ausgingen, ihren Grundbesitz nutzbar zu machen[4] – in den 1850er und 1860er Jahren rapide entfalteten.

Im großen und ganzen verbesserte sich das Leben für die meisten Briten in den »goldenen Jahren«, obschon wahrscheinlich nicht in dem Maß, wie Zeitgenossen meinten. Es verbesserte sich abermals während der »Großen Depression«, freilich aus anderen Gründen. Das Realeinkommen änderte sich seit 1900 kaum zum Guten; bis 1914 läßt sich eine Stagnation bzw. eine Abnahme der Reallöhne erkennen – eine der Hauptursachen für die Arbeiterunruhen in den Jahren vor dem Ersten Weltkrieg.
Die 1870er Jahre sind ein deutlicher Wendepunkt. Bis dahin waren, abgesehen von der Entwicklung der Einkommen, verläßliche Anzeichen für soziales Wohlergehen – z. B. Rückgang

4 Der Herzog von Devonshire baute nach 1851 Eastbourne aus. Die berühmten »Piers« (Landungsstege mit Lokalen etc. zur Volksbelustigung – *d. Übers.*) wurden in Southport 1859/60 und in Bournemouth (das 1851 nur 1000 Einwohner hatte) 1861 gebaut, sowie in Brighton 1865/66 vergrößert.

der Sterblichkeit (insbesondere der Kindersterblichkeit) – so gut wie nicht zu konstatieren gewesen. Bald danach begann der fast ununterbrochene Rückgang der Sterblichkeitsziffer, der für entwickelte Länder so bezeichnend ist.[5] Da die Geburtenziffer ebenfalls zu sinken begann, zumindest in der Mittel- und der unteren Mittelklasse – infolge der Geburtenkontrolle und des höheren Lebensstandards –, hing das Bevölkerungswachstum jetzt zunehmend von der Differenz zwischen einer sinkenden Sterblichkeits- und einer nicht ganz so rasch abnehmenden Geburtenziffer ab.

Die »goldenen Jahre« waren, genau besehen, keineswegs golden. In Realeinkommen und Verbrauch gab es allerdings Fortschritte. Im Durchschnitt blieben die Reallöhne (wobei die Arbeitslosigkeit mit berücksichtigt ist) von 1850 bis zu Beginn der 1860er Jahre ziemlich unverändert, stiegen aber zwischen 1862 und 1875 um 40 Prozent an. Ende der 1870er Jahre ließ für ein bis zwei Jahre diese Entwicklung nach, sie erreichte ihren alten Stand erst wieder in der Mitte der achtziger Jahre; 1900 betrugen die Löhne ein Drittel mehr als 1875 und 84 Prozent mehr als 1850. Danach stiegen sie nicht weiter an.

Selbst wenn wir diese allgemeinen Durchschnittswerte für bare Münze nehmen (was nicht ratsam ist), vermitteln sie doch kein realistisches Bild der Situation. Als gegen Ausgang des Jahrhunderts die ersten zuverlässigen Sozialgutachten angefertigt wurden – von Booth in London und von Rowntree in York –, besagten sie, daß etwa 40 Prozent der Arbeiter in Armut oder in noch schlimmeren Verhältnissen lebten, d. h. von einem Familieneinkommen von 18 bis 21 Schilling[6], verarmte Men-

5 *Sterbefälle pro 1000*

Jahre	*männlich*	*weiblich*	*Säuglinge (Tod zwischen 0 und 1 Jahr)*
1838–42	22,9	21,2	150
1858–62	22,8	21	149,4
1868–72	23,5	20,9	155,8
1878–82	21,5	19,1	142,2
1888–92	20,2	17,9	145,6
1898–1902	18,6	16,4	152,2
1908–12	15,1	13,3	111,8
1914	15	13,1	105

6 Rowntree berechnete als Mindestkosten für die Erhaltung eines Ehepaares

schen, die zu zwei Dritteln zu irgendeinem Zeitpunkt im Laufe ihres Lebens – im allgemeinen im Alter – tatsächlich zu Paupers wurden. Die kleine Gruppe der bessergestellten Arbeiter (maximal 15 Prozent, wahrscheinlich weniger) lebten in für die damalige Zeit komfortablen Verhältnissen mit Einkommen von etwa zwei Pfund oder mehr. Mit anderen Worten, die Arbeiterklasse der Zeit Viktorias und Eduards VII. teilte sich in eine Arbeiteraristokratie, die den Markt, auf dem sie sich verkaufte, bestimmen und höhere Löhne verlangen konnte, in eine ungelernte bzw. unorganisierte Masse, die nur einen Lohn etwa in Höhe des Existenzminimums erzielen konnte, und in eine Zwischenschicht.

Das erklärt die recht unterschiedliche Entwicklung des Lebensstandards während der »goldenen Jahre«, der »Großen Depression« und dem Zeitalter Eduards VII. In Zeiten der Inflation konnten die, die es schafften, daß ihre Geldlöhne rascher anstiegen als die Preise, ihre Lage verbessern. Und das taten sie auch: »Uneingeschränkte Nahrung, Kleider vom gleichen Schnitt wie die der Mittelklasse, wenn es die Hausmiete erlaubt, ein Wohnzimmer mit steifen, billigen Möbeln, das, wenn auch selbst nicht luxuriös oder schön, so doch ein Zeichen für den Luxus der Selbstachtung und Vorbote einer besseren Zukunft ist, eine Zeitung, ein Club, gelegentliche Ferien, vielleicht noch ein Musikinstrument.«[7] So schilderte ein gut unterrichteter Betrachter die Situation um die Mitte der 1880er Jahre. Anders erging es den 40 Prozent auf der untersten Sprosse der Leiter; ihre Lage wurde nur dann besser, wenn die Arbeitslosig-

mit drei Kindern pro Woche im Jahr 1899 21 Schilling und 8 Pence, die sich folgendermaßen zusammensetzten:

Nahrung für die Eltern	6 Schilling	
Nahrung für drei Kinder	6 Schilling	9 Pence
Miete	4 Schilling	
Kleidung für die Erwachsenen	1 Schilling	
Kleidung für die Kinder	1 Schilling	3 Pence
Brennstoff	1 Schilling	10 Pence
Verschiedenes (Licht, Haushaltsgegenstände, Seife, etc.)		10 Pence

Die Nahrung schloß *kein* Fleisch ein und war absichtlich weniger großzügig berechnet als die Lebensmittel, die für körperlich leistungsfähige Paupers vorgeschrieben wurden. Es handelte sich hier in der Tat um ein dürftiges Existenzminimum.

7 Pollard, *History of Labour in Sheffield*, S. 105.

keit nachließ (wie es nach den 1840ern geschah) oder wenn sie von schwachen in finanzstarke, von stagnierenden in wachsende Industrien überwechselten (was viele von ihnen in den »goldenen Jahren« taten). Es ist jedoch ziemlich deutlich, daß vor den 1860ern keine aufregende allgemeine Änderung stattfand, außer vielleicht bei den Landarbeitern, deren Massenflucht vom Land die Lage sowohl derer verbesserte, die zurückblieben, als auch derer, die gingen. Die Armut der Armen aber blieb so konstant wie menschenunwürdig. An den Beginn des neuen Jahrhunderts erinnert sich ein alter Mann: »[...] es wird Ihnen einen Begriff von den Bedingungen in Liverpool geben: es war ganz normal, Milch im Wert von einem Farthing (Kupfermünze im Wert von ¼ Penny – *d. Übers.*) zu verkaufen, ja nicht bloß zu kaufen und zu verkaufen, sondern auch ins Haus zu liefern. Am Ende der Woche konnte man dann einen Penny drei Farthings für die Milch im Wert von sieben Farthings abholen. Das war im ärmsten Teil von Liverpool [...]. Ich kann mich erinnern, wie ich in der Straßenbahn, die vom Depot in Smithdown Road nach Pier Head ging, arbeitete und fünfundsiebzig Fahrgäste hatte und sie alle Twopence zahlten, und als ich einkassierte, bekam ich nur ein einziges Dreipence-Stück, der Rest waren Kupfermünzen.[8] Das war ein Zeichen ihrer Armut.«[9]

Die »Große Depression« brachte wichtige Veränderungen. Wahrscheinlich verbesserten sich die allgemeinen Lebensbedingungen der Arbeiter in den Jahren zwischen 1880 und 1895 verhältnismäßig rasch, trotz der Arbeitslosigkeit in dieser Zeit. Das lag daran, daß sinkende Lebenshaltungskosten den Ärmsten ebenso zugute kamen wie den übrigen, ja proportional sogar mehr als den übrigen, und die »Depression« war, wie wir sahen, in erster Linie eine Zeit der sinkenden Preise. Doch sanken sie vor allem deshalb, weil sich vor dem britischen Volk eine neue Welt billiger, importierter Nahrungsmittel auftat. Zwischen 1870 und 1896 stieg der Fleischkonsum pro Kopf um fast ein Drittel an, der Anteil an importiertem Fleisch verdreifachte sich dabei. Vom Ende des Jahrhunderts bis nach dem Ersten Welt-

8 Das Dreipence-Stück bestand damals aus Silber, alle Münzen mit niedrigerem Wert sind aus Kupfer. *(D. Übers.)*

9 *Tom Barker and the IWW(* ed. E. C. Fry, Australian Society for Labour History 1965), S. 5, 7.

krieg kamen etwa 40 Prozent des in Großbritannien verzehrten Fleisches aus dem Ausland.

In der Tat begannen sich nach 1870 Nahrung und Eßgewohnheiten des britischen Volkes zu wandeln. Beispielsweise begannen die Briten, Obst zu essen, was vorher ein Luxus gewesen war. Der Obstverbrauch der Arbeiter beschränkte sich zunächst auf Marmeladen, später kam die importierte Banane hinzu, die den Apfel als einziges Frischobst, das von der armen Stadtbevölkerung gegessen wurde, ersetzte. Damals kam auch ein so charakteristisches Wahrzeichen proletarischen Lebens in Großbritannien wie der »fish-and-chip shop« (Laden, in dem gebackener Fisch und Pommes frites verkauft werden – *d. Übers.*) auf; er breitete sich nach 1870 von seiner ursprünglichen Heimat in – wahrscheinlich – Oldham über das ganze Land aus.

Es wandelte sich aber nicht nur die Nahrungsmittelversorgung, sondern auch der gesamte Konsumgütermarkt der Armen: Läden entstanden (insbesondere Filialläden), und eine eigens auf die Arbeiterschaft zugeschnittene Fabrikproduktion entwikkelte sich. Eine begünstigte Schicht von Arbeitern, zuerst im Nordengland, schuf sich ihren eigenen Verteilermechanismus, die »Co-ops« (Konsumgenossenschaften), die 1881 eine halbe Million, 1914 drei Millionen Mitglieder zählten. Augenfällig war die Zunahme der Filialgeschäfte: von zehn Metzgerei-Zweiggeschäften 1880 auf 2000 im Jahr 1900, von 27 Lebensmittelfilialfirmen auf 3444 (von 1900 bis 1910 nahm ihre Zahl langsamer zu). Ein wichtiges Indiz in diesem Zusammenhang ist vor allem die Neugründung von Läden für Kleidung und Schuhe, ein Nebenprodukt der Expansion der Stiefel- und Schuhfabrikation in den 1860er Jahren und der fabrikmäßigen Kleiderherstellung in den 1880ern. Die Fußbekleidung war dabei führend – 1875 gab es bereits 300 Schuhfilialgeschäfte, 25 Jahre später 2600, von denen die Hälfte in den 1890er Jahren gegründet worden war. Herrenbekleidungsläden standen an zweiter Stelle, den Schluß bildeten die Damenbekleidungsgeschäfte; ihre Zeit war noch nicht gekommen.

Als ebenso bedeutsam für die Zukunft erwies sich, daß die Industrie im Fahrwasser der USA jetzt anfing, vergleichsweise billige dauerhafte Konsumartikel zu produzieren, so die Nähmaschine (die in den 1890ern für 4 Pfund verkauft wurde), die auch dem Ratenkauf den Weg ebnete, und das Fahrrad. Diese neue, aufregende Maschine fand sofort Eingang in die allgemeine Folklore durch das Varieté und in die ideologische Folklore durch die Clarion Radfahrclubs der enthusiastischen Jungsozialisten und durch G. B. Shaw. Das Fahrrad blieb für die Armen vorläufig unerschwinglich; ihr erstes öffentliches Verkehrsmittel war die *Straßenbahn,* die im Jahre 1901 bereits mehr als 18 000 Menschen beschäftigte. Der Durchschnittsfahrpreis betrug in den 1880er Jahren etwas weniger als anderthalb Pence.

Schließlich, und auch darin stellen die 1880er einen Wendepunkt dar, fand eine Umwandlung in der Volksunterhaltung statt. Neue Geräte (das Grammophon) und das Kino waren in Großbritannien selbst 1914 noch eine Seltenheit, das Varieté (»music-hall«) jedoch erlebte – jedenfalls in London – seinen ersten Höhepunkt in den 1880er und seine Glanzzeit in den 1890er Jahren. Die prachtvollen Varietépaläste rückten aus den proletarischen Vororten in die Stadtzentren. Zur gleichen Zeit wurde der Sport, besonders der Fußball, zur nationalen Institution; 1885 wurde der Berufssport offiziell zugelassen.

Mit einem Wort, zwischen 1870 und 1900 wurde das Leben der britischen Arbeiterklasse entscheidend geprägt. Daß man es heute für uralt und unveränderlich hält, liegt wohl daran, daß es sich tatsächlich bis in die 1950er Jahre hinein nicht mehr sonderlich veränderte und daß es seine vollkommenste Ausprägung in den typischen Arbeiterzentren des ausgehenden 19. Jahrhunderts fand, im industriellen Nordengland oder in den proletarischen Gegenden nichtindustrieller Großstädte wie Liverpool und im Süden und Osten von London, die sich während der ersten Hälfte dieses Jahrhunderts kaum gewandelt haben. Es war weder ein besonders gutes noch ein besonders reiches Leben; aber zum ersten Mal seit der Industriellen Revolution machte es die britische Arbeiterklasse in der Industriegesellschaft »seßhaft«.

Zweifellos war das letzte Viertel des 19. Jahrhunderts eine Zeit, in der das Leben der Arbeiter leichter und abwechslungsreicher wurde, obwohl die Zeit Eduards VII. einen Rückschlag brachte. Dennoch bedeuten Zeittendenzen noch nicht Leistungen; die sozialen Bedingungen, wie sie Gutachten der damaligen Zeit offenbarten – oft zur Überraschung der Untersuchenden –,

war erschreckend. Sie zeigten das Bild einer Arbeiterklasse, die durch ein Jahrhundert des Industrialismus verkümmert und geschwächt war. In den 1870er Jahren waren elf- bis zwölfjährige Jungen in den Public Schools der Oberschicht durchschnittlich *fünf Zoll größer* (= ca. 13 cm) als die Jungen in »Industrial Schools« (Erziehungsanstalten für verwahrloste Kinder) und in den Altersstufen zwischen Zwölf und Zwanzig drei Zoll (= ca. 7,5 cm) größer als die Söhne von Handwerkern. Als das britische Volk 1917 zum ersten Mal en masse für den Militärdienst medizinisch untersucht wurde, stellte sich heraus, daß 10 Prozent der jungen Männer völlig dienstuntauglich waren, 41,5 Prozent (in London 48–49 Prozent) »ausgeprägte Kampfunfähigkeit«, 22 Prozent »partielle Kampfunfähigkeit« bescheinigt werden mußte und nur wenig mehr als ein Drittel in zufriedenstellender körperlicher Verfassung war. Großbritannien bot das Bild einer stoischen Bevölkerung, die dazu bestimmt war, ihr Leben in Kargheit und unter unsicheren sozialen Bedingungen zu fristen, bis das Alter sie auf den Kehrichthaufen der Armengesetze warf, unterernährt, schlecht untergebracht, schlecht gekleidet. Nach dem Maßstab des Jahres 1965 (ja selbst dem von 1939) war der Lebensstandard der Arbeiterklasse alles andere als menschenwürdig.
Die Arbeitslosigkeit, die Ungewißheit und das schrumpfende Vertrauen in einen automatischen Fortschritt des britischen Kapitalismus führte glücklicherweise nicht zu Resignation. In den 1880er Jahren lebte der Sozialismus wieder auf; eine Elite aktiver und fähiger Arbeiter schuf der Arbeiterbewegung eine Massenbasis: die Gewerkschaften und die neuen, unabhängigen Arbeiterparteien, die sich zu Beginn des neuen Jahrhunderts zur Labour Party zusammenschlossen. Die härteren Zeiten unter Eduard VII. bereiteten eine umfassende politische Umwandlung vor, die dann durch den Krieg beschleunigt wurde. Die Gewerkschaftsbewegung stieg sprunghaft auf etwa anderthalb Millionen Mitglieder während der großen »Explosion« von 1889/90 an, wuchs danach etwas langsamer auf etwa zwei Millionen weiter, verdoppelte ihre Mitgliederzahl während der großen »Arbeiterunruhe« von 1911–13 auf etwa vier Millionen und verdoppelte sich abermals, um am Ende des Ersten Weltkriegs mit acht Millionen Mitgliedern einen vorübergehenden Höhepunkt zu erreichen. Ein Grund

dafür war die Neugründung von Gewerkschaften in bis dahin unorganisierten Industrien, z. B. im Transportwesen, oder in unorganisierten Bereichen älterer Industrien, z. B. den Metallindustrien; zu einem Teil lag es auch an der Expansion der älteren Gewerkschaften.

Die politische Unabhängigkeitserklärung der Arbeiter zeitigte minder dramatische Ergebnisse, obwohl es 1914 vierzig Labourabgeordnete gab. Die Erweiterung des Stimmrechts 1884/85 verschaffte der Arbeiterklasse einen größeren Einfluß auf die älteren Parteien, insbesondere auf die Liberalen, die in der Regel ängstlich darauf bedacht waren, ihre proletarische Gefolgschaft zu behalten. Zum ersten Mal machten sich öffentliche Behörden und der Staat nachdrücklich Gedanken über den sozialen Fortschritt. 1914 war ein System der sozialen Sicherheit – das Ergebnis der Gesetzgebung der Liberalen Partei nach 1906 – bereits in Umrissen erkennbar. Doch besaß der öffentliche Sektor noch keine ernst zu nehmende praktische Bedeutung. Altersrenten (in Höhe von fünf Schilling pro Woche ab siebzig Jahren), die 1908 eingeführt wurden, waren die einzige Form allgemeiner sozialer Leistungen, wenn wir von den Armengesetzen absehen. Das Gesetz über eine allgemeine Sozialversicherung (»National Insurance«) von 1914 war, wie sein Name sagt, als versicherungsstatistisch solides System gedacht, für das Beiträge zu zahlen waren; seine Krankenunterstützung war gering aber nützlich, seine Vorsorge für Zeiten der Arbeitslosigkeit erwies sich nach 1920 als außerordentlich fragwürdig. Die Zentralregierung gab nach wie vor nur winzige Summen für soziale Zwecke aus: von 184 Millionen Pfund Bruttogesamtausgaben 1913 waren 17 Millionen Pfund für Altersrenten, Arbeitsämter und Arbeitslosenversicherung; 1939 betrug der entsprechende Anteil 205 Millionen Pfund von insgesamt 1,006 Milliarden Pfund. Die Ausgaben der lokalen Selbstverwaltung fielen im Verhältnis noch weniger ins Gewicht; sie beliefen sich auf etwa 13 Millionen bei einer Gesamtsumme von 140 Millionen Pfund (1913 in England und Wales), was verglichen mit dem Stand vor fünfzig Jahren außergewöhnlich wenig war, da der Hauptposten, die Armengesetzzahlungen, nicht einmal um das Doppelte gestiegen waren, während die Gesamtausgaben der lokalen Selbstverwaltung seit 1868 um mehr als das Fünffache zugenommen hatten. Der öffentliche Wohnungsbau war unbedeutend. Im Jahr 1884, mit dem die Angaben darüber beginnen, wurden für diesen Zweck 200 000 Pfund aus Kommunalsteuern und Anleihen ausgegeben, 1913 etwa eine Million; zum Vergleich wäre anzumerken, daß die öffentlichen Ausgaben für den Wohnungsbau in den dreißiger Jahren niemals unter 70 Millionen Pfund im Jahr betrugen. Im ganzen bezahlten die Armen tatsächlich mehr Steuern, als sie an Sozialleistungen empfingen.

Die Lage der Oberschichten unterschied sich davon kräftig; die Kluft zwischen ›oben‹ und ›unten‹ in der Gesellschaft wurde unterstrichen durch die Verschwendungssucht, der sich ein Teil der Reichen, angeführt von König Eduard VII., der Symbolfigur dieser Luxusschicht, in den Jahrzehnten vor 1914 ergab. Das internationale Luxushotel war ein Produkt jener Zeit und fand seine beste architektonische Gestalt im »Edwardian«-Stil. Motorjachten und große Rennställe, Privatzüge, Gemetzel von Jagdvögeln und kostspielige Landausflüge, die sich über Wochen erstreckten: damit trösteten sich die Reichen während ihrer immer länger werdenden Mußestunden. Nur 6 Prozent der Bevölkerung hinterließen ihren Erben einen nennenswerten Besitz; nur 4 Prozent hinterließen mehr als 300 Pfund Sterling. 1901/02 wurden jedoch für etwas weniger als 4000 Nachlässe Erbschaftssteuern im Kapitalwert von 19 Millionen Pfund bezahlt, und 149 davon wurden mit 62,5 Millionen Pfund veranlagt. Die Reichen waren immer noch reich, das Pfund Sterling immer noch das Pfund Sterling. Der Herzog von Bedford, der (wie alle Grundbesitzer es von sich behaupteten) unter den Auswirkungen der landwirtschaftlichen Depression litt, konnte trotz Bankrott dem Verwalter seiner Güter ein stattliches Gehalt, eine Pension und eines seiner Landhäuser anbieten, das auf herzogliche Kosten mit zehn Dienern und drei Jagdhütern ausgerüstet war, sowie die Benutzung eines weiteren Landhauses plus Wild, Gartenerträge, Sahne, Milch, Butter und Whisky als Dreingaben. Die Mittel- und die untere Mittelklasse machten etwa 30 Prozent der Bevölkerung aus, jedenfalls in York. Um die Mitte der Regierungszeit Eduards VII. gehörten rund eindreiviertel Millionen solchen Familien an, die mehr als 700 Pfund im Jahr verdienten (oder auf jeden Fall einnahmen), etwa dreidreiviertel Millionen gehörten Familien an mit jährlichen Einnahmen in Höhe von 160 bis 700 Pfund. 1913/14 verdiente ein erwachsener Mann durchschnittlich rund 30 Schilling für eine Arbeitswoche von 54 Stunden (bzw. ein Jahreseinkommen bei voller Beschäftigung von 77 Pfund), eine erwachsene Frau verdiente durchschnittlich in der Industrie 13 Schilling 6 Pence für eine ebenso lange Arbeitswoche (bzw. bei voller Beschäftigung 35 Pfund im Jahr). Die Mittelklassen aßen gut und viel. Sie lebten gut und wohnten zunehmend in jenen mittelständischen Vororten, die die Städte an ihren weniger rauchigen Rändern umgaben, vom bescheidenen Reihen- oder Zweifamilienhaus mit Garten in Bezirken wie Tooting angefangen, über üppigere Gegenden wie Wimbledon bis hin zum Grüngürtel der Börsenmakler: Festungen des politischen Konservativismus, dessen Verteidiger allmorgendlich aufbrachen, bewaffnet mit den neuen Zeitungen von Typ der *Daily Mail* (1896), um die Büros zu besetzen.

1906 verdienten etwa eine halbe Million *Angestellte* über 160 Pfund im Jahr (bzw. etwa die Hälfte der unteren Mittelklasse), obgleich die große Masse der Büroangestellten mit den höheren Schichten der Mittelklasse nur die Aspirationen teilte. Über drei Viertel der männlichen und sämtliche weiblichen kaufmännischen Angestellten verdienten 1910 weniger als 3 Pfund pro Woche. (Über drei Viertel der weiblichen Angestellten, nach wie vor eine Minderheit, verdienten weniger als ein Pfund pro Woche.) Nur Banken und Versicherungen zahlten besser. Der arme Büroangestellte war, besonders dann, wenn er, wie er es selbstverständlich tat, auf einem mittelständischen Lebensstil bestand, nicht viel besser dran als der gutbezahlte Arbeiter, obwohl er sein Einkommen in den letzten Jahrzehnten des 19. Jahrhunderts klug verteilte, indem er die Größe seiner Familie durch Geburtenkontrolle einschränkte, hauptsächlich durch Enthaltung vom Geschlechtsverkehr oder durch coitus interruptus.[10] »Der Historiker sollte daran denken, daß er in der Zeit zwischen 1880 und 1940 ein frustriertes Volk vor sich hat«[11], und das traf für keine Klasse mehr zu als für die untere Mittelklasse.

Neben derartigen meßbaren Veränderungen in der Lebensweise der Briten gab es freilich auch solche, die, obschon gleich wichtig,

10 Mechanische Verhütungsmittel für Männer wurden bis zur Zwischenkriegszeit nicht viel benutzt, solche für Frauen erst seit den dreißiger Jahren.

11 A. J. P. Taylor, *English History 1914–1945*, S. 166.

sich quantitativ nicht bestimmen lassen. Die erste war der Konservativismus, der die Reichen in ihrer Haltung immer starrer werden ließ. Daß die Konservative die Liberale Partei als politisches Instrument der Reichen nach 1874 allmählich ersetzte, zeigt diese Entwicklung, obwohl sie zu Beginn des 20. Jahrhunderts eine kurze Unterbrechung fand. Den Niedergang des religiösen Nonkonformismus, besonders des mittelständischen, verhüllten das wachsende Gewicht des »nonkonformistischen Gewissens«, das niemals einflußreicher war als in den letzten Jahrzehnten des 19. Jahrhunderts, und der Aufstieg nonkonformistischer Geschäftsleute zu Wohlstand und Einfluß. In Wirklichkeit erlosch seit den 1870er Jahren der Nonkonformismus und mit ihm eine mächtige Triebkraft des Liberalismus und des privatwirtschaftlichen Wettbewerbs.

Die soziale Angleichung der britischen Wirtschaftsschichten an das aristokratische Vorbild hatte seit Mitte des Jahrhunderts sehr rasche Fortschritte gemacht, seit der Periode also, in der so viele der sogenannten »Public Schools« gegründet oder reformiert wurden, letzteres, indem die Armen, für die sie ursprünglich vorgesehen waren, endgültig von ihnen ausgeschlossen wurden.[12] 1869 wurde die Regierungskontrolle über sie abgeschafft; fortan entwickelten sie jenen aktiv anti-intellektuellen, anti-wissenschaftlichen, vom Sport beherrschten Tory-Imperialismus, der nach wie vor typisch für sie ist. (Es war nicht der Herzog von Wellington, sondern ein spätviktorianischer Mythos, der behauptet hat, daß die Schlacht von Waterloo auf den Sportplätzen von Eton, die es zu seiner Zeit noch gar nicht gegeben hatte, gewonnen worden sei.)

Unglücklicherweise bildete die Public School das Muster für das neue höhere Schulwesen, das die weniger privilegierten Gruppen der neuen Mittelklasse nach dem Erziehungsgesetz von 1902 für sich errichten durften und dessen Hauptziel es war, die Kinder der Arbeiterklasse, denen 1870 das Recht zu einer allgemeinen Elementarschulbildung zugestanden worden war, von der höheren Bildung fernzuhalten. Wissen (besonders naturwissenschaftliches Wissen) erhielt so im neuen briti-

12 Die Schulen Cheltenham, Marlborough, Rossall, Haileybury, Wellington, Clifton, Malvern, Lancing, Hurstpierpoint und Ardlingly wurden alle zwischen dem Beginn der 1840er und der Mitte der 1860er Jahre gegründet. Uppingham wurde damals umgeformt.

schen Bildungswesen einen zweiten Platz, was dazu führte, daß die starre Klassentrennung aufrechterhalten blieb. 1897 kamen weniger als 7 Prozent der Oberschüler aus der Arbeiterklasse. So traten die Briten in das 20. Jahrhundert, in das Zeitalter der modernen Naturwissenschaft und Technologie als ein ziemlich schlecht gebildetes Volk ein.
Die Ermüdung der Wirtschaft machte sich in den letzten Jahrzehnten vor 1914 in der britischen Gesellschaft deutlich bemerkbar. Die wenigen dynamischen Unternehmer im Großbritannien Eduards VII. waren bereits in ihrer Mehrzahl Ausländer oder Angehörige von Minderheitsgruppen (so die deutsch-jüdischen Finanziers, die den Vorwand zu dem Antisemitismus jener Zeit lieferten; die Amerikaner, die in der Elektroindustrie eine wichtige Rolle spielten, die Deutschen in der chemischen Industrie, Quäker und spät hochgekommene Nonkonformisten aus der Provinz wie Lever, die die neuen Rohstoffquellen der Tropen ausbeuteten). Andererseits war die blühende Geschäftstätigkeit der »City« – selbst wenn sie so offenkundig das Produkt nonkonformistischer Provinzunternehmen war wie im Fall der Lebensversicherungen und Bausparkassen – längst verstrickt in ein pseudoadliges Netz des vornehmen Konkurrenzverzichts. Der »Honorar«-Direktor, ein Aristokrat, aufgrund seines Namens in den Aufsichtsrat einer oftmals anrüchigen Gesellschaft gesetzt, wurde zu einer alltäglichen Erscheinung. Sein Gegenstück war der Bourgeois, der sich im Unterschied zu seinen Vorgängern in den Zeiten der Anti-Corn-Law League als »Gentleman« vom Typ der *Forsyte Saga* fühlte, und auch wirklich ein solcher wurde.
In der Folgezeit entstand das typische mythische Großbritannien der Reisereklamen und *Times*-Kalender. Die stark ausgeprägte Fixierung des britischen öffentlichen Lebens auf pseudomittelalterliche und andere Rituale, z. B. den Kult mit der königlichen Familie, entstammen der spätviktorianischen Periode, ebenso die Vorstellung, der Engländer sei im Grunde entweder ein Bewohner eines strohbedeckten Cottage oder ein Landjunker. Zur gleichen Zeit entstand jedoch am unteren Ende der sozialen Skala ein ganz andersartiges soziales Phänomen: die »traditionelle« Lebensweise der städtischen Arbeiter Großbritanniens. Der Sozialismus, der die Arbeiterbewegung beherrschte, mag äußerst verschwommen gewesen sein; oft war

er, wie in seinen pazifistischen und internationalistischen Momenten, nur wenig mehr als eine proletarische Erweiterung des nonkonformistischen, radikal-liberalen Kleinengländertums, von dem sich die Geschäftsleute immer mehr entfernten. Doch er hatte sich einen grundsätzlichen Strukturwandel in der Wirtschaft zum Ziel gesetzt. Er gründete sich auf eine Wirtschaftsanalyse, die, was die immer starrer werdende Wirtschaftsorthodoxie des »Finanzverstandes« nicht tat, einige neue Faktoren in Rechnung stellte – die Tendenz zur Konzentration und die Notwendigkeit systematischer staatlicher Einmischung in die Belange der Wirtschaft. Das war vielleicht der Grund dafür, weshalb kleine, noch nicht repräsentative Gruppen von Leuten, die über Technokratie und Management nachdachten, wie die Fabier, innerhalb der Arbeiterbewegung aktiv wurden. Die Tragödie der Bewegung indes war, daß ihre Praxis nicht ihrer Theorie entsprach.

Inhalt

Bibliothek Suhrkamp

504 Juan Rulfo, Der Llano in Flammen
505 Carlos Fuentes, Zwei Novellen
506 Augusto Roa Bastos, Menschensohn
508 Alejo Carpentier, Barockkonzert
509 Elisabeth Borchers, Gedichte
510 Jurek Becker, Jakob der Lügner
512 James Joyce, Die Toten/The Dead
513 August Strindberg, Fräulein Julie
514 Sigmund Freud, Eine Kindheitserinnerung des Leonardo da Vinci
515 Robert Walser, Jakob von Gunten
517 Luigi Pirandello, Mattia Pascal
519 Rainer Maria Rilke, Gedichte an die Nacht
520 Else Lasker-Schüler, Mein Herz
521 Marcel Schwob, 22 Lebensläufe
522 Mircea Eliade, Die Pelerine
523 Hans Erich Nossack, Der Untergang
524 Jerzy Andrzejewski, Jetzt kommt über dich das Ende
525 Günter Eich, Aus dem Chinesischen
526 Gustaf Gründgens, Wirklichkeit des Theaters
528 René Schickele, Die Flaschenpost
529 Flann O'Brien, Das Barmen
533 Wolfgang Hildesheimer, Biosphärenklänge
534 Ingeborg Bachmann, Malina
535 Ludwig Wittgenstein, Vermischte Bemerkungen
536 Zbigniew Herbert, Ein Barbar in einem Garten
537 Rainer Maria Rilke, Ewald Tragy
538 Robert Walser, Die Rose
539 Malcolm Lowry, Letzte Adresse
540 Boris Vian, Die Gischt der Tage
541 Hermann Hesse, Josef Knechts Lebensläufe
542 Hermann Hesse, Magie des Buches
543 Hermann Lenz, Spiegelhütte
544 Federico García Lorca, Gedichte
545 Ricarda Huch, Der letzte Sommer
546 Wilhelm Lehmann, Gedichte
547 Walter Benjamin, Deutsche Menschen
548 Bohumil Hrabal, Tanzstunden für Erwachsene und Fortgeschrittene
549 Nelly Sachs, Gedichte
550 Ernst Penzoldt, Kleiner Erdenwurm
551 Octavio Paz, Gedichte
552 Luigi Pirandello, Einer, Keiner, Hunderttausend

553 Strindberg, Traumspiel
554 Carl Seelig, Wanderungen mit Robert Walser
555 Gershom Scholem, Von Berlin nach Jerusalem
556 Thomas Bernhard, Immanuel Kant
557 Ludwig Hohl, Varia
559 Raymond Roussel, Locus Solus
560 Jean Gebser, Rilke und Spanien
561 Stanisław Lem, Die Maske · Herr F.
562 Raymond Chandler, Straßenbekanntschaft Noon Street
563 Konstantin Paustowskij, Erzählungen vom Leben
564 Rudolf Kassner, Zahl und Gesicht
565 Hugo von Hofmannsthal, Das Salzburger große Welttheater
567 Siegfried Kracauer, Georg
568 Valery Larbaud, Glückliche Liebende . . .
570 Graciliano Ramos, Angst
571 Karl Kraus, Über die Sprache
572 Rudolf Alexander Schröder, Ausgewählte Gedichte
573 Hans Carossa, Rumänisches Tagebuch
574 Marcel Proust, Combray
575 Theodor W. Adorno, Berg
576 Vladislav Vančura, Der Bäcker Jan Marhoul
577 Mircea Eliade, Die drei Grazien
578 Georg Kaiser, Villa Aurea
579 Gertrude Stein, Zärtliche Knöpfe
580 Elias Canetti, Aufzeichnungen
581 Max Frisch, Montauk
582 Samuel Beckett, Um abermals zu enden
583 Mao Tse-tung, 39 Gedichte
584 Ernst Kreuder, Die Gesellschaft vom Dachboden
585 Peter Weiss, Der Schatten des Körpers des Kutschers
586 Herman Bang, Das weiße Haus
587 Herman Bang, Das graue Haus
588 Hermann Broch, Menschenrecht und Demokratie
589 D. H. Lawrence, Auferstehungsgeschichte
590 O'Brien, Zwei Vögel beim Schwimmen
591 André Gide, Die Rückkehr des verlorenen Sohnes
592 Jean Gebser, Lorca oder das Reich der Mütter
593 Robert Walser, Der Spaziergang
594 Natalia Ginzburg, Caro Michele
595 Rachel de Queiroz, Das Jahr 15
596 Hans Carossa, Ausgewählte Gedichte
597 Mircea Eliade, Der Hundertjährige
599 Hans Mayer, Doktor Faust und Don Juan
600 Thomas Bernhard, Ja
601 Marcel Proust, Der Gleichgültige

602 Hans Magnus Enzensberger, Mausoleum
603 Stanisław Lem, Golem XIV
604 Max Frisch, Der Traum des Apothekers von Locarno
605 Ludwig Hohl, Vom Arbeiten · Bild
606 Herman Bang, Exzentrische Existenzen
607 Guillaume Apollinaire, Bestiarium
608 Hermann Hesse, Klingsors letzter Sommer
609 René Schickele, Die Witwe Bosca
610 Machado de Assis, Der Irrenarzt
611 Wladimir Trendrjakow, Die Nacht nach der Entlassung
612 Peter Handke, Die Angst des Tormanns beim Elfmeter
613 André Gide, Die Aufzeichnungen und Gedichte des André Walter
614 Bernhard Guttmann, Das alte Ohr
616 Ludwig Wittgenstein, Bemerkungen über die Farbe
617 Paul Nizon, Stolz
618 Alexander Lernet-Holenia, Die Auferstehung des Maltravers
619 Jean Tardieu, Mein imaginäres Museum
620 Arno Holz / Johannes Schlaf, Papa Hamlet
621 Hans Erich Nossack, Vier Etüden
622 Reinhold Schneider, Las Casas vor Karl V.
624 Ludwig Hohl, Bergfahrt
627 Vladimir Nabokov, Lushins Verteidigung
628 Donald Barthelme, Komm wieder, Dr. Caligari
629 Louis Aragon, Libertinage, die Ausschweifung
630 Ödön von Horváth, Sechsunddreißig Stunden
631 Bernhard Shaw, Sozialismus für Millionäre
633 Lloyd deMause, Über die Geschichte der Kindheit
634 Rainer Maria Rilke, Die Sonette an Orpheus
635 Aldous Huxley, Das Lächeln der Gioconda
637 Wolf von Niebelschütz, Über Dichtung
638 Henry de Montherlant, Die kleine Infantin
639 Yasushi Inoue, Eroberungszüge
640 August Strindberg, Das rote Zimmer
641 Ernst Simon, Entscheidung zum Judentum
642 Albert Ehrenstein, Briefe an Gott
645 Marie Luise Kaschnitz, Beschreibung eines Dorfes
646 Thomas Bernhard, Der Weltverbesserer
647 Wolfgang Hildesheimer, Exerzitien mit Papst Johannes
648 Volker Braun, Unvollendete Geschiche
649 Hans Carossa, Ein Tag im Spätsommer 1947
651 Regina Ullmann, Ausgewählte Erzählungen
652 Stéphane Mallarmé, Eines Faunen Nachmittag
653 Flann O'Brien, Das harte Leben
654 Valery Larbaud, Fermina Márquez
671 Yehudi Menuhin, Kunst und Wissenschaft als verwandte Begriffe

851 Hobsbawm/Napolitano, Auf dem Weg zum ›historischen Kompromiß‹
852 Über Max Frisch II
853 Brecht-Jahrbuch 1976
854 Julius Fučík, Reportage unter dem Strang geschrieben
856 Dieter Senghaas, Weltwirtschaftsordnung und Entwicklung
857 Peter V. Zima, Kritik der Literatursoziologie
858 Silvio Blatter, Genormte Tage, verschüttete Zeit
859 Russell Jacoby, Soziale Amnesie
860 Gombrich/Hochberg/Black, Kunst, Wahrnehmung, Wirklichkeit
861 Blanke/Offe/Ronge u.a., Bürgerlicher Staat und politische Legitimation. Herausgegeben von Rolf Ebbighausen
863 Gesellschaft, Beiträge zur Marxschen Theorie 8/9
864 Über Wolfgang Koeppen. Herausgegeben von Ulrich Greiner
865 Gesellschaft 12
866 Fichant/Pêcheux, Überlegungen zur Wissenschaftsgeschichte
867 Ernst Kris, Die ästhetische Illusion
868 Brede/Dietrich/Kohaupt, Politische Ökonomie des Bodens
870 Umwälzung einer Gesellschaft. Herausgegeben von Richard Lorenz
871 Friedensanalysen 4
872 Piven/Cloward, Regulierung der Armut
873 Produktion, Arbeit, Sozialisation. Herausgegeben von Th. Leithäuser und W. R. Heinz
874 Max Frisch/Hartmut von Hentig, Zwei Reden zum Friedenspreis des Deutschen Buchhandels 1976
875 Eike Hennig, Bürgerliche Gesellschaft und Faschismus in Deutschland
876 Bolius, Erziehungsroman
877 Starnberger Studien 1
878 Leithäuser/Volmerg/Wutka, Entwurf zu einer Empirie
879 Peter Bürger, Aktualität und Geschichtlichkeit
880 Tilmann Moser, Verstehen, Urteilen, Verurteilen
881 Loch/Kernberg u. a., Psychoanalyse im Wandel
882 Michael T. Siegert, Strukturbedingungen von Familienkonflikten
883 Erwin Piscator, Theater der Auseinandersetzung
884 Politik der Subjektivität. Texte der italienischen Frauenbewegung, Herausgegeben von Michaela Wunderle
885 Hans Dieter Zimmermann, Vom Nutzen der Literatur
886 Gesellschaft, Beiträge zur Marxschen Theorie 10
887 Über Hans Mayer, Herausgegeben von Inge Jens
888 Nicos Poulantzas, Die Krise der Diktaturen
889 Alexander Weiß, Bericht aus der Klinik
890 Bergk/Ewald/Fichte u. a., Aufklärung und Gedankenfreiheit. Herausgegeben und eingeleitet von Zwi Batscha

891 Friedensanalysen 5
892 Franz L. Neumann, Wirtschaft, Staat, Demokratie
893 Georges Politzer, Kritik der Grundlagen der Psychologie
895 Umberto Eco, Zeichen. Einführung in einen Begriff und seine Geschichte
897 Ralph-Rainer Wuthenow, Muse, Maske, Meduse
898 Cohen/Taylor, Ausbruchversuche. Identität und Widerstand
901 Der bürgerliche Rechtsstaat. Herausgegeben von Mehdi Tohidipur
902 Ernest Borneman, Psychoanalyse des Geldes
903 Steven Marcus, Umkehrung der Moral
904 Alfred Sohn-Rethel, Warenform und Denkform
905 Beiträge zur Soziologie der Gewerkschaften. Hrsg. von Joachim Bergmann
906 Brecht-Jahrbuch 1977
907 Horst Kern, Michael Schumann, Industriearbeit und Arbeiterbewußtsein
908 Julian Przybós, Werkzeug aus Licht
910 Peter Weiss, Stücke II
913 Martin Walser, Das Sauspiel mit Materialien. Herausgegeben von Werner Brändle
916 Dürkop/Hardtmann (Hrsg.), Frauen im Gefängnis
917 Bowles S./Gintis H., Pädagogik und die Widersprüche der Ökonomie
918 Klaus-Martin Groth, Die Krise der Staatsfinanzen
920 Tagträume vom aufrechten Gang. Sechs Interviews mit Ernst Bloch, Herausgegeben von Arno Münster
921 Silvia Bovenschen, Die imaginierte Weiblichkeit
922 Anderson, Von der Antike zum Feudalismus
923 Sozialdemokratische Arbeiterbewegung, Band 1, Herausgegeben von Wolfgang Luthardt
925 Friedensanalysen 6
927 Ausgewählte Gedichte Brechts, Herausgegeben von Walter Hinck
928 Betty Nance Weber, Brechts ›Kreidekreis‹
929 Auf Anregung Bertolt Brechts: Lehrstücke. Herausgegeben von Reiner Steinweg
930 Walter Benjamin, Briefe 1 und 2. Herausgegeben von Gershom Scholem und Theodor W. Adorno
932 Jugendarbeitslosigkeit. Herausgegeben von Gero Lenhardt
933 Ute Gerhard, Verhältnisse und Verhinderungen
934 Sozialdemokratische Arbeiterbewegung, Band 2, Herausgegeben von Wolfgang Luthardt
935 Literatur ist Utopie. Herausgegeben von Gert Ueding
936 Berger/Heßler/Kavemann, Brot für heute, Hunger für morgen
937 Labrousse, Lefebvre, Soboul u. a. Geburt der bürgerlichen Gesellschaft 1789. Herausgegeben von I. A. Hartig
938 Habermas, Bovenschen u. a., Gespräche mit Marcuse
939 Thomas Brasch, Rotter Und weiter
940 Simone Weil, Fabriktagebuch
941 Ute Volmerg, Identität und Arbeitserfahrung

942 Klaus Eßer, Lateinamerika
943 Gewerkschaften und Strafvollzug, Hrsg. v. Lüderssen u. a.
944 Alexander von Brünneck, Politische Justiz
945 Jacques Derrida, Die Stimme und das Phänomen
948 Thompson/Caspard/Puls; Alltagspraxis, Wahrnehmungsformen, Protestverhalten
949 Julia Kristeva, Die Revolution der poetischen Sprache
950 Perry Anderson, Die Entstehung des absolutistischen Staates
951 Grundrechte als Fundament der Demokratie, hrsg. von Joachim Perels
954 Elias/Lepenies, Zwei Reden. Theodor W. Adorno-Preis 1977
955 Friedensanalysen 7
956 Brecht-Jahrbuch 1978. Hrsg. Fuegi/Grimm/Hermand
957 Gesellschaft, Beiträge zur Marxschen Theorie 11
958 Friedensanalysen 8
959 Martin Walser, Wer ist ein Schriftsteller?
960 Albert Soboul, Französische Revolution und Volksbewegung
962 Bettelheim/Mészarós/Rossanda u. a., Zurückforderung der Zukunft
963 Starnberger Studien 2
964 Nach dem Protest. Literatur im Umbruch. Herausgegeben von W. Martin Lüdke
966 Kern, Kampf um Arbeitsbedingungen
967 Michail M. Bachtin, Die Ästhetik des Wortes, hrsg. von Rainer Grübel
968 Frauen, die pfeifen. Herausgegeben von R. Geiger, H. Holinka, C. Rosenkranz, S. Weigel
969 Ernst Bloch, Die Lehren von der Materie
970 Giuliano Scabia, Das große Theater des Marco Cavallo
971 Siegfried Kracauer, Jacques Offenbach
974 Jirí Kosta, Abriß der sozialökonomischen Entwicklung der Tschechoslowakei 1945-1977
975 Nathan, Ideologie, Sexualität und Neurose
976 Bernd Jürgen Warneken, Literarische Produktion
978 Klaus Mäding, Strafrecht und Massenerziehung in der VR China
979 Bertolt Brecht, Tagebücher 1920-1922
981 Jeanne Favret-Saada, Die Wörter, der Zauber, der Tod
983 Bassam Tibi, Internationale Politik und Entwicklungsländer-Forschung
984 Dieter Kühn, Löwenmusik
985 Agnes Schoch, Vorarbeiten zu einer pädagogischen Kommunikationstheorie
987 Augusto Boal, Theater der Unterdrückten
989 Brecht-Jahrbuch 1979
991 Ruggiero Romano u. a., Die Gleichzeitigkeit des Ungleichzeitigen
992 Naturalismus/Ästhetizismus. Herausgegeben von Bürger/Schutte-Sasse
993 Ginette Raimbault, Kinder sprechen vom Tod
996 Starnberger Studien 3
1000 Stichworte zur ›Geistigen Situation der Zeit‹ 1. Band, Nation und Republik; 2. Band, Politik und Kultur. Herausgegeben von Jürgen Habermas.

Alphabetisches Verzeichnis der edition suhrkamp

Abendroth, Sozialgesch. d. europ. Arbeiterbewegung 106
Abendroth, Ein Leben 820
Achternbusch, L'Etat c'est moi 551
Adam, Südafrika 343
Adorno, Drei Studien zu Hegel 38
Adorno, Eingriffe 10
Adorno, Kritik 469
Adorno, Jargon d. Eigentlichkeit 91
Adorno, Moments musicaux 54
Adorno, Ohne Leitbild 201
Adorno, Stichworte 347
Adorno, Zur Metakritik der Erkenntnistheorie 590
Adorno, Gesellschaftstheorie u. Kultur 772
Aggression und Anpassung 282
Alberts/Balzer/Heister/Warneken u.a., Segmente der Unterhaltungsindustrie 651
Alff, Der Begriff Faschismus 456
Alff, Materialien zum Kontinuitätsproblem 714
Althusser, Für Marx 737
Altvater/Basso/Mattick/Offe u. a., Rahmenbedingungen 824
Andersch, Die Blindheit des Kunstwerks 133
Anderson, Von der Antike 922
Anderson, Entstehung des absolutistischen Staates 950
Antworten auf H. Marcuse 263
Architektur als Ideologie 243
Architektur u. Kapitalverwertung 638
Über H. C. Artmann 541
Arzt u. Patient in der Industriegesellschaft, hrsg. v. O. Döhner 643
Aspekte der Marxschen Theorie I 632
Aspekte der Marxschen Theorie II 633
Auf Anregung Bertolt Brechts: Lehrstücke, hrsg. von Reiner Steinweg 929
Augstein, Meinungen 214
Aus der Zeit der Verzweiflung 840
Ausgewählte Gedichte Brechts, hrsg. von W. Hinck 927
Autonomie der Kunst 592
Autorenkollektiv Textinterpretation . . ., Projektarbeit als Lernprozeß 675
Bachrach/Baratz, Macht und Armut 813
Bachtin, Ästhetik des Wortes, hrsg. von Rainer Grübel
Bahr (Hrsg.), Brecht, »Die Rundköpfe . . .«, Bühnenfassung 605
Baran/Sweezy, Monopolkapital [in Amerika] 636
Barthes, Mythen des Alltags 92
Barthes, Kritik und Wahrheit 218
Basaglia, F., Die abweichende Mehrheit 537
Basaglia, F. (Hrsg.), Die negierte Institution 655
Basaglia, F. (Hrsg.), Was ist Psychiatrie? 708
Basso, L., Gesellschaftsformation u. Staatsform 720
Baudelaire, Tableaux Parisiens 34
Becker, E. / Jungblut, Strategien der Bildungsproduktion 556
Becker, H., Bildungsforschung 483
Becker, J., Felder 61
Becker, J., Ränder 351
Becker, J., Umgebungen 722
Über Jürgen Becker 552
Beckett, Aus einem aufgegeb. Werk 145
Beckett, Fin de partie / Endspiel 96
Materialien zum ›Endspiel‹ 286
Beckett, Das letzte Band 389
Beckett, Warten auf Godot 3
Beckett, Glückliche Tage 849
Beiträge zur marxist. Erkenntnistheorie 349
Benjamin, Drei Hörmodelle 468
Benjamin, Das Kunstwerk 28
Benjamin, Über Kinder 391
Benjamin, Kritik der Gewalt 103
Benjamin, Städtebilder 17
Benjamin, Versuche über Brecht 172
Benjamin, Briefe 1 und 2, hrsg. v. Scholem/Adorno 930
Bergk/Ewald/Fichte u.a., Aufklärung und Gedankenfreiheit 890
Berger, Untersuchungsmethode u. soziale Wirklichkeit 712
Berger/Heßler/Kavemann, Brot für heute 936
Bergman, Wilde Erdbeeren 79
Bergmann, Beiträge zur Soziologie d. Gewerkschaften 905
Bernhard, Amras 142
Bernhard, Fest für Boris 440
Bernhard, Prosa 213
Bernhard, Ungenach 279
Bernhard, Watten 353
Über Thomas Bernhard 401
Bernstein, Beiträge zu einer Theorie 850
Bertaux, Hölderlin u. d. Französ. Revol. 344
Berufsbildungsreform, hrsg. v. C. Offe 761
Bettelheim/Mészarós/Rossanda u. a., Zurückforderung der Zukunft 962
Blatter, Genormte Tage 858
Blanke u. a., Bürgerlicher Staat 861
Bloch, Avicenna 22
Bloch, Ästhetik des Vor-Scheins I 726